神戸学院大学法学研究叢書 28

阪神・淡路大震災を巡る損害保険金訴訟

Litigation for damage insurance claims related to
the Hanshin-Awaji Earthquake

地震免責条項に関する判例の比較検討

Examination of judicial precedents regarding
the earthquake exemption clauses

岡田豊基
Okada　Toyoki

神戸学院大学出版会

はしがき

−阪神・淡路大震災を巡る損害保険金訴訟の比較検討の意味−

　1995年（平成7年）1月17日午前5時46分、大きな衝撃で目を覚ました。拙宅は揺れたものの、倒れることもなかったので、近くで地震が起きたんだなという程度の認識しかなく、再び布団を被った。夜が明けると、近所から、「高速道路が倒壊している」、「火災が発生している」、「電気がつかない」、「水が出ない」などの声が飛び込んできた。1階に降りると、台所の食器が床一面に散乱していた。やがて通電し、テレビを見ると、黒煙が高く立ち昇っている状況が映し出され、神戸に地震が起きていることを初めて認識した。

　「まさか、神戸で地震？」

　筆者は、阪神・淡路大震災（以下「本震災」ということがある。）の発生直後に、拙稿「阪神・淡路大震災と保険」（神戸学院法学26巻1号〔1996年〕）を公刊した。その後、本震災に関する判決が数多く下されていることから、それらを1つ1つ検討するべきであったが、これまで実現できないでいた。やがて、『消費者法判例百選（第2版）』（2020年）の原稿の改訂依頼を受け、本震災に関する最高裁平成15年12月9日判決（民集57巻11号1887頁）を見直す機会を頂戴した。そこで、これをきっかけにして、本震災を契機とする損害保険金請求に関する主な判例等を1つにまとめて公刊することが、神戸で暮らし、本震災を経験した者としての責務ではないかという思うに至った。本震災が発生して29年が経過していることから、また、本震災後、損害保険の約款規定が改正されていることもあり、本震災を契機とする損害保険金の請求に関する判例等の研究は、現行約款の解釈に直接的に有益とはいえないかもしれないが、歴史的資料とし

3

て歴史的な意味を持ちうるのではないかと愚考し、執筆するに至った。

　本書を法学叢書として出版するにあたり格別のご配慮を賜った法学部関係者各位並びに大学関係者各位に対し、心から御礼申し上げます。40年間にわたりご指導を頂戴した諸先生各位に対し、賜った学恩を含め、深く御礼申し上げます。これまで支えてくれた妻に対し、改めて御礼申し上げます。結びに、本書の作成にあたり神戸市から写真を提供していただきました。また貴重なご指導をいただいた神戸学院大学出版会アドバイザー奥間祥行氏に厚く御礼申し上げます。

2023年12月25日

　　　　　　　　　　　神戸港を臨むポーアイキャンパス研究室にて

　　　　　　　　　　　　　　　岡田　豊基

＜目次＞

第4章　総合的な検討

第 1 章

はじめに

第1節　阪神・淡路大震災の被災状況

　1995年（平成7年）1月17日午前5時46分、M7.2、最大震度7の地震が兵庫県南部を襲った。淡路島北東を震源地とするこの地震は、わずか数10秒のうちに阪神・淡路を壊滅させ、「阪神・淡路大震災」（以下「本震災」又は「本地震」ということがある。）をもたらした。

　被害は2府11県に及び、人的被害及び住家被害の主な項目は以下の通りである。この他に、道路7,245箇所、橋梁330箇所、河川774箇所、崖崩れ347箇所が損害を受け、被害総額は約10兆円に昇った[1]。

	人的被害（人）			住家等被害（棟）						
	死者	行方不明者	負傷者	全壊	半壊	一部損壊	全焼	半焼	部分焼	ぼや
兵庫県	6,402	3	40,092	104,004	136,952		7,035	89	313	97
その他	32	0	3,700	902	7,322		1	8	20	12
合計	6,434	3	43,792	104,906	144,274	390,506	7,036	96	333	109

（兵庫県・合計は消防庁2006（平成18）年5月19日確定値、兵庫県以外は消防庁2000（平成12）年1月11日時点）

第2節　本震災において発生した損害保険に関する問題

　本震災が被災地にもたらした問題の中に、地震免責条項を含む火災保険や地震保険[2]を中心とした損害保険・共済（以下、原則的に、損害保険を中心に検討する。）を巡る問題がある。本震災に伴い、兵庫県内では251件の火災が発生した。火災保険契約を締結していた被災者は、住宅再建費用の取得等を目的として、損害保険会社に対し、焼失家屋に関する保険金・救済金の支払を請求した。しかし、損害保険会社により拒否されているケースが多数見られた。というのは、保険会社は、保険金請求の原因となった損害が本震災に起因するもの（「地震による損害」）であると判断される場合には、保険約款に定められた地震免責条項を援用して、保険金の支払を拒絶し、建物が半焼以上の場合に限り、火災保険で地震火災費用保険金等を支払うに留まったからである[3]。

第3節　地震免責条項

1．規定

　火災保険約款では、通常、「地震もしくは噴火またはこれらによる津波」（以下「地震」ということがある。）によって生じた損害に対しては、保険金を支払いませんと定められており（住宅火災保険普通保険約款〔標準約款〕3条2項2号。以下「地震免責条項」という。）[4]、「地震による損害」とは次の場合をいう。

　①地震によって生じた火災損害（第1類型）

　②地震によって発生した事故が延焼又は拡大して生じた火災損害（第2類型）

　③発生原因を問わず、発生したが地震によって延焼又は拡大して生じた損害（第3類型）

2．地震免責条項の有効性

　火災保険約款の地震免責条項が有効であることは、判例[5]・学説により認められている。その主な理由は以下のようである。すなわち、①保険料率は平時の保険事故発生率に基づいて算定されており、地震危険の発生頻度は不可測であるゆえに地震発生は予測困難であり、発生すれば巨額損害をもたらす地震について保険者免責を認めることは合理的であること、②保険約款の拘束力は承認されていることなどがあげられる[6]。

3．地震免責条項の解釈

　火災保険約款の地震免責条項における「地震による損害」とは、一般論としては、火災の発生あるいは拡大・延焼が地震と相当因果関係にある場合をいうが、地震当時の火災の発生状況や消防活動に関係のある状況等、火災の発生や拡大に影響する諸事情を考慮すべきこととされる。具体的には、火災の発生時刻、場所等に応じて免責に可否が分かれている[7]。

　本震災における火災に焦点を当てると、火災が、地震直後に発生し保険金が支払われたもの、地震から数日後に発生し保険金が支払われなかったものなどのケースが見られ、火災損害を巡り、数多くの訴訟が提起されている。

　本震災における一連の損害保険金請求訴訟では、地震免責条項の解釈に関して次のような争点がみられる。

9

①第1類型：火元火災と地震との因果関係

②第2類型：地震によって発生した火災が延焼拡大して生じた火災損害について、延焼拡大と地震との因果関係

③第3類型：発生原因を問わず火災が地震によって延焼拡大して生じた火災損害について、延焼拡大と地震との因果関係

④第3類型の規定がない保険約款又は共済規約において、発生原因が不明の火元火災が延焼して生じた火災損害に関する保険金支払の可否等

第2章

阪神・淡路大震災を巡る主な
損害保険金訴訟の一覧・概要及び基本姿勢

第1節　判例等の一覧・概要

　阪神・淡路大震災に関連して提起された裁判のうち、筆者が入手できたものに限るが、本書で検討する主な損害保険金請求訴訟 20 件を地方裁判所の判決年月日の順番に並べると、以下の通りになる。なお、判決文が入手できなかった場合、及び、上訴されたか否かが判明しない場合は、（不明）とした。

＜判例等の一覧＞

	地方裁判所（上訴）	高等裁判所（上訴）	最高裁判所
【1】	神戸地判平成 9 年 6 月 17 日	大阪高判平成 10 年 7 月 22 日（不明）	
【2】	大阪地判平成 9 年 12 月 16 日（確定）		
【3】	神戸地判平成 10 年 2 月 24 日	（不明）	
【4】	神戸地判平成 10 年 4 月 14 日（不明）		
【5】	神戸地判平成 10 年 4 月 15 日（不明）		
【6】	神戸地判平成 10 年 4 月 27 日（控訴）	（不明）	
【7】	神戸地判平成 10 年 6 月 26 日（控訴）	大阪高判平成 11 年 11 月 10 日（上告）	（不明）
【8】	神戸地裁尼崎支判平成 10 年 8 月 10 日	大阪高判平成 11 年 3 月 26 日（不明）	
【9】	神戸地裁尼崎支判平成 10 年 8 月 10 日	大阪高判平成 11 年 6 月 2 日（上告）	（不明）
【10】	大阪地判平成 11 年 4 月 26 日（不明）		
【11】	神戸地判平成 11 年 4 月 28 日（確定）		
【12】	神戸地判平成 11 年 4 月 28 日	大阪高判平成 12 年 2 月 10 日（上告）	（不明）
【13】	東京地判平成 11 年 6 月 22 日（確定）		
【14】	神戸地判平成 12 年 4 月 25 日	大阪高判平成 13 年 10 月 31 日	最判平成 15 年 12 月 9 日
【15】	（不明）	大阪高判平成 13 年 11 月 21 日（不明）	
【16】	神戸地判平成 12 年 4 月 26 日	大阪高判平成 13 年 12 月 20 日（不明）	
【17】	神戸地判平成 13 年 12 月 21 日（不明）		
【18】	神戸地判平成 14 年 1 月 29 日（不明）		
【19】	神戸地判平成 14 年 3 月 26 日（不明）		
【20】	神戸地判平成 14 年 9 月 3 日（不明）		

　本書で検討する主な損害保険金請求訴訟の概要を前節の順番に並べると、以下の通りになる。

＜判例等の概要＞

	保険・共済	免責等	上訴	火元・延焼	類型	火災発生日時
【1】	住宅総合保険（地震保険付き）	約款規定が保険証券よりも優先する	控訴	同一敷地内建物からの延焼		1月17日（出火時刻不明）
【2】	住宅火災保険	免責	確定	延焼	第3類型	1月17日午後10時頃（火元は同日午前9時頃）
【3】	盗難保険	免責	控訴（不明）			1月20日から21日
【4】	火災保険	免責	（不明）	火元	第1類型	1月17日午前8時11分から40分の間
【5】	住宅総合保険	免責	（不明）	延焼	第2類型第3類型	1月17日午後5時頃（火元は午前5時48分頃）
【6】	市民生協共済	有責（一部）	控訴	延焼	第2類型	1月23日午後7時42分頃
【7】	住宅総合保険	一部有責（地裁）、一部有責（高裁）、（割合的因果関係）	上告	火元	第3類型	1月19日午後5時過ぎ
【8】	住宅総合保険・住宅火災保険・長期総合保険	有責（地裁）、免責（高裁）	（不明）	延焼（隣家が火元）	第2類型	1月18日午前5時35分頃（隣家）
【9】	住宅金融公庫融資住宅等火災保険	一部有責（保険契約者の過失）	上告	火元	第1類型・第2類型	1月19日午後6時頃
【10】	住宅火災保険	免責	（不明）	火元	第1類型	1月17日午後9時頃
【11】	長期総合保険・月掛住宅総合保険等	免責	確定	火元・延焼	第1類型・第2類型	1月17日午後6時30分頃
【12】	火災共済	有責（地裁）有責（高裁）	上告	延焼	第2類型	1月17日午後2時頃（【14】と同じ）
【13】	貨物海上保険	不法行為	確定	火元		1月19日午前1時30分頃
【14】	火災保険	免責（地裁）一部有責（慰謝料認定）（高裁）免責（最高裁）	控訴・上告	延焼	第2類型第3類型	1月17日午後2時頃（【12】と同じ）
【15】	火災保険・火災共済	有責・不法行為	確定	延焼	第3類型	1月17日午前8時30分頃
【16】	火災保険・火災共済	有責（共済）免責（保険）	控訴（上告不明）	延焼	第3類型	1月17日午前8時頃（火元火災は午前8時頃）
【17】	住宅総合保険	免責	（不明）	延焼	第2類型第3類型	1月18日午前9時30分頃（本件建物の隣家）
【18】	火災保険	免責	（不明）	延焼（建物の上階への延焼拡大）	第3類型	1月17日午前11時30分頃
【19】	火災共済、長期総合保険等	有責（共済）免責（保険）	（不明）	延焼	第3類型	1月17日午後7時以降
【20】	住宅総合保険	免責	（不明）	延焼	第2類型	1月17日午前5時50分頃（建物の近隣）

第2節　本書を作成するにあたっての基本姿勢

　個々の判例等については、地方裁判所の判決年月日の順番で検討する。同じ裁判所で同じ日に判決が下された裁判例があることから、それぞれの判決番号を示す。

　＜事実の概要＞については、確定した裁判所で認定されたものとする。ただし、上級審の判決文が入手できない場合には、その下級審の判決文による。とりわけ、「損保企画」にしか登載されていない裁判例については、資料としての価値を維持するために、できる限り詳しく紹介する。

　＜判旨＞については、地裁・高裁・最高裁のいずれの判旨も掲載する。本書は記録としての機能も持ち合わせたいと考えるので、＜事実の概要＞及び＜判旨＞はできる限り詳細に引用したい。とりわけ、「損保企画」にしか登載されていない裁判例については、資料としての価値を維持するために、できる限り詳しく紹介する。また、それぞれの訴訟での争点はできる限り引用したい。

第3章

判例等の個別検討

【1】神戸地判平成9年6月17日 [(8)] (住宅総合保険〔地震保険付帯〕。約款規定が保険証券に優先)

（地震により建物及び同一構内にある物置が損壊した事案において、保険証券記載の保険金額が地震保険約款の限度額を上回る場合、約款の規定が優先するとして、物置に関する保険金請求が棄却された。）

<事実の概要>

　X（原告）は、Y損害保険会社（被告）との間で、以下のような地震保険付き住宅総合保険契約を締結した。

　　（ⅰ）木造瓦葺平屋建住宅一棟（建物1）　保険金額1,000万円、家財一式保険金額500万円

　　（ⅱ）木造アスファルトルービング物置一棟（建物2。建物1と同一構内）保険金額125万円

「地震保険に関する法律施行令」1条1号は、居住用建物の全損には保険金額の全額を支払う、2号・3号は、居住用建物の半損・一部損には保険金額の100分の50ないし5を支払うと定めていた。「地震保険に関する法律」2条2項1号は、地震保険は、居住用建物又は生活用動産のみを対象とし、4号で保険金額の限度額は政令で定める金額とし、施行令2条は、居住用建物は1,000万円、生活用動産は500万円と定めていた。地震保険約款4条2項は、保険金額については、同一構内に所在し、同一被保険者が所有する建物は1,000万円、同一構内に所在し、同一被保険者の世帯が所有する生活用動産は500万円を限度額とし、約定保険金額がこれを超える場合には、限度額を保険金額とみなすと定めていた。同5項は、保険金を支払ったときは、保険金額から限度額を控除した残額に対する保険料を返還すると定めていた。

　地震で、建物1は全壊し、建物2は駆体部分が損傷した。XがY損保に対して地震保険金の支払を請求したところ、Y損保は、建物1の保険金1,000万円は支払ったが、建物2については拒絶した。

　主な争点は、以下の通りである。

　　争点1　約款適用の有無

　　争点2　約款4条2項等の規定の有効性

<判旨>請求棄却（控訴 [(9)]）。

16

二 争点１（約款適用の有無）について

　損害保険契約を締結する場合、約款適用が商慣習となっていることから、当事者において適用排除を積極的に明示した場合を除き、約款が適用される。原告は排除の意思を示しておらず、本件契約には約款が適用される。保険証券に記載された保険金額と約款４条２項の限度額とが異なる点だけから、直ちに契約が約款適用を排除しているとはいえない。すなわち、約款は、大量の定型的な保険契約を合理的・平等に処理するものであり、約款条項は保険事故に際して厳格・公平な適用が要請されるゆえに、約款条項と異なる内容が約定された場合、原則として、約款条項に副う範囲に修正するか、約款条項に反する部分を無効として扱う。約款が４条２項で限度額を定め、５項で過納保険金を精算すると定めているのは、契約締結に際し、保険金額が限度額を超えて設定されることに備えたものであり、限度超過契約が締結された場合でも、保険金額は限度額とすることが前提である。以上のことから、本件契約で約款４条２項の規定の適用は排除されない。

三 争点２（約款４条２項等の規定の有効性）について

　約款４条２項等は、法２条２項４号・施行令２条を受けて、保険金額の限度額を定めている。これは、地震発生予知や危険度の測定が困難であること、地震損害は巨額になり、保険者が負担しきれない可能性が高いこと、損害査定が困難なこと等の地震保険の特殊性を考慮したものであるから、保険金額に限度額を設けることが不合理とはいえず、顧客の信頼を著しく損なうものでもない。したがって、約款規定は信義則及び公序良俗に反しない。

　法が地震保険の目的を生活用動産・居住用建物に限定しているのは、これらは「被災者の生活の安定」（法１条）の見地から付保する必要性が高いことによる。同一構内に所在する建物は、建物の戸数としては別個に数えられるとしても、一体として被災者の生活の用に供されるから、約款４条２項は、被災者間の実質的公平を図るため、「同一構内に所在」する建物について同一の限度額を定めている。そうすると、約款規定が法・施行令に明示されていない「同一構内に所在」するとの要件を規定したのは、法の実質的趣旨に反するものではない。

<検討>

1．はじめに

　本判決では、住宅及び同一構内に所在する物置が損壊した事案において、地震保険約款の保険金限度額の定めと保険証券に記載（＝当事者間の個別合意）の保険金額とが異なる場合、約款の定めが優先されると判示した。

2．争点1（約款の適用の有無）について

　本判決は、約款と個別合意（＝保険証券の記載）とが異なる場合、約款が優先するとする。すなわち、①約款は、大量の定型的な契約を合理的・平等に処理するものであり、約款条項は保険事故に際して厳格・公平に適用することが要請されること、②約款4条5項で過納保険金を精算する旨を定めているのは、保険金額が限度額を超えることに備えたもので、限度を超過する保険契約が締結された場合でも、保険金額は限度額とすることが前提となっていると判示する。①は、保険制度の団体性[10]を重視するものである。これは本件地震を巡る他の下級審判決にも見られるが、本判決は、個別合意の内容に対応した保険料が支払われた本件ですら約款が優先するとしており、下級審判決の傾向が極端な形で現れた裁判例である[11]。

　しかし、一般的な契約理論上、個別合意が公序良俗に反して無効である場合を除き、個別合意が優先的に妥当し、約款は個別合意に抵触しない限りにおいて適用される[12]。保険法の学説では、保険契約にも契約や法律行為の一般理論が適用されることを前提として、その枠内で適切と考えられる範囲で保険の特性を考慮する方向を目指す理論が有力である[13]。この理論に基づいて本件契約を推測すると、契約締結時、申込書の記載内容が約款と異なっているにもかかわらず、Y損保は記載内容に対応した保険料を受領し、約定通りの個別合意の内容を記載した証券をXに交付したものと推測できる。そうであれば、この場合、Y損保において黙示の追認があったと判断され、Y損保による錯誤主張は重過失があるゆえに許されず、本件契約の内容は当事者間の個別合意の通りになるのではないかと解される[14]・[15]。

3．争点2（約款4条2項等の規定の有効性）について

　法は、「被災者の生活の安定」（法1条）という趣旨から、地震保険の特殊性[16]を考慮するとの指摘がある。すなわち、地震保険は損害てん補型であるが、

18

法の趣旨からすると、定額保険的性格を帯びており、保険金額に限度額を設けることが不合理ではなく、顧客の信頼を損なうとはいえず、実質的な付保単位は被災者であるとの指摘がある[17]。「同一構内に所在」という要件は、①政府の再保険（法3条1項）との関係で、保険の引受基準を保険会社間で調整するためであり、②同一被保険者の所有という要件と相まって、家計単位を区切る機能を有し、本判決が、約款4条2項は「被災者間の実質的公平を図るため」に同一の限度額を定めたものとしているのは、特定の者が他者より多くの損害をてん補されるという被災者間の不公平な状況を避けるものであると解され、約款4条2項は法の趣旨に反しないとする[18]。

4．小括

　本判決は、当事者が約款適用の排除を積極的に明示した場合を除き、約款が適用されるとする。約款と個別合意とが異なる本件契約では、一般的な契約理論及び保険契約に関する理論からして、Y損保が約款とは異なる個別合意を保険証券に記載するなどして黙示の追認があったと判断される場合には、Y損保による錯誤主張は重過失があるゆえに許されず、契約内容は個別合意の通りになると考える。また、約款4条2項の規定は、法の趣旨からして、不合理ではない。以上からすれば、約款と個別合意とが異なる本件契約では、一般的な契約理論及び保険契約に関する理論からして、約款4条2項の規定は有効であることが本件契約の私法上の効力に影響するものではなく、そのゆえに、本件契約の内容は個別合意の通りになり、Xの請求を認容すべきであったと解する。

【2】大阪地判平成9年12月16日[19]（住宅火災保険。延焼。第3類型。免責肯定）
　　（地震当日に出火した火災が、地震によって消火活動が制限されたことで
　　　延焼した建物火災と地震との間には相当因果関係があるとして、免責条項
　　　の適用が認められた。）

＜事実の概要＞

　Ｘ（原告）は、Ｙ損害保険会社（被告）との間で、建物を目的とする住宅火災保険契約を締結した。建物が地震によって発生した火災の延焼で全焼した。ＸがＹ損保に対して保険金の支払を請求したところ、Ｙ損保は、本件建物火災は免責約款の「地震によって生じた損害」であるとして、支払を拒絶した。

　主な争点は、以下の通りである。

　争点1　免責条項の効力
　争点2　消火活動の状況
　争点3　建物火災は免責条項に該当するか。

＜判旨＞請求棄却（確定）。

　1　本件で、免責条項について開示・説明義務が尽くされていなかったとする証拠はない。文言や趣旨から適用範囲は限定することが可能であり、契約の客観的有効要件を充たすことができないほど不明確ではない。

　2　出火時刻が1月17日午前9時頃であること、午前11時頃、長田消防署員が覚知し、消防隊の出動時刻は午後零時過ぎで、現場到着まで、平常時であれば数分の距離を、倒壊家屋・交通渋滞・救助活動等のため1時間30分かかったこと、消防隊は防火水槽やプールを水源に消火活動したが、延焼していったこと、火災が延焼したのは午後10時頃であること、消火栓が使用不能であったこと、海水の中継による消火活動は困難を極めたことなどにより、建物に延焼した。

　3　建物火災は、火災が延焼したものであるが、地震後3時間後に発生し、地震に原因するかは不明である。しかし、延焼は、長田区・須磨区の家屋の多くが倒壊したため、容易に延焼する状態となった一方で、交通渋滞・人命救助のため消防隊の移動が妨げられたこと、消火栓が使用できなかったこと、火災が広範囲で同時多発し、消火能力の限界を超えたことなどを原因とすると認められ、これらは地震に起因する。してみれば、延焼と地震との間には因果関係

が認められ、出火原因は不明であっても、建物火災は地震によって延焼したものである。

<検討>

1．はじめに

本判決は、建物火災は、地震当日に発生した火災が、地震よって通常の消火活動ができなかったことを原因として延焼したものであり、延焼と地震との間には因果関係があるとして免責条項に該当すると判示する。

2．争点1（免責条項の効力）について

本判決は、免責約款について、開示・説明義務が尽くされなかったとする証拠はなく、文言や趣旨から適用範囲の限定が可能であり、契約の客観的有効要件を充たせないほど不明確ではないと判示する[20]。

3．争点2（消火活動の状況）について

本判決は、（ⅰ）火元火災、延焼拡大の状況について、①火元及び本体建物付近の家屋の多くが倒壊し、風が強くなったため、延焼しやすい状態になったこと、（ⅱ）消防署の活動状況について、②倒壊家屋等により、消防隊の迅速な移動が妨げられたこと、③消火栓が使用できず、プール・海水からの中継で消火したが、延焼阻止に時間がかかったこと、④火災が広範囲に同時多発したことなどにより消火能力の限界を超えたこと、（ⅲ）延焼拡大の原因について、⑤火災が広範囲に延焼拡大した主たる原因は消防力が無力であったことであり、その原因が地震であることは明白であるとする。

4．争点3（建物火災は免責条項に該当するか）について

本判決は、建物火災が地震に起因するか否かについては明らかではないが、争点2の状況から地震に起因することは明らかであり、延焼と地震との間には因果関係が認められ、建物火災が地震で延焼したものと判示する。このような理解は第3類型に該当する。地震に伴う多発火災に消防能力が対応できなかった場合を含むとは解されないとの主張は、約款の制限的な解釈であり、免責条項を設ける保険技術的な理由によっても根拠はないと解される[21]。

5．小括

本判決は、建物火災は地震よって延焼したものであるとして、延焼と地震との因果関係を認め、第3類型の解釈基準を示している。すなわち、火災の発生

原因は不明であるが、平時の消火活動に相当する消火活動ができなかったとするなどを認定し、因果関係を認める。それゆえに、第3類型の「地震などによって」の解釈について、本判決によれば、消防力が無力となった原因が地震であることは明白であると判示している点を考慮しながら行う必要があろう。このことは、第2類型の解釈にも妥当するものと解する⁽²²⁾。

【3】神戸地判平成10年2月24日⁽²³⁾（盗難保険〔保険事故の発生を高める危険状態〕。

免責肯定）

（地震4日後に発見された盗難について、盗難保険約款には「地震の際における盗難による損害」と定められていたことから、地震と損害との間には因果関係は必要とせず、「盗難」とは保険事故の発生を高める危険状態で発生した盗難をいい、本件盗難はこれに該当するとされた。）

<事実の概要>

宝石店を営むX（原告）は、Y損害保険会社（被告）との間で、商品を目的とする盗難保険契約を締結した。約款4条4項では、Y損保は「地震《略》の際における盗難による損害」は免責すると定められている。1月20日から21日にかけて、盗難事件が発生した。Xは、Y損保に対して保険金の支払を請求したところ、Y損保は、本件盗難は免責条項に該当するとして、支払を拒絶した。

主な争点は、以下の通りである。

　争点1　免責条項の有効性と「盗難」の意味
　争点2　保険事故の発生率を高める危険状態が発生していたか。
　争点3　本件盗難は免責条項に該当するか。

<判旨>請求棄却（控訴）。

Xは、1月14日、店の鍵をかけて帰宅した。17日に店に出るつもりでいたが、地震で通勤できなくなったため、自宅待機していた。神戸市土木局のAが19日に撮影した写真では、シャッターは閉まっていた。B技術研究所作成「平成7年兵庫県南部地震被害調査報告書」の写真（1月20日付）では、シャッター左側が半開きになっていた。Xは、21日夕方頃、Cから盗難の連絡を受け、22日、店舗に到着した。シャッター左側がめくれ上がり、商品が持ち去られていた。シャッターの鍵は開けられた形跡はなかったが、鍵穴は横向きになり、地面の穴に引っかかるはずの鍵棒が出ていなかった。2月1日、Y損保調査員Dが訪れ、建物及びシャッターの支柱が傾いていることを確認した。5月23日、Dが調査したところ、シャッター右側は上下方向に動かず、左側は下方向に動かず、支柱がずれ、シャッターと地面との間隔は左右で差が生じていた。盗難は、1月19日夕方から20日日中に発生したものであり、左側シャッターを引き上げたものと認められる。付近の被害が甚大であった事実及び建物が全壊と認定

されている事実等に鑑みれば、盗難の際、シャッター及び鍵は損壊し、犯人は
シャッターを引き上げて侵入したものと推認される。

　盗難保険の免責条項で地震時の盗難損害をてん補しないのは、地震が発生す
ると、社会秩序の混乱で盗難が多発し、損害額が膨大になって、てん補すると、
保険料が高額となり、保険契約者の合理的意思に反し、保険集団を形成できな
くなり、保険制度として成り立たなくなるからである。したがって、盗難保険
では、地震のような異常危険の下で発生した盗難損害は料率算定の基礎とされ
ていない。これらに鑑みれば、免責条項にいう盗難とは、保険事故の発生率を
高める危険状態の下で発生した盗難を意味し、危険状態とは、地震の規模、周
辺の被害状況、治安状態、盗難の発生時期・場所、防犯設備の破壊の程度、防
犯監視体制の有無といった諸要素を総合的に勘案した上で、著しい社会秩序の
混乱及び治安の悪化が認められることが必要である。危険状態は、ライフライ
ンの麻痺、交通・通信手段の断絶といった社会的混乱状況からも生じるから、
このような状況が危険状態発生の有無を判断するにあたって考慮されることは
当然の理である。地震から時間が経過すれば、社会は平静を取り戻し、防犯設
備や防犯監視体制が復旧し、治安状態も改善することから、地震と盗難との時
間的接着性は、危険状態の発生を判断するにあたって重要な意味を持つ。

　5　保険事故の発生率を高める危険状態が発生していたか否かを判断する。

　（一）地震の規模・周辺地域の被害状況　　北側Ｄビルは倒壊し、南側Ｅ生
命三宮ビルも傾いた。店舗がある中央区も、電気・水道・ガス等の供給が停止
された。1月30日午後3時現在までの余震回数は1,307回であった。

　（二）治安状態　　三宮・元町地区で、窃盗事件が20件発生し、被害総額が
1億円にのぼるなど、窃盗事件が多発した。神戸市内の犯罪検挙率は著しく低
下した。地震直後は多くの建物が崩壊し、停電が続き、照明設備が機能してい
なかったことからすると、店舗付近の治安状況は著しく悪化していた。

　（三）本件盗難の発生状況　　店舗付近で多くの家屋やビルが倒壊したこと、
盗難発生時、店舗前道路は交通規制がなされていたこと、Ｄビルが倒れたこと
等に鑑みれば、盗難は地震の影響が大きい時期及び地域において発生した。

　（四）防犯設備及び防犯監視体制の状況　　シャッターの鍵がこじ開けられ
た事実はなく、地震発生時点で鍵は破壊され、防犯設備としての機能が失われ

ていた。店舗は無人であったこと、夜間の人通りが少なかったこと、交通規制がなされていたこと、盗難発生時も街灯が点灯していなかったこと等に鑑みれば、盗難は、地震の影響で通常の防犯設備・防犯監視体制が損なわれた状況の下で発生した。以上から、盗難発生時、店舗付近で著しい社会秩序の混乱及び治安の悪化が生じていた。

　6　これらの状況は保険事故の発生を高める危険状況に該当し、本件盗難は免責条項の盗難にあたる。

＜検討＞

1．はじめに

　本判決は、盗難保険の免責条項にいう「盗難」とは、保険事故の発生率を高める危険状態の下で発生した盗難をいい、①地震の規模・周辺地域の被害状況、②治安状態、③盗難の発生状況、④防犯設備・防犯監視体制の状況を考慮すると、地震から数日して発生した本件盗難は危険状態での盗難にあたると判示するとともに、地震と盗難との時間的接着性は危険状態の発生を判断するにあたって重要な意味を持つと判示している。

2．争点1（免責条項の有効性と「盗難」の意味）について

　本判決は、免責条項の趣旨・料率算定方法に鑑みれば、「盗難」とは、保険事故の発生率を高める危険状態の下で発生した盗難を意味するものと解され、危険状態としては、上記①から④を総合的に勘案した上で、社会秩序の著しい混乱・治安の悪化が認められることが必要であるとし、地震と盗難との時間的接着性は危険状態の発生を判断するに重要な意味を持つとする。

3．争点2（保険事故の発生率を高める危険状態が発生していたか）について

　本判決は、上記①から④について、①本件地震は極めて規模が大きく、甚大な被害をもたらし、都市機能が壊滅状態であった、②窃盗事件が多発したが、検挙率は著しく低下し、多くの建物が崩壊し、照明設備が機能していなかったことからすると、治安状況は著しく悪化していた、③多くの家屋やビルが倒壊したこと、盗難発生時、交通規制がなされていたこと、ビルが倒れたこと等を考え併せると、盗難は地震の影響が大きい時期・地域において発生した、④地震発生時点でシャッター・鍵は破壊されていた。盗難発生時、店舗は無人で、夜間は人通りが少なく、交通規制がなされ、停電となっていたこと等に鑑みれ

ば、本件盗難は、地震の影響で通常の防犯設備・防犯監視体制が損なわれた状況で発生したものであるとする [24]。以上の事実認定によれば、本件盗難は地震の影響を受けた状況下で発生していると解される。

４．争点３（本件盗難は免責条項に該当するか）について

　本判決は、「地震《略》の際における盗難による損害」とする盗難保険の免責条項は、火災保険で「地震等によって生じた損害」と定め、地震と損害との間に相当因果関係を求める免責条項とは異なり、そこに因果関係を求めず、「地震に際して」盗難が発生したという要件が充足されれば免責されるとともに、地震と盗難との時間的接着性は、危険状態の発生を判断するに際して重要な意味を持ち、不可欠な要素であるとする。ただし、約款表現が明確でないことから、時間的接着性の解釈については一定の制約を設けることが必要であろう [25]。つまり、盗難保険で免責条項を定めた趣旨 [26] に鑑みれば、免責条項の解釈にあたっては保険者に有利な類推ないし拡張解釈をすべきではないと考える。

５．小括

　本判決は、「盗難」とは、保険事故の発生率を高める危険状態の下で発生した盗難をいい、①地震の規模・周辺地域の被害状況、②治安状態、③盗難の発生状況、④防犯設備・防犯監視体制の状況を考慮した結果、保険事故の発生を高める危険状態での盗難であり、これら要素を総合的に勘案したうえで、著しい社会秩序の混乱・治安の悪化が認められることが必要であると判示する。さらに、本件免責条項は、火災保険のそれとは表現が異なることから、地震と盗難との間の因果関係は必要とせず、地震に際して盗難が発生したという要件が充足されれば、保険者は免責されるとするとともに、地震発生から時間が経過すれば、社会は平静を取り戻し、防犯設備や防犯監視体制が復旧し、治安状態も改善することから、地震と盗難との時間的接着性は危険状態の発生を判断するにあたって重要な意味を持つと判示する。その上で、本判決は、地震の規模・周辺地域の被害状況、治安状態、本件盗難の発生状況、防犯設備及び防犯監視体制の状況について、詳細な事実を認定し、これらの事実に基づいて免責を肯定している。

【4】神戸地判平成10年4月14日[(27)]**（火災保険。第1類型。免責肯定）**

（地震当日に発生した火災は、地震と相当因果関係があり、免責条項の「地
震によって」生じた火災にあたるとされた。）

<事実の概要>

歯科医院（鉄筋コンクリート9階の7階部分）を経営するX（原告）は、Y
損害保険会社（被告）との間で、備品を目的とし、医療機械器具、什器備品を
特記事項とする火災保険契約を締結した。地震で保険の目的が焼失した。Xが
Y損保に保険金の支払を請求したところ、Y損保は、本件火災は免責条項に該
当するとして、保険金の支払を拒絶した。

主な争点は、以下の通りである。

争点1　免責条項の効力の有無（拘束力・有効性）

争点2　火災の発生時期・原因

<判旨>請求棄却。

一　争点1（免責条項の効力の有無）について

1　免責条項の拘束力について

火災保険更改申込書によれば、「申込人」欄に「地震保険ご確認欄」が設けられ、
「地震保険契約を希望されない場合は捺印してください。」にXの捺印があり「地
震保険は申し込みません。」に丸印がある。これによれば、Xは、締結時、免
責条項及び地震保険等につきY損保から説明を受け、それらを理解した上で、
地震保険契約を付帯させないことを希望したものと推記される。

2　免責条項の有効性について

免責条項が設けられる理由は、地震による保険事故発生の度合・損害の程度
が平均性を欠き、蓋然性の測定が困難であること、地震の発生分布は不均衡で
あり、保険の相互性の原則に適合しないこと、火災が発生すると、限られた地
域に破局的な損害が生ずること、地震の際、施設が破壊され、人心が動揺し、
火災防止・消化活動が停止・不可能となり、平時では想像できない損害が生じ
ること、そのような火災損害も保険会社がてん補すれば、保険料が高額となり
保険契約者の合理的意思に反すると共に、保険集団形成が不可能となり、保険
制度として成り立たなくなると解され、それ自体合理性を有し、公序良俗に反
するとは認められない。したがって、免責条項の「地震によって」生じた火災

とは、地震と因果関係のある火災をいう。保険会社は、免責事由が存在することの立証責任を負い、これを尽くした場合にのみ保険金の支払義務を免れる。本件火災は、地震と相当因果関係があり、免責条項の「地震によって」生じた火災に該当する。

二 争点2（火災の発生時期・原因）について

生田消防署は、1月29日、実況見分を行った。診療室付近では、南端の天井が化粧紙の西面が焼失し、東側ほど灰化・変色・カーボンの付着と変化していた。レントゲン室では、天井の化粧紙は一面灰化し、壁体は黒く変色し、機器は崩れ落ち、表面は変色しているが、内部・電気配線に焼き等は認められなかった。技工室は最も激しい焼燬の跡が認められ、①義歯を削るラボエイトNが落下し、表面焼きしていた、②ラボエイトNの電気配線が落下し、電気配線は、絶縁被覆が溶解し、作業台の北端角部に短絡痕が認められ、絶縁被覆とは異質の溶解物が付着していた、③電気配線の短絡痕は、溶解箇所の先端に認められ、丸み輝いていた、④作業台東側の壁体は変色し、扇状に化粧紙が焼失していた、⑤ラボエイトNは、棚に穴を開け、電気配線を出し、弛みもなく引っ張られ、本体は床に一部分のみ触れ、「ON」状態で焼燬していた、⑦技工室内には、ラボエイトN以外の電気機器はなく、他に火源となる物はなかった。生田消防署は、出火部位を技工室内の作業台西端付近と認定し、原因を、地震の際に、作業台上の技工用モーターのラボナイトNが落下し、衝撃で電気配線が半断状態になり、半断箇所が過熱した後、絶縁被覆に着火し、出火したものと推定するとの調査報告書を作成した。ラボエイトNは、作業台下の床に置かれたコントローラーを踏むことで作動させる（通電状態となる）が、実況見分時、コントローラーの上は落下物で覆われていた。薬品類には発火性のものはなく、破損していなかった。技巧室にガスのコックが一カ所と酸素のコックが一カ所あり、技巧室以外にガスのコックはない。

関西電力は、X訴訟代理人の照会に対し、1月17日にビルへの送電が停止された時刻は午前5時46分であること、午前8時11分に送電を開始し、40分に再度停止、25日午後8時30分頃に再び送電をした旨を回答した。

A電機ビルテクノサービス株式会社は、ビル所有者との間でビル管理監視サービス契約を締結し、監視サービス業務を行っていた。監視方法は、B警備

保障会社の事業所にガードマンを配置し、各事業所のセンターで火災発生等の異常信号を受信するとセンターから消防署・警察に通報され、異常が発生した場合、記録が残る仕組みであったが、1月5日頃から17日午前6時46分までの間、火災発生を感知した記録はなかった。

電気コードによる火炎の発生は、電気コードが半断状態になっているところへ送電されることで過熱することにより生じるものであり、送電が停止されている間は電気コードによる出火は起こり得ない。

2　認定の事実、殊に院内の焼燬の状況、火源物件の存在状況、ラボエイトNの電気配線の状態等に照らせば、本件火災は、報告書指摘のように、通電されていた17日午前8時11分から午前8時40分の間に発生した。

関西電力の回答によれば、ビルへの送電は上記の通りであるが、証人Cは、17日午前7時50分頃、医院入口前で内部を見たところ、白い煙が充満していたが、炎は見えなかった旨証言する。回答・証言の内容からすれば、送電停止中にラボエイトNの電気配線の半断状態からの過熱による出火は考え難いから、本件火災は地震前に発生した可能性もある。しかし、出火場所が技工室内であったことは焼燬の状況から動かし難く、火源もラボエイトNの電気配線関係以外に考え難いこと、地震当時、監視サービス会社による監視が行われていたが、地震発生前に火災発生は感知されなかったこと、ラボエイトNが落下し、電気配線が半断状態になった疑いを生じさせるような事情は認められないこと等の点を考慮すれば、Cの証言は採用できない。消防署が2月18日にXに電話して聴取した際、Xは「朝8時頃にドクターが見に行った時、歯科医院の奥が焼けて黒くなっているのを見た」旨述べているが、「ドクター」が医院に見に行った時刻について供述の正確性を裏付ける証拠はなく、認定の技工室内の焼き状況等に照らし、採用できない。

本件火災は、地震と相当因果関係があり、免責条項の「地震によって」発生した火災に該当する。

＜検討＞

1. はじめに

本判決は、火災の発生時期・原因等を検討した上で、火災は、地震と相当因果関係があり、免責条項の「地震によって」生じた火災に該当するとする。

2．争点1（免責条項の効力〔拘束力・有効性〕）について

　本判決は、免責条項の拘束力について、「地震保険契約を希望されない場合は捺印してください。」にⅩの捺印があり、「地震保険は申し込みません。」との表示箇所に丸印が記され、Ⅹは、契約締結時、免責条項・地震保険等につきＹ損保から説明を受け、地震保険契約を付帯しないことを希望したものと推記されるとする。「地震によって」生じた火災の意義について、免責条項の趣旨からして、地震と因果関係のある火災をいい、本件火災は、地震と相当因果関係があり、免責条項の火災に該当するとする。申込書の記載内容からして、意思推定説によれば、判旨は支持できるし、免責条項が設けられる理由に関する判旨も支持できる。また、Ｙ損保は免責事由が存在することの立証責任を負うとしているが、これは保険法の解釈に沿うものである[28]。

3．争点2（火災の発生時期・原因）について

　本判決は、院内の焼燬の状況、火源物件の存在状況、ラボエイトＮの電気配線の状態等に照し、火災は、地震の震動により作業台上のラボエイトＮが落下し、衝撃で電気配線が半断状態になり、半断箇所が過熱して出火した蓋然性が極めて高く、通電された午前8時11分から午前8時40分の間に、以上のような機序により発生したものと推認するのが相当であると判示する。

4．小括

　本判決は、火災の発生時期・原因等を詳細に検討した上で、火災は、地震と相当因果関係のあるものであり、免責条項の「地震によって」生じた火災にあたることから、保険者は免責されるとする。その限りにおいて、火災損害は、第1類型にいう「地震等によって生じた」ものといえる。

　本判決は、「損保企画」に掲載されている事実の概要及び判旨に基づくものであることから、判決文のすべてを把握していない可能性があるかもしれない。それを踏まえて考えると、本判決は、2つの争点のうち、火災の発生時期及び原因（争点2）に関して、火災は、地震の震動により技工室の作業台上のラボエイトＮが落下し、その衝撃で電気配線が半断状態になり、半断箇所が過熱して出火した蓋然性が極めて高いと認定した上で、火災損害は、地震等によって生じたもの（第1類型）としている。もっとも、本判決は、第1類型に該当すると判断するに際して、院内の被災状況の検討に集中しており、消火活動の状況等についても触れるべきではなかったかと考える。

【5】神戸地判平成10年4月15日[29]（住宅総合保険。第2類型。免責肯定）

（地震当日の夜、地震によって発生した火災が延焼拡大して建物が焼失した事案において、本件建物火災は免責条項に該当するとされた。）

<事実の概要>

X（原告）は、Y損害保険会社（被告）との間で、所有する建物を目的とする住宅総合保険契約を締結した。地震当日夜、火元火災が延焼拡大し、建物が焼失した。Xは、Y損保に対して保険金の支払を請求したところ、Y損保は、本件建物火災は免責条項に該当するとして、支払を拒絶した。

主な争点は、以下の通りである。

争点1　免責条項が適用されるか（免責条項の拘束力）

争点2　保険者は免責されるか（地震による損害か〔地震との因果関係〕）

<判旨>請求棄却。

二　争点1（本件契約に免責条項が適用されるか）について

Xは、Y損保代理店Aとの間で保険契約を締結した。その際、「B火災海上保険株式会社」と印字されていた「B」を「Y」と訂正した申込書の申込人欄に住所・氏名を記載し、訂正箇所と「地震保険ご確認欄」の「地震保険は申し込みません。」と「申込人捺印」の押印欄2か所に、Aの従業員CがXの面前で印章を押捺したこと、申込書には「貴会社の普通保険約款ならびに特約条項を承認し、《略》保険契約を申し込みます。」と記載されていること、締結の際、保険金額2,000万円の火災保険に入るということの他には、支払条件等について話をしていない。XとY損保は、特に約款によらない旨の意思を表示することなく締結したことを認めることができ、両者は約款による意思で契約を締結したものと推定され、Xが免責条項につき知っていたか否かにかかわらず、本件契約には免責条項が適用される。

二　争点2（本件契約について保険者は免責されるか）について

建物が所在する神戸市兵庫区は震度7であったこと、発生直後に付近のビルが横倒しになり、午前5時48分頃にその辺りから火災が発生・延焼し、午後5時頃には本件建物に延焼し、鎮火するまでの間、本件建物を含む建物45棟が焼損したこと、消防署は、火災を17日午前6時頃に覚知したが、火災が同時多発し、消防隊は他の現場等に出動していたため出動できず、バケツリレー

等がされただけで、延焼し続けた。火災の発生時刻・場所・状況・延焼状況によれば、出火原因は特定できないが、火元火災は本件地震よって発生したものであり、火元火災が本件地震によって延焼拡大して本件建物を焼損させたものである。

＜検討＞

1．はじめに

本判決は、契約締結時、ＸとＹ損保は特に約款によらない旨の意思を表示することなく締結したと推定されるとして、免責条項の拘束力を認めている。また、地震で発生した火元火災が地震で延焼拡大して本件建物を焼損させたものであることを推認できるとして、免責を認めている。

2．争点1（本件契約について免責条項が適用されるか）について

本判決は、まず、約款の拘束力に関する一般論を確認し、意思推定説をとっている。そして、ＸとＹ損保が、特に約款によらない旨の意思を表示せずに契約したと判断する根拠として、①申込人欄にＸが住所・氏名を記載し、「地震保険は申し込みません。」にＣがＸの面前で押印していること、②申込書の記載内容、③ＸとＣは保険金額以外には話をしていないことを認定した上で、両者は約款による意思で締結したものと推定され、Ｘが免責条項につき知っていたか否かにかかわらず、本件契約には免責条項の適用があると判示する。

3．争点2（本件契約について保険者は免責されるか）について

本判決は、火元火災の出火原因は特定できないが、火元火災が地震で発生し、地震で延焼拡大して本件建物を焼損させたものと推認できると判示しており、第2類型に該当する旨を明らかにしている。もっとも、本判決は、火元火災が本件地震によって延焼拡大して本件建物を焼損させたものと推認できるとしていることから、「本件地震によって」の部分は、第3類型に該当するとする趣旨と読めなくもなく、その結果、第2類型に該当するとすれば、「本件地震によって」の部分は不要との指摘がある[30]。免責対象となる損害について、第2類型では、「地震等によって発生した事故が延焼拡大して生じた損害」と定めるにとどまり、地震等によって延焼拡大して生じた損害とは定められていない。地震によって発生した火元火災が地震によって延焼拡大して焼損させたという解釈をとることになれば、延焼拡大に条件を付すことになり、第2類型の適用範

32

囲を狭めることになる。本件火災損害は第2類型に該当し、第3類型の適用を不要といえることから、延焼拡大に関する「本件地震によって」の部分は不要であると解することができよう。

　本件火災が発生した時点での周囲の状況について、住宅密集地で火災が同時多発していたこと、消防隊は他の現場に出動していたなどのため、出動できなかったこと、消火活動はバケツリレーだけであったという、地震によって通常の消火活動ができなかったことなどからして、火元火災及び延焼火災も「地震による火災」であると解される。

4．小括

　争点1に関しては、意思推定説によれば、本件契約に免責条項が適用されるとする判旨は妥当である。本件火災は第2類型に該当するといえ、判決文の一部に問題があると考えるが、免責対象になるとする判旨は妥当である。

【6】神戸地判平成 10 年 4 月 27 日[31]（市民生協共済。第 2 類型。免責否定）

（地震 6 日後に発生した本件火災は、平常時に比べ消防車の到着が遅れた
ことなどによる延焼とはいえず、地震を直接又は間接の原因として生じた
ものとはいえないとされた。）

　<事実の概要>

　X₁（原告）は X₁ 建物を、X₂（原告）は X₂ 建物・家財を、X₃（原告）は
X₃ 建物・家財を所有し、X₄（原告）は X₁ 建物を賃借して家財を所有してい
た。X らは、Y 市民生活協同組合（被告）との間で、建物・家財を目的として
火災共済契約を締結した。規約には「共済の目的につき火災等によって損害が
生じた場合であっても、その損害が次に掲げる損害に該当するときには《略》
共済金を支払わない。」、「原因が直接であると間接であるとを問わず、地震《略》
によって生じた火災等による損害」と定められている。、1 月 23 日午後 7 時 42
分頃、印刷業を営む A 方付近から出火した火災により X らの目的物が焼損した。
X らは Y 生協に対して共済金の支払を請求したところ、Y 生協は、本件火災は
免責条項に該当するとして、支払を拒絶した。

　主な争点は、以下の通りである。

　　争点 1　建物損害と火災と関係

　　争点 2　免責条項の解釈

　　争点 3　地震と火災の因果関係に関する主張立証責任

　　争点 4　地震と本件火災の因果関係（免責条項による免責事由の存在）

<判旨>一部認容、一部棄却（控訴）。

　二　3　建物・家財のうち地震で損傷を受けなかった部分は、全部又は一部
を焼失し、放水で価値を失ったものと認められ、その範囲で各目的物に生じた
損害は火災に起因する。

　三　免責条項についての検討

　1　免責条項の拘束力について　　X らは、「Y 市民生活協同組合の定款及
び共済事業規約の記載内容を了承して共済契約の申込みをする。」と書かれた
申込書に住所・氏名等を記載して申し込んだ。締結の際、①②申込書、③契約
証書兼領収書、④課税所得控除火災共済掛金証明書、⑤契約書面（免責条項挿入）
を用いている。X らは免責条項を含む規約による意思をもって契約したものと

推定され、規約は契約の内容となり、免責条項に拘束される。

　2　免責条項の「火災」の意義について　　規約 2 条の 2（1）号は、「火災」とは「人の意思に反し又は放火によって発生し、拡大する消火の必要のある燃焼現象であって、消火するために消火施設等の利用を必要とする状態をいう。」と定義する。規約は「火災」と「延焼」とを区別しておらず、「火災」は火元火災及び延焼火災を含む。そうすると、免責条項の「原因が直接であると間接であるとを問わず」との文言は、火元火災及び延焼火災に係わり、延焼火災が地震を直接又は間接の原因としている場合には、免責条項の適用を受ける。

　3　地震と火災との因果関係についての主張立証責任　　損害保険契約では、被保険者側が保険事故による損害の発生について主張立証責任を負い、保険者側が免責事由についてそれを負う。この理は、同様の免責約款を有する共済契約にも妥当する。規約は、19 条 1 項で「火災等の事故によって共済の目的について生じた損害に対して、損害共済金を支払う。」とし、20 条 1 項（5）号に免責条項を定める。規約に特段の定めはされていないから、共済契約者が共済金を請求するためには、損害が「火災」によって生じたことを主張立証すれば足り、「地震《略》によって生じた火災等による損害」であることは、Y 生協がこれを主張立証すべきである。

　四　地震と本件火災との因果関係（免責条項による免責事由の存在）について

　1　事実経緯

（三）火災の発生と消火状況等

　B は、1 月 23 日午後 7 時 45 分頃、A 方付近で炎を発見し、消防署への連絡を手配して A 方に駆け付けた。隣家 X₁ 建物に延焼していた。A 方では、火が印刷機械に燃え移ろうとしており、住民の消火は功を奏さなかった。長田消防署では、午後 7 時 52 分、通報を受け、約 5 分後に、消防車 34 台が到着した。消火栓は使用不能だったので、防火水槽、タンク車及び水槽車から放水するとともに、兵庫運河から放水した。午後 9 時 30 分頃には延焼はなくなり、24 日午前 1 時 30 分頃、鎮火した。実況見分をした C は、出火時刻を午後 7 時 42 分頃としたが、出火場所や原因を特定できなかった。

　2　免責条項にいう「原因が直接であると間接であるとを問わず、地震によっ

て生じた火災」とは、社会通念上、火災の発生拡大が地震と相当因果関係にある場合を意味するが、その判断には、火災発生状況や消防活動に関係のある社会状況等、火災の発生拡大に影響を及ぼす諸事情をも考慮される。本件火災の発生は地震を直接の原因とはしない。本件火災は23日に発生しており、送電も再開され、火災が頻発する状況にはなく、長田区内で当日発生したのは本件火災のみであったことから、本件火災の発生が当然に地震と相当因果関係にあるとは推定できない。

（1）本件火災の発見の遅れについて　　地震後、自宅に残った住民もおり、Aも午後7時過ぎ頃まで自宅にいたこと、自警団が見回り活動を行っていたこと、出火が午後7時42分頃とすれば、3分後には発見されていることから、平常と比して出火の発見が困難であったとはいえない。

（2）初期消火の不奏効について　　木造住宅の密集地であること、A方の易可燃物に引火したことを考慮すると、断水のない状態であれば、これ以上の初期消火活動が可能であって、拡大を防止し得たと直ちにはいえない。消防車は出火時から15分程度で到着しており、平常に比して、到着が特に遅延したとも認め難い。

（3）消防隊到着後の消防状況について　　消防隊は、防火水槽・タンク車等の水及び兵庫運河の水を放水した。現場は木造住宅の密集地で、断水がない状態であったとしても、延焼を阻止することは困難であった。火災は、消防車の到着時点で広がっていた。長田消防署が消防力を本件火災に集中できたことをも考慮すれば、地震による断水の影響により消防活動に支障を生じたとしても、このために、平常であれば阻止できた火災の拡大を阻止できなかったとまで認められない。以上のことから、火災の拡大に影響を及ぼす程度の遅延が生じたとまでは認められない。

3　地震及びこれに起因する断水等の間接的な事情が影響したことにより、本件火災が発生し、あるいはこれが延焼拡大したものとまでは認めるに足りない。

<検討>

1．はじめに

本判決は、延焼火災である本件火災は、地震発生から6日を経過し、平時に

比べ消防車の到着が遅れたことなどによる延焼ではないとしてY生協の免責を否定している。「火災」の意義と関連する免責条項の解釈が争われている。

2．争点1（建物損害と本件火災との関係）について

本判決は、建物・家財のうち地震により損傷を受けなかった部分については、火災で焼失し、放水で価値を失ったといえ、この範囲で目的物に生じた損害は火災に起因すると判示している。

3．争点2について（免責条項の効力）について

本判決は、Xらの申込み、Y生協の承諾で締結され、契約書面には免責条項が記載されていることから、Xらは免責条項を含む規約による意思をもって契約したものと推定される結果、規約は契約内容となっており、Xらは免責条項の効力を受けると判示している。

4．争点3について（地震と火災の因果関係に関する主張立証責任）について

本判決は、規約は「火災」と「延焼」とを区別していないことからすれば、「火災」は火元火災及び延焼火災を含むと解される結果、延焼火災が地震を直接又は間接の原因としている場合には、免責条項の適用を受けるとする。規約の文言は、保険約款の第2類型に相当すると解される。さらに、本判決は、免責条項に関する主張立証責任について、共済契約においても、保険契約と同様に、共済契約者側が共済事故により損害が発生したことについて、共済者側が免責事由について負うとしている。保険法理論に沿うものである。

5．争点4について（地震と本件火災の因果関係〔免責条項による免責事由の存在〕）について

本判決は、地震と火災との因果関係を判断するにあたり、①地震の発生と被害状況、②現場の地震前後の状況、③火災発生と消火状況等に関して事実を認定する。それによると、①多数の箇所で断水し、消火栓は復旧しておらず、火災が多発していたこと、②現場付近は木造建物が密集していたことから、自警団が警備していたこと、③1月23日午後7時45分頃、火元火災が確認された直後、X₁方への延焼が発見され、約10分後、消防車が到着し、約1時間30分後に延焼の恐れはなくなったとされる。

本判決は、免責条項にいう「原因が直接であると間接であるとを問わず、地震《略》によって生じた火災等による損害」について、社会通念上、火災の発生・

拡大が地震と相当因果関係にある場合を意味すると解され、その判断には、火災発生状況や消防活動に関係のある社会状況等、火災の発生・拡大に影響を及ぼす諸事情をも考慮すべきであるとする。このような立場は保険法理論に沿ったものである。そして、本判決は、火災と地震との因果関係について、本件火災は地震発生から6日後に発生したものであって、当初の混乱は収束に向いつつあり、火災が頻発する状況にはなく、現場が所在する長田区内において当日発生した火災は本件火災のみであったことからすれば、火災の発生が当然に地震と因果関係にあるものと推定できないと判示する。その上で、本判決は、火災の発生と消火状況等を巡り、主に次の3点について事実を認定した上で、Y生協の免責を否定している。①火災発見の遅れについて、火災発生後3分後に発見されたことからすれば、平時と比して発見が困難であったとはいえないこと、②初期消火の不奏効について、火元A方にはインク等の易可燃物があったことから、断水のない状態であれば、当時以上の初期消火活動が可能であって、火災の拡大を防止し得たと直ちにいえないこと、③消防隊到着後の消防状況について、消防隊は、火災発見の7分後に発生通報を受け、15分後に到着して放水しており、断水の影響で消防活動に支障を生じたとしても、このために、平常の場合であれば阻止できた火災の拡大を阻止できなかったとは認められないとした上で、①②③の状況を免責条項にあてはめると、地震及びこれに起因する断水等の間接的な事情が影響したことにより火災が発生・延焼したものと認めるに足りず、火災による損害は、免責条項にいう「地震」によって生じた火災等による損害にあたらないと判示している。

6. 小括

　地震6日後に発生した本件火災について、本判決は、平常時に比べ消防車の到着が遅れたことによる延焼とはいえず、地震を直接又は間接の原因として生じたものとはいえないとして、免責を否定する。本判決に対して、免責が否定されているのは、免責事由を巡り、地震と火災との間に相当因果関係があることについてY生協の主張立証が十分ではなかったからではないかとの指摘がある[32]。というのは、規約では、「原因が直接であると間接であるとを問わず、地震《略》によって生じた火災等による損害」は免責されるとしていることから、Y生協は、火災が地震によって発生したこと、建物への延焼が地震によるもの

であることについて主張立証する立場にあるが、火災発生当時の火災の多発、交通事情の悪化による消防活動の困難さなどは、地震と火災との間の相当因果関係を導くものであるが、裁判所は、争点 4 を検討する中で、これらをいずれも斥けていると考えるからであるとする。

【7】神戸地判平成10年6月26日[33]・大阪高判平成11年11月10日[34]（住宅総合保険。

　　第3類型〔火元建物内の延焼拡大〕。部分的てん補責任）

　　（地震当日午前8時頃に本件建物内で本件火災が発生し、全焼した事案において、地裁では、本件火災は出火原因不明であって第1類型・第2類型には該当せず、建物内での延焼火災は地震による消防力の低下が原因であって第3類型に該当することから免責されるが、その範囲は地震と相当因果関係のある火災損害部分のみであるとして、保険金請求の一部を認容した。高裁では、本件火災は地震以外の原因によるものであるが、地震で消防車が到着できなかったため全焼したものであって、火元火災でも第3類型が適用され、免責の範囲は地震により延焼拡大した損害に限られるとした。）

＜事実の概要＞

　　X（原告・控訴人＝被控訴人）が所有する本件建物は、神戸市東灘区住吉山手に所在し、2階には子供部屋1・2、寝室等があり、2階天井裏に納戸があった。Xは、Y損害保険会社（被告・被控訴人＝控訴人）らとの間で、以下のような保険契約を締結した。

保険会社	保険の種類	保険の目的	保険金額
Y₁損保	住宅総合保険	本件建物一棟	3,000万円
Y₂損保	同上	家財（本件建物内）	2,000万円
		本件建物一戸	5,000万円

　　地震当日午前8時頃に本件建物に火災が発生し、建物・家財が焼失した。XはY損保らに保険金の請求をしたところ、Y損保らは、本件火災は免責条項に該当するとして、保険金の支払を拒絶した。

　　主要な争点、以下の通りである。

　　　争点1　　本件火災損害は第1類型・第2類型に該当するか（出火原因）。

　　　争点2　　本件火災損害は第3類型に該当するか（火元建物内の延焼拡大）。

　　　争点3　　本件火災損害は免責条項の解釈

〔神戸地判平成10年6月26日〕

＜判旨＞一部認容、一部棄却（控訴）。

一　争点１（本件火災損害は第１類型・第２類型に該当するか［出火原因］）について

　２　（一）想定される火元及び原因等　　出火場所は子供部屋１か２階天井裏としか想定しえないところ、両所に出火原因となる物はなかったことからすると、出火原因としては、火元が子供部屋１ならタバコの不始末が、２階天井裏なら屋内配線のショートや漏電が出火原因と想定できる。

　（二）本件建物の揺れと屋内配線の損傷等　　東灘区内の建物倒壊や火災はJR東海道線以南に集中し、本件建物があった阪急神戸線以北では被害は軽微であったこと、半径約100メートルの範囲では倒壊建物はなかったこと、本件建物は築後２年が経過し、地震直後、外観には被害はなく、食器が割れた程度であった。地震で損傷した電線は相当強い強度を有すること、電線は柱や壁等にステープルで固定される等、標準的方法で固定されていたこと、ステープルの電線との接触面にはビニール様のものが取り付けられていた。本件建物の外観には被害がなかったことから、電線が引っ張られればステープルが抜けることが考えられること等を考慮すると、地震で電線が損傷して裸線が露出していたものと推測できない。周辺地域で屋内配線が損傷した建物があった報告等はなく、さしたる建物被害のなかった本件建物についても報告と同様に電線が損傷していたと考えるのは早計である。

　（三）出火場所　　子供部屋１か２階天井裏のいずれかは特定できない。住民やXの妻・長男が、午前８時前後から15分頃の間に北側２階屋根軒下の通風口付近から白煙が出ているのを目撃したこと、妻が納戸に入り天井裏内を見ると、白煙が一面に漂っていたこと、納戸には煙がなかったこと、住民が煙が充満していた納戸へ消火器を噴射したが効果がなかったこと、この間、子供部屋１を確認した者はいなかったこと、その頃、多くの住民が２階屋根下付近から黒煙を目撃した。初めて火を見た場所等について、複数の住民は、１時間から２時間程黒煙が出ていたが、２階屋根西側付近から一気に火の手が上がり拡大したのを目撃したこと、妻は火が外に出る前のバケツリレー中、子供部屋１の南窓内の炎を目撃したこと、消防署員Bも、その間、２階西側窓から黒煙と炎が出てきたのを目撃したこと、煙が出始めた当初に火点の確認をした者はいなかった。目撃状況からすると、火が外に出る前に建物内で燃えていたことが推認できるが、出火場所については２階天井裏とも子供部屋１とも考えられ、

41

出火場所が2階天井裏であったと認定できないのみならず、子供部屋1であった可能性を排斥できない。

（四）通電関係　　送電再開時刻について、関西電力は午前8時46分と回答した。B又はY損保らが調査を依頼したCの聴取に対し、複数の住民が、午前8時前後に10分程度の送電があり、その後に屋根下から煙が出ているのを見た旨、継続的送電がされたのは午後3時頃であった旨を述べている。そうすると、午前8時46分は継続的送電再開時刻であり、午前8時前後に一時的送電があった場合、その頃に火災が発生したことは認められるが、建物内で燻焼火災等が発生し煙が建物外へ出るまでには、また、煙が発見されるまでには、時間を要すると考えられることからすると、この程度の事実のみから一時的送電と本件火災発生の先後関係を特定できない。

（五）着火経過　　納戸内に煙がない段階で納戸外の天井裏には煙があり、消火器を噴射しても効果がなかったことから、出火場所として納戸を想定できず、2階天井裏が出火場所であった可能性を想定できるが、天井裏には固定された電線があったのみで、電線被膜の他は柱や壁の木材以外に可燃物はなかった。天井裏の電線が損傷して裸線が露出していたとしても、線間短絡すればブレーカーが作動したはずであって、継続的に通電されることはなく、引火に必要な熱量が供給されたとは考えられず、そこから出火したとは考えられない。

二　争点2（本件火災損害は第3類型に該当するか〔火元建物内の延焼拡大〕）について

1　第3類型への該当性

以上に加え、午前8時前後から15分頃に2階屋根軒下の通風口付近から白煙が出始めたこと、納戸外の煙が5分程で納戸内へ広がったこと、住民が消火器を噴射したが効果がなかったこと、屋根下付近からの煙は黒くなったこと、Aが119番通報したが通じず、約300メートルの距離にある東灘消防署深田池出張所へ行ったが署員らは不在で、建物付近の消火栓は開けられなかったこと、別の住民の出張所への駆けつけ通報により、署員が午前8時40分頃に火災発生を確知し、9時頃に現場へ行った際には煙が出ているのみであったこと、署員が消防車を要請したがなかなか来なかったこと、200人程の住民がバケツリレーしたが効果がなかったこと、煙が2時間程出ていたところ、2階屋根付近

からに火の手が上がり、短時間で2階全体が炎に包まれたこと、10時頃に東灘消防団ポンプ車1台が来たが消火栓は断水していたこと、消防車で放水したが、建物は全焼し、完全鎮火は午後4時頃であった。通常の木造建物の火災では、確知後1分程度で消防車2台が出動し、約10分後には到着し、消火栓から放水できる。したがって、本件建物が全焼したのは、通報の遅れ、消火栓断水、消防車不足、人員不足等により平常時の消防活動ができなかったことにより、これは地震による消防力の低下が原因であった。

免責条項の文言上、地震と火災・火災損害との因果関係が要求され、その趣旨は、地震の際における社会的混乱や消防力の不足、交通事情の悪化等の事情をも考慮したものであることからすれば、地震と火災・火災損害との相当因果関係の有無によって第3類型の該当性を決するのが相当である。また、神戸市には一定数の消防車や消火栓があり、平常時であれば本件火災が建物の全焼前に消火できたと考えられる以上、十分な消防体制でなかったと評価されるが、本件火災が延焼拡大して本件建物を全焼したことについて、その評価の内容が地震よりも有力な要因であったとは認められず、地震との相当因果関係を否定できない。

　二　争点3（免責条項の解釈）について

　2　免責範囲

本件建物から出火し、延焼拡大して全焼したことと地震との相当因果関係は認められるが、他方、地震がなくても、本件火災ではボヤ程度の火災損害（地震との因果関係はない）が生じており、免責範囲について検討を要する。

（一）本件では、地震がなくてもボヤ程度の火災損害は生じており、「地震による延焼拡大」部分の地震と因果関係のある火災損害はこの損害を超える部分となる。火災保険では、被保険者側は火災損害を主張立証し全額を請求し、保険者側は免責事由及び免責範囲（地震と因果関係のある火災損害）について主張立証する責任がある。本件建物の全焼でXが被った損害は、建物5,000万円・家財2,000万円である。本件火災は地震がなければ2階天井裏又は子供部屋1付近のボヤ程度で鎮火できたこと、構造規模等からすると、ボヤ程度の火災による損害部分は全損害の半分を超えることはないことから、地震と相当因果関係のある火災損害部分としてY損保らが免責されるのは、全損害の半分である。

3　損害保険金の額

　保険価額は建物5,000万円・家財2,000万円であり、Y損保らが免責されない本件火災損害の額は建物2,500万円・家財1,000万円であるところ、Y損保らが支払義務を負う損害保険金の額を算定すると、Y_1損保は建物1,071万4,268円、Y_2損保は建物1,428万5,714円・家財1,000万円を支払う義務を負う。

<検討>

1．はじめに

　地震当日午前8時頃に火災が発生し、全焼した事案において、地裁判決は、本件火災は出火原因不明の火災であるとして第1類型・第2類型による免責を否定し、建物内の延焼拡大は地震による消防力の低下が原因であり、第3類型に該当するとして保険者は免責されるが、免責範囲は地震と相当因果関係がある火災損害部分のみであるとして、保険金請求を一部（保険価額の5割）認容し、免責条項の適用について新たな立場を示した。

2．争点1（本件火災損害は第1類型・第2類型に該当するか〔出火原因〕）について

　本判決は、①火元及び原因等、②建物の揺れと屋内配線の損傷等、③出火場所、④通電関係、⑤着火経過等について検討した上、火災原因は不明と判断した。すなわち、火災原因が不明なので第1類型・第2類型は適用されないことになる。

3．争点2（本件火災損害は第3類型に該当するか〔火元建物内の延焼火災〕）について

　①本件火災は拡大までに30分程度かかったこと、②火元が特定できていなくとも、2階天井裏付近への放水が階下の子供部屋1の火災に対して効果があったこと等を考慮すると、出火が建物内で延焼拡大して建物が全焼するに至ったのは、消防署への通報の遅れ、消火栓断水、消防車・人員の不足等により平常時の消防活動ができなかったことによると認められ、それは地震による消防力の低下が原因であったと認められると判断した。

　この立場は注目すべき解釈である。すなわち、火災原因が不明なので第1類型・第2類型は適用されないとして、第3類型の適用は火元火災が原因不明であることを前提としていることから、第3類型の適用を認めた上で、本件では火災が同じ建物内で延焼拡大したものであることから、地裁判決は建物内の火

災損害に第3類型を適用していると解される。

4．争点3（免責条項の解釈）について

　地裁判決は、本件において「地震による延焼拡大」部分（地震と因果関係のある火災損害）は、ボヤ程度の火災で被る損害を超える部分になるとしている。火災保険では、保険者側には免責事由及び地震と因果関係のある火災損害の範囲（免責の範囲）について主張立証する責任があり、本件においてボヤ程度の火災による損害部分は全損害の半分を超えないので、地震と相当因果関係のある火災損害部分として免責されるのは、全損害の半分の限度であると認めている。

　これも注目すべき解釈である。すなわち、通常の消防体制や消火活動経過、火災の延焼拡大の経緯、気象状況等を検討することで、原因不明の火元火災及び地震によらない延焼拡大部分の火災損害と、地震による消防力の低下等による延焼拡大部分の火災損害とを蓋然性をもって区別し、蓋然性のある損害額を推認することは可能なので、結果（本件では全焼損害）についてすべて免責されるのか、すべて免責されないのかを考えなければならない必然性・合理性はなく、そもそも、原因不明の火元火災及び地震によらない延焼拡大部分の損害は、地震との間に条件的な因果関係すらなく、そのような損害について、建物全体の損害の原因の中で地震が優勢であるからといって、地震との相当因果関係が発生する理由はないと判示している。

〔大阪高判平成 11 年 11 月 10 日〕

＜判旨＞請求棄却（上告）。

　一　出火原因

　1　発生原因の証拠の多くが失われる火災について主張立証責任を定める約款が成立しているのであるから、主張立証の程度を緩和しすぎることは、約款を無視することになる。民事裁判における火災発生原因の認定では、間接事実に基づき総合的に判断して原因を推認する手法をとる。本件火災では、①地震に起因する通電火災であることが合理的に説明可能であり、②他の原因が否定されることが主張立証されれば、地震に起因する通電火災であると推認できるが、結局は、①②の事実の立証の程度やその他の関係事実をも踏まえて総合的

に判断される。

2　（六）Aの証言は信用性が高く、午前8時前後に10分程度の一時的通電があった事実を認定できる。しかし、建物内で燻焼火災等が発生し、煙が建物外に出るには相当程度の時間を要するところ、Aの証言等を前提にすると、一時的通電が原因で火災が発生したとすると、煙を目撃するまでの時間が短すぎる。

5　以上を総合すると、Y損保ら主張の経過により午前8時頃の一時的通電が出火原因となったとの蓋然性が高いとはいえない。①建物の揺れは被災地域では小さかったこと、②配線の固定方法から損傷の可能性が低いこと、③出火場所が納戸と断定できないこと、④一時的通電と煙発見の時刻が接着していること、⑤通電が原因で火事が発生した例は少ないこと等からすると、本件火災がY損保ら主張の経過による電気火災であることを合理的に説明できない。本件火災が地震により発生した電気火災である可能性までは否定できないが、消防署も原因不明としており、本件火災が電気火災であることについて疑問が残る。

二　地震による火元建物内での延焼拡大

1　本件火災は地震による影響がなければ、2階天井裏又は子供部屋1等の焼燬による小規模の段階で鎮火した蓋然性が高く、これに建物の規模構造や消火作業による汚損・水損により生じた損害も考慮すると、地震により拡大した損害は、全損害の5割程度である。この割合は、事柄の性質上証拠に乏しく概括的な認定となるが、主張立証責任の分配を踏まえて、認定事実を前提に可能な範囲で認定するほかなく、これが許されないとは解されない。

2　大量に同種の契約を締結することを前提に、個別契約に当然適用されることを想定して作成される約款の性質からすれば、解釈は文言の合理的な解釈によるほかない。火災が地震による消火活動への影響等に基づき通常の場合に比べて火元の建物自体に大きな損害を生じさせた場合は、「延焼又は拡大」のうちの「拡大」に該当するというのが、この解釈指針に沿った解釈であり、火元火災にも第3類型の適用はある。

4　約款の解釈は文言中心になすべきところ、「地震によって延焼又は拡大して保険の目的に与えた損害」という表現からすると、免責されるのは火災に

よる全損害ではなく、地震により延焼又は拡大した部分の損害に限られる。約款は、免責要件の他に、免責範囲（損害）をも定める。

三　支払うべき保険金の額

1　本件建物が全焼したことでＸが被った全損害（保険価額）は、本件建物については、①8,241万円余りで建築されたこと、②建築費用からすると、本件建物は耐用年数が長い建物であったこと、③建築から火災までの期間が2年足らずで、その間の物価変動も僅少に止まったことからすると、8,000万円、家財については2,000万円である。

2　Ｙ損保らが免責されない本件火災による損害は、建物4,000万円、家財1,000万円であるところ、Ｙらが支払義務を負う保険金の額を約款4条1項、3項、4項及び5条に基づいて算定すると、Y_1損保は建物につき1,500万円、Y_2損保は建物につき2,500万円、家財につき1,000万円の支払義務を負う。

＜検討＞

1．はじめに

　高裁判決は、本件火災は地震以外の原因で生じたものであるが、地震のために消防車が到着できなかったため全焼に至ったものであり、火元建物内での延焼拡大にも第3類型は適用されるとしたうえで、免責条項の表現からすると、免責されるのは地震により延焼又は拡大した損害に限られると判示した。

2．本件火災の出火原因

　高裁判決は、①地震による通電事故であることが合理的に説明可能であり、②他の原因が否定されることが立証されれば、地震による通電火災であると推認できるが、①②の事実の立証程度やその他の関係事実を踏まえて総合的に判断するほかなく、本件では地震による通電火災とするには疑問が残るとして、本件火災の原因は不明であると判示する。

3．地震による延焼拡大・免責条項の解釈

　高裁判決は、約款の解釈は文言中心になすべきであるとして、まず、火災が、地震による消火活動への影響等により通常に比べて火元の建物に大きな損害を生じさせた場合は、「延焼又は拡大」の「拡大」に該当するというのが、この解釈指針に沿った解釈であり、火元火災にも第3類型の適用はあるとして、第3類型適用の根拠につき地裁判決よりも明確にしている。つぎに、「地震によっ

て延焼又は拡大して保険の目的に与えた損害」という文言からすると、免責されるのは、地震により延焼又は拡大した部分の損害に限られ、約款は、免責の要件の他に、免責範囲（損害）をも定めていると判示している。その上で、建物が全焼したことによる全損害（保険価額）は、本件建物は、① 8,241 万円余りで建築されたこと、②耐用年数が長い建物であったこと、③建築から火災までの期間が 2 年足らずで、その間の物価変動も僅少に止まったことからすると、8,000 万円として、地裁判決よりも評価を高額に変更し、X の請求を一部認容した。

＜地裁判決・高裁判決の比較検討＞

　地裁判決は、本件火災は出火原因不明として、第 1 類型・第 2 類型による免責を否定し、延焼拡大は地震による消防力の低下が原因であり、第 3 類型に該当するとして免責されるものの、免責されるのは地震と相当因果関係がある火災損害部分についてのみであるとして、保険金請求を一部（保険価額〔保険金額？〕の 5 割）認容した。高裁判決は、本件建物は、地震のために消防車が到着できなかったため全焼に至ったものであり、このような場合には、火元火災についても第 3 類型（火災の拡大）は適用されるとしたうえで、免責条項の表現からすると、免責の範囲は、地震により延焼又は拡大した損害に限られるとして、上記のように判示した。

　このように、地裁判決及び高裁判決（地裁判決よりも立場を明確に示している。）はともに、約款の文言に執着することで、部分的てん補責任（割合的因果関係論）を導き出している。しかし、高裁判決の立場に対して、次のような批判がある。①高裁判決は、地震と延焼拡大との間の因果関係は肯定しても、地震以外の原因を認め、それと延焼拡大との間の因果関係をも認めるという手法をとらないから、高裁判決が補完的因果関係の割合的判定という手法で保険者の部分的てん補責任を導いたという評価ができず、結局、高裁判決は、因果関係論から離れ、免責条項の解釈を行い、それを大前提として（それありきで）、部分的てん補責任を導き出している、②高裁判決は、約款文言から解釈が導けるとするが、「火災が地震によって延焼又は拡大して保険の目的に与えた損害に対して、保険金を支払いません。」という文言に照らせば、まず、高裁決の解釈が文理解釈として成立するか疑問であり、さらに、免責条項の趣旨・目的、

第3類型の導入経緯、地震保険制度の存在を考慮して解釈するとなれば、なおさらのこと、高裁判決の解釈・結論に違和感を覚えるとしている[(35)]。もっとも、全部免責ではなく、保険金の支払を認めることで、保険契約者側を保護するという考え方からすれば、両判決の結論は支持されるであろう。

　地裁判決及び高裁判決で注目すべきこととして、火元建物について、第3類型の適用を認めていることも指摘できる。とりわけ、高裁判決は、火災が、地震による消火活動への影響等により通常に比べて火元の建物に大きな損害を生じさせた場合は、「延焼又は拡大」の「拡大」に該当するというのが、この解釈指針に沿った解釈であり、火元火災にも第3類型の適用はあるとして、第3類型適用の根拠につき地裁よりも明確にしている。

　なお、後掲【9】は、地震と火災（通電火災）との因果関係を認めながらも、保険契約者の過失の程度が地震よりも火災に対して寄与度が高いと認定した上で一部の保険金の支払を認めており、本件地裁判決・高裁判決とは考え方に違いがみられる。

【8】神戸地裁尼崎支判平成 10 年 8 月 10 日（住宅総合保険。延焼、通電。免責否定）⁽³⁶⁾・

大阪高判平成 11 年 3 月 26 日（免責肯定）⁽³⁷⁾

（地震翌日に隣家が出火し、建物等が延焼焼失した事案について、地裁判
決では、隣家の出火が地震による火災とは認められないとして、免責条項
が適用されなかった。高裁判決では、隣家の出火は地震による火災と認め
られるとして、免責条項が適用された。）

＜事実の概要＞

X（原告・被控訴人）は、Y 損害保険会社（被告・控訴人）らとの間で、芦
屋市所在の自宅（木造 2 階建て）について、以下のような火災保険契約を締結
した。

保険会社	保険の種類	保険の目的	保険金額
Y₁損保	住宅総合保険	建物	1,000 万円
		家財	800 万円
	長期総合保険	建物	500 万円
		家財	200 万円
Y₂保険	住宅火災保険	建物	3,560 万円

地震翌日 18 日午前 5 時 25 分頃、震度 3 の余震があり、約 10 分後に、X 宅
の東隣の A 方の 2 階付近から出火し（事実①）、この火災が延焼して X 宅が全
焼した（本件火災）。地震で A 方は屋根瓦がずれ落ち、東側の外壁がめくれ、
2 階では天井の蛍光灯が落下した（事実②）。地震後、周辺では 17 日の夕方頃
には送電が復旧した（事実③）。出火当時、A 方にいたのは妻だけであり、地
震以降出火まで 2 階に上がった者はいない（事実④）。出火の前後に A 方近く
で見知らぬ男が目撃されている（事実⑤）。出火時に「ドドーン」という音が
した（事実⑥）。芦屋消防署の見解では、出火原因は「不明火」とされている（事
実⑦）。

主な争点は以下の通りである。

争点 1：火元の出火原因は何か（X の損害は免責条項に該当するか）。

争点 2：X の損害額について。

〔神戸地裁尼崎支判平成 10 年 8 月 10 日〕

＜判旨＞一部認容、一部棄却（控訴）。

　事実①から④によると、Ａ方の出火は１階和室辺りの屋内配線の短絡が生じたことによると推認できる。出火直前に、新聞配達員風の人物が単車でＡ方北側から南方へ走り去るところを目撃されている。証人Ｂは新聞配達員であった旨証言するが、その人物が配達している様子を現認しておらず、地震翌朝のことでもあり、いつものように配達されたとは考えにくい。Ｙ₁損保の依頼を受けた調査会社職員Ｃは、近所の住人から、雷のような音がしたので外を見ると、Ａ方２階から電気のショートする音が聞こえ、火花が出ており、その後、火災が発生したなどの説明を聞き、芦屋警察署でも、目撃者が「雷のようでした」と話しているとの情報を得た。証人Ｄは、雷のような音とは「ドドーン」とか「ドカーン、ドカーン、バリバリ」とかだったように思うと証言した。このような擬音は通常の通電火災時に出す音とは異質である。出火直後、Ａの妻が１１０番に電話した後、外に飛び出すと、北側路地に２０ないし３０歳位の男性が立っていた。芦屋市消防署は、Ａ方の出火原因は「不明火」としている。

　これらの事実に加えて、家庭への送電が17日夕方頃には復旧していたことから、Ａ方の出火は不審火による疑いもなくはない。そうすると、Ａ方の出火と地震（本震及び余震）との間に相当因果関係を肯定できないから、出火が地震によって発生した火災とはいえず、Ｘの損害は免責条項に該当しない。

＜検討＞

1．はじめに

　地震翌朝に隣家が出火し延焼して建物等が焼失したことにつき、火元火災が地震によって発生したとは認められないとして免責条項が適用されなかった。

2．争点１（火元の出火原因は何か。Ｘの損害は免責条項に該当するか）について

　地裁判決は、①本件火災は余震約10分後に出火したこと、②Ａ方の被害状況、③送電中断と再開の状況、④Ａ方の在宅状況と家人の行動等によれば、Ｘの隣家であるＡ方の出火は、本震及び余震で２階和室辺りの屋内配線が破損し、短絡等が生じたものと推認できるが、⑤出火直前・直後に不審者がいたとする証言があること、⑥調査会社・警察署の調査では、火災発生前の雷のような擬音は通常の通電火災時に出す音とは異質であること、⑦消防署は出火原因を不明としていること等の事実に加えて、送電が17日夕方頃には復旧していた事

51

実に照らすと、Ａ方出火は通電火災ではなく、不審火による疑いもなくはなく、Ａ方出火と地震との間に相当因果関係を肯定できないから、Ａ方出火が地震によって発生した火災とはいえず、Ｘの損害が免責条項に該当しないと判示する。

３．小括

　Ａ方出火と地震との間に相当因果関係があるか否かについて、筆者は次のように考える。出火の原因が地震か不審火かについて明確な判断ができず、その結果、地裁は後者の疑いもなくはないとして、相当因果関係を否定する。ということは、原因としての可能性の高いほうが出火原因であることになる。また、上記⑥で、擬音について通常の通電火災時に出す音とは異質であるとして通電との関連を否定するが、地震当日の夕方頃には通電していたことから、Ａ方の屋内配線に短絡等が生じたことによる音ととらえることの方が自然ではなかろうか。さらに、通電の事実に照らすと、Ａ方出火は通電火災ではないとしている点は、通電直後に通電が原因となって屋内配線等において火花が生じるなどにより出火したともいえる。不審火による疑いもあるが、通電の可能性の方が高いと考える。

〔大阪高判平成 11 年 3 月 26 日〕

＜判旨＞請求認容。

　一　争点１についての判断

　１　（一）地震当日に発生した火災の約半数は地震発生直後から午前６時までに発生しており、地震後数日にわたって発生したり、原因の大半が電気・ガス等といった傾向は都市の地震火災の特徴である。本件地震では、電源コードや屋内配線から出火した原因は地震の揺れの外力や落下時の衝撃による出火が４件、電線被覆の損傷による出火が２件である。

　（二）芦屋市消防署作成の火災調査報告書中に添付された書面

　（１）消防署作成の火災状況見分書　　火災発生の指令を受け５時42分出場し、51分Ａ方東側に部署する。水量不足で消火活動は思うに任せず、８時06分鎮圧した。

　（２）消防署作成の実況見分書　　消火栓断水のため、使用できる水利は自然水利とタンク積載水だけであった。Ａ宅と隣接建物（Ｅ方）は２階部分が完

全に焼失している。

（3）消防署員に対するF（近隣居住者で、本件火災の第一発見者）の供述調書　路上駐車の車で朝方早く目覚めた。新聞配達員の単車を眼で追っていると、A宅の外壁が光っているのに気づき、時計を見ると5時20分過ぎだった。明るく光っているものが反射しており、A宅南側ベランダから2メートル程の炎が上がっていた。クラクションを鳴らして知人に知らせた後、119番通報をした。

（4）消防署員に対するAの妻の供述調書　本震で屋根瓦がずれ落ちるなどしていたが、建物の原形は保たれていた。夫が会社に行ったが帰らないので、1階の和室で電気をつけて夫の帰りを待っていた。18日早朝に震度3の余震があり、10分過ぎた頃の午前5時30分から午前6時位の間に、パチパチと音が聞こえてきた。2階の階段踊り場付近が異様に明るくなり、絨毯カバーに火がついて階段の途中までずり落ちていた。110番に連絡し、外へ飛び出して叫んだ。北側路地に20から30歳ぐらいの男性が立っており、一緒に火事だと叫んでいた。2階には暖房器具はなく、就寝時は消灯している。夫も私もたばこは吸わない。地震発生後に夫と2階から下りた後は、2階に上がっていない。

（5）市消防署作成の火災原因判定書　出火箇所はA方2階南側居室付近と推察する。A調書では、暖房器具・たばこによる出火とは考えられない。17日午前7時10分には送電が再開され、翌日午前5時25分に震度3の余震があった。F調書では、A宅の外壁が光っているのが午前5時20分過ぎであって、すでに炎上中であり、Aが聞いたパチパチという音は材木などがはじける燃焼時の二次的なもので、余震は出火原因には直接関係がないと思われるが、屋内配線の破損・短絡などの原因による出火の可能性は否定できない。出火箇所が2階であり、家人が在宅しているために、何者かが屋内で放火する可能性は考えられない。本件火災は「不明火」とする。

2　各証拠資料に基づき検討する。

（二）火災発生当時、A一人が1階で休んでいただけで、2階は無人で、電化製品も使用していなかった旨一貫して供述しており、家人による失火の可能性はない。本震翌朝に新聞が配達されており、新聞配達員を目撃した旨のFの供述の信用性は疑いなく、火災発生直後にAが一緒に火事だと叫んだという男

性は不審者ではない。出火場所はＡ方２階南側居室であり、何者かが家人のいるＡ方に侵入して放火する可能性は考え難い。

（三）Ｆは原審で、当日目覚めたのは午前５時20分であり、このことは時計で確認したとするＦの原審供述の信用性は疑いない。一方、Ａは一貫して余震後にパチパチという音を聞き、その後炎を確認した供述しているが、発生時刻についてのＦの原審供述との間に齟齬はなく、本件火災は余震発生の午前５時25分の直後に発生した。

（四）地震によりＡ宅は大きな被害が発生し、その後火災発生までに数十回の余震が発生しており、地震で家屋がひずみ、電気配線が半断線又は短絡し、余震で半断線又は短絡状態が発生・拡大しやすい状況にあった。Ａは余震から火災の発生までの間に２階出火場所付近からパチパチという異音を聞いているが、近所の住民も電気ショートの音を聞き、火花が飛び出るのを目撃しており、これらは電流の流れている状態の屋内配線が余震によって損壊度が高まり、断線出火又は短絡出火した状況に符合する。

（五）消防機関による火災原因の調査は、爾後の効果的な予防及び警戒の体制を確立し、消火活動を遂行するうえに不可欠の資料を収集するもので、原因判定書が不明火と判定したからといって、原因の認定を左右するものではない。

（六）以上を総合すると、本件火災はＹ損保ら主張の通り、通電火災により発生したものと認めるほかはなく、免責条項にいう地震によって発生した火災が延焼又は拡大したものに該当する。

＜検討＞

１．はじめに

地震翌日に隣家が出火し延焼して建物等が焼失したことについて、地裁判決では、隣家の出火が地震による火災とは認められないとして免責条項を適用しなかったのに対して、高裁判決では、隣家の出火は地震による火災（通電火災）と認められるとして免責条項を適用した。

２．争点１（火元の出火原因は何か〔Ｘの損害は免責条項に該当するか。〕）について

高裁判決は、次のように判示している。①本件火災の出火場所はＡ方２階南側居室内であること、②Ａ方家人による失火の可能性はないこと、③本震翌朝

には新聞が配達され、出火直前に新聞配達員を目撃した旨の供述は信用でき、火災発生直後にＡと一緒に火事だと叫んだと男性は不審者ではなく、何者かが家人のいるＡ方に侵入して放火する可能性は考え難いこと、④Ａは一貫して余震後にパチパチという音を聞き、炎を確認した供述しており、火災発生時刻に関するＦの原審供述との間に齟齬はなく、本件火災は余震直後に発生したと認められること、⑤地震の揺れで家屋がひずみ、電気配線が半断線又は短絡し、余震で半断線又は短絡状態が発生・拡大しやすい状況にあったこと、⑥Ａはパチパチという異音を聞いているが、付近住民も電気のショートする音を聞き、火花が飛び出るのを目撃しており、これらは電流の流れている状態の屋内配線が余震で損壊度が高まり、断線出火又は短絡出火した状況に符合し、雷のような音も地震により住宅のきしむ音等と考えれば説明しうるもので、通常の通電火災時に出す音と異質とは言えないとした上で、⑦消防機関による火災原因の調査の趣旨を説明し、原因判定書が不明火と判定したからといって、これが本件における火災原因の認定を直ちに左右するものとは解せないとして、火災と地震との相当因果関係を認めている。

３．小括

　上記③では、本震翌日には新聞が配達されていたこと、男性は不審者でないと認めること、Ａ方に不審者が侵入して放火する可能性は低いとして、原審とは異なり、不審火の可能性を否定する。④では、近隣住民で、火災の第一発見者Ｆの信用性を疑わせる資料はないとしつつ、Ａの供述とＦの原審での供述との間に齟齬はなく、本件火災は余震発生の直後に発生したものと認めている。⑤では、本震でＡ方の家屋がひずんだことで、家屋の電気配線が半断線又は短絡し、余震で半断線等が発生・拡大しやすい状況にあったと認めている。⑥では、原審が、通常の通電火災時に出す音とは明らかに異質のものであるとする擬音について、電流の流れている状態の屋内配線が余震で損壊度が高まり、断線出火又は短絡出火した状況に符合し、雷のような音も地震により住宅のきしむ音等と考えれば説明しうるものとして、原審の判断を否定している。本判決は、一部は原審の判断を否定するなど、本件火災に関して複数の事実を認定しているが、この判断は妥当と評価でき、本件火災は地震に起因する通電による火災であるということができる。

＜地裁判決・高裁判決の比較検討＞
　地震による火災損害であるか否かを判断する場合、本件地震の火災を巡る一連の下級審裁判例において、火災の消火状況もその要素になるとされている。この点について、高裁判決によれば、本件火災は、消防車が火災発生の約25分後に火災現場に到着したが、水量不足のために消火活動は思うに任せないなどの極めて悪い条件下での火災であったとされる。このことからすれば、本件火災の消火活動は平時のものと比較して十分ではいえず、それは地震を原因とする水量不足であったこととなることから、本件延焼火災は地震によるものである、つまり、地震による通電火災でなくとも（火元火災が原因不明であっても）、第３類型に該当すると可能性がある。

【9】神戸地裁尼崎支判平成10年8月10日[(38)]・大阪高判平成11年6月2日[(39)]（火災保険。通電。一部認容。保険契約者の過失）

（地震翌々日に発生した電気ストーブの通電火災による建物の焼損等の事案について、地裁判決は、火災は住人である保険契約者の過失による失火であって、地震との間に相当因果関係が認められないとして、免責条項の適用を否定した。高裁判決は、相当因果関係は認めたが、保険契約者にも過失があったとして保険金を減額した。）

<事実の概要>

　X₁（原告・被控訴人）・X₂（同）は、Y損害保険会社（被告・控訴人）との間で、自宅について保険金額3,500万円とする住宅金融公庫特約火災保険契約を締結した。1月19日午後6時頃、3階北側和室付近から出火し、3階部分約47.40平方メートルを焼損し、1・2階全体が消火活動の際の放水で汚損した。Xらは合計1,550万934円（X₁:1,033万3,956円、X₂:516万6,978円）の損害を被ったとしてY損保に対して保険金の支払いを請求をしたところ、免責条項に該当するとして拒絶された。

　主な争点は、以下の通りである。

　争点1：火災と地震との相当因果関係の有無
　争点2：保険金支払債務の履行期
　争点3：自宅の損害額

〔神戸地裁尼崎支判平成10年8月10日〕

<判旨>一部認容、一部棄却（控訴）。

　一　1　本件家屋も激しい揺れに見舞われ、室内に物が散乱したが、倒壊は免れた。地震前夜、X₂は、2階で着物に絵を描いて過ごし、3階北側の和室で就寝した。翌朝、地震がおさまった頃、2階にいたX₁に声を掛けられ、1階に降りた。Xらと母が集まり、午前6時頃屋外に出たが、近所の人と15分程話をして家に戻り、それ以降、自宅で過ごした。地震後、X₂が階下に降りてから、19日夕刻に火災が発生するまで、誰も3階には上がっていない。地震前夜、X₂が就寝した際、部屋の北側中央の辺り（枕元近く）に、スイッチをオフにした電気ストーブがコードをコンセントに差し込んだまま置かれていた

が、火災後、転倒した状態で発見された。地震後、送電は停止されていたが、Xらの住む西宮市満池谷町では、19日午後5時40分頃、送電が再開された。まもなく、3階北側和室から出火し、本件火災が発生した。西宮消防署では、関係者の供述や現場の焼燬状況から、火災の原因は、地震の揺れで電気ストーブが転倒し、スイッチがオンの状態となり、これに通電したため畳が発火し、他の物に燃え移ったためであると判定している。

　2　本件火災は、地震がなければ電気ストーブの転倒もなかったという限度で、地震との間に条件的な因果関係の存在を否定できない。しかし、免責条項の「地震によって発生した火災」という要件は、地震と火災との間に相当因果関係を必要とするから、社会通念上相当と認められる限度において、地震と火災との間の因果関係を肯定すべきである。この見地に立って「地震火災」の因果関係を検討するに、人の居住する家屋であれば、地震後2・3日もすれば、家人が目視できる範囲で屋内の危険箇所は点検され、火災の発生を防止できる筈である。すなわち、家人による安全管理が可能になれば、地震の影響は薄れていき、家人が容易に危険を除去しうるのを怠り、その結果火災が発生した場合は、社会通念上、火災は家人の過失による失火と見るのが相当であり、地震によって発生した火災には当たらない（地震と火災との間に相当因果関係はない）。本件では、火災は地震後2日半経過後に発生したこと、Xらは在宅していたこと、3階北側和室の電気ストーブがコンセントに繋っていることをX$_2$は認識していた。地震後火災発生までの間、X$_2$が電気ストーブの安全性を確認することが困難であったという証拠はないから、2日半の間に電気ストーブの状態を確認し、スイッチをオフにするなどの措置を取ることは容易にできた筈である。X$_2$がこれを怠ったため、通電に伴い、電気ストーブに電気が通り、火元になったのであるから、本件火災はX$_2$の過失による失火と見るのが相当であり、地震と火災との間に相当因果関係を肯定できず、Xらの損害は免責条項に該当しない。

　二　保険金支払債務の履行期について

　約款によると、火災保険金は、火災損害の発生と通知し、30日以内に書類を提出し、その日から30日以内に支払われる。Xらは火災の数日後（1月22日まで）にY損保に火災損害の発生を通知したが、免責条項の適用を巡って見解

が分かれ、Ｙ損保が書類を交付しないため、提出できないでいる。このような場合、書類を提出しないので保険金の支払時期が到来しないとすることは不当であるから、通知後60日以内に保険金支払債務の履行期が到来し、Ｙ損保は翌３月24日から遅滞に陥る。Ｘらの請求は、Ｙ損保に対し保険金と３月24日から支払済みまで民法所定の年５分の割合による遅延損害金の支払を求める限度で理由があるから認容する。

＜検討＞

１．はじめに

　地震の翌々日に発生した電気ストーブによる通電火災による建物の焼損等について、地裁判決は、本件火災は保険契約者の過失による失火であって、地震との間に相当因果関係が認められず、免責条項は適用されないと判示した。

２．争点１（火災と地震との相当因果関係の有無）について

　地裁は、免責条項の「地震によって発生した火災」という要件は、社会通念上相当と認められる限度において、地震と火災との間の相当因果関係を肯定すべき旨を判示する。その上で、地震後２・３日もすれば、家人による安全管理が可能になるが、家人が危険の除去を怠り、火災が発生した場合は、社会通念上、火災は家人の過失による失火と見るのが相当であり、本件では、①火災は地震後２日半経過後に発生した、②Ｘらは在宅していた、③３階北側和室（火元）ではストーブがコンセントに繋っていることをＸ₂は認識していたと認定している。そして、火災までの間に、Ｘ₂が、ストーブの安全性を確認することが困難であった事情を窺わせる証拠はなく、ストーブの状態を確認するなどの措置を取ることは容易にできた筈であるが、これを怠ったため、通電に伴い、電気ストーブが火元になったと認定し、火災はＸ₂の過失による失火と見るのが相当であるとして、地震と火災との間に相当因果関係を否定している。

　本件火災は地震と人為的要素（通電）が競合して発生したものと理解できる。このような場合、地震が人為的要素に比べて火災にとって優勢であると考えられ、その火災は「地震によって発生した火災」であると解する立場によると[40]、Ｘらは火災が発生するまで火元の部屋に入っていないとされるが、これは、当時、地震の影響を強く受けていたことによる判断と解され、このような状況で、ストーブの安全性を確認することは難しく、また、本件火災は通電の

20分後に発生していることからすれば、短時間で安全を確認するという精神的な余裕はなかったのではないかと考えるならば、Xらに過失があったといえないのではないかと解する。

3. 小括

地震による火災であるか否かを判断する場合、【8】においても指摘したように、阪神・淡路大震災の火災を巡る裁判において消火活動の状況もその要素になるとされているが、本判決では、消火活動の状況が認定されていないということは、Y損保がこの点を主張しなかったのか、あるいは、通常の消火活動ができていたと判断したのか等の推測ができる。なお、Y損保は株式会社なので、判例法上、遅延損害金の額は商法の規定により決定すべきである。

〔大阪高判平成11年6月2日〕

<判旨>変更（上告）。

2　地震免責条項の「地震によって発生した火災」という要件は、地震と火災との間に相当因果関係の存在することが必要であるから、社会通念上相当と認められる限度において、地震と火災との間の因果関係を肯定すべきである。

この見地に立って地震火災の因果関係を検討するに、地震火災に限ってみても、地震動の際、火気が使用されていて、消火ができずに直接火災の原因となることがあることは地震被害から明らかであるが、これにとどまらず、電気配線が断裂して漏電・電気ショートのために火災が発生し、また、ガス管破裂によって火災が発生することもあり、火災が発生すると、地震による交通路の遮断や水不足といった異常事態が生じて、消火が十分できずに焼燬に至ることがあり、火災は自宅から発生したり、近隣からの類焼もあり、さらには、本件のように、建造物が損壊・倒壊しなくても、建造物内は動産類が散乱する状態となり、電気ストーブなどの火源が倒れ、ストーブに通電がなされることによって、建造物内の動産類などに着火する状況が作り出されることも推認され、要するに、地震によって可燃物に極めて容易に着火しやすい状態となったことが原因で火災（通電火災）が発生した場合には、「地震による震動のために作り出された異常状態」によって生じた火災として、地震と火災との間に相当因果関係があるものとしてよいであろう。

　しかし、人の居住する家屋であれば、通常は、地震後2・3日もすれば、居住者が目視できる範囲で屋内の危険箇所は点検され、かなりの程度に火災発生の防止が可能になろう。したがって、地震後に生じた火災について地震による影響を否定できないとしても、居住者が地震後に火災発生の危険の除去を怠ったことが火災発生の直接的な原因となっている場合には、地震と火災との因果関係を認めざるを得ないが、一方において、地震以外の原因で電気ストーブなどの火源となる器具が転倒した場合でも、転倒した器具を放置しておくという居住者の不注意で火災が発生することがあることから、本件のような火災については、地震による影響よりも、居住者の不注意による失火であることを重くみるべきである。そして、このような場合、本件契約に直接の規定はないが、信義則の適用により、火災の原因となった地震による影響と居住者の失火の寄与の程度など、火災発生に至った一切の事情を考慮し、保険給付金額を減額するのが相当である。このように解することは、本件地震当時、地震保険制度が設けられていたとはいえ、一般には馴染みがなく、保険会社において、火災保険勧誘の際に、火災保険は地震火災を除くことの説明や、地震保険制度についての説明を十分にしてきたと窺えないことや、電力会社が地震後、送電再開にあたって、住民に通電火災の危険性を通知していたとは窺えないことから、Xらにおいても、通電火災の危険性について考えつかなかったのもやむをえない状況にあったなどの事情に照らし、公平の原則に合致する。

　3　これを本件について見るに、本件火災は地震から2日半経過後に発生したこと、Xらはこの間、自宅で居住を続ける状況にあったこと、火元3階北側和室には電気ストーブがあって、X_2はコンセントに繋っていることを認識し、又は認識しえたことが認められる。

　なるほど、通電開始当時、Xらはストーブがあった3階部分の片付けをしていなかったのであり、Xら宅とは離れた地域では火災が継続していたことなどの事情からすれば、Xらにおいても、完全に平穏な生活を取り戻していたとはいえない状況にあったと認められるが、一方、Xら宅周辺では火災は発生しておらず、自宅で居住を続ける状況にあり、地震から2日半が経過していたことからすれば、地震直後あるいはそれほどの時間をおかずに発生する火災に対する配慮すべき必要はない状況にあったものといえる。もっとも、Xら宅では家

財が散乱していたのであるから、通電の際に火災が発生しないように注意すべきであった状況は継続しており、そのことにXらは気付くべきであり、殊に、X₂においては2日半の間にストーブの状態を確認し、コードをコンセントから外すなどの措置を取るべきであり、かつ、このような措置を施すことは容易にできた筈であるにもかかわらず、火災に対する心配はないと考えて（もっとも、当時の状況からすれば、Xらにおいて重過失があったとは認められない。）、X₂が電気ストーブの確認を怠ったため、通電に伴い、電気ストーブに電気が通り、接する畳が発火し、これが火元になったのであるから、本件火災は、通電火災の一面を持つことを否定できないものの、X₂の不注意による失火であることを重くみるべきであり、したがって、本件で、X₂の過失と火災との間には相当因果関係が認められ、かつ、それが地震と比較して火災発生に寄与する割合が大きかったといえるのであって、Xらは免責条項にもかかわらず、本件火災損害の相当部分を本件の保険によっててん補することを求めることができる。

　そして、地震とX₂の過失が本件火災にもたらした寄与の程度（影響度）等の事情を考慮すると、Xらに生じた損害のうちの約6割の900万円（Xらの所有権の持分割合に応じて按分すると、X₁につき600万円、X₂につき300万円となる。）について保険金請求ができる。

　二　保険金支払債務の履行期について

　本件では、書類を提出しないので保険金の支払時期が到来しないとすることは不当であるから、Xらの通知後遅くとも60日以内に保険金支払債務の履行期が到来し、Yはその翌日（平成7年3月24日）から遅滞に陥る。

<検討>

1．はじめに

　高裁判決は、通電再開直後に電気ストーブから生じた建物火災は、一般的には、地震と因果関係を肯定してもよいが、本件のように居住者の過失も火災の原因である場合には、信義則上、地震による影響と火災の寄与の程度などを考慮するべきであり、本件では、過失を優先することで、免責条項を適用しないという枠組みを示した。

2．争点1（火災と地震との相当因果関係の有無）について

高裁判決は、事実認定及び地震と火災との因果関係に関する解釈については、原審判決とほぼ同じ見地に立って地震火災の因果関係を検討している。しかし、高裁判決は、通電火災について地震との相当因果関係を認めるが、原審判決とは異なり、地震2・3日経てば、居住者は火災の発生を防止できることから、居住者の不注意による失火については重く見るべきであり、信義則を適用し、地震による影響と居住者の失火の寄与度など、火災が発生した一切の事情を考慮し、保険給付金額を減額して給付すべきであるとあるとする。

3．争点2（保険金支払債務の履行期）について・争点3（自宅の損害額及び保険金の額）について

高裁判決は、Xらは、本件火災の数日後（1月22日まで）にY損保に火災損害の発生を通知したが、Y損保が書類を交付しなかったため、提出できないでおり、この場合、書類を提出していないので保険金の支払時期が到来しないことは明らかに不当であるから、Xらの通知後60日以内に保険金支払債務が到来し、Y損保はその翌日（3月24日）から遅滞に陥ると判示している。そして、地震とX$_2$の過失が火災をもたらした寄与度（影響度）等の一切の事情を考慮すると、Xらに生じた損害のうちの約6割相当の900万円について保険金請求ができると認めている。

4．小括

高裁判決は、相当因果関係の認定と免責条項の適用とを切り離したうえで、地震とX$_2$の過失の寄与度など一切の事情を考慮して保険金の一部の支払を認めている。高裁判決が、保険金の一部支払を認めた点においては、被災者である被保険者を保護するという意味では好ましいが、居住者の過失による失火について重く見るべきであるとする点については、本件地震を経験し、余震の恐怖の中で生活していた者としては疑問を覚える。

＜地裁判決・高裁判決の比較検討＞

高裁判決では、相当因果関係の認定と免責条項の適用とを結びつける判例理論が論理的にも放棄され（【7】神戸地判平成10年6月26日では、実質的な放棄にとどまっていた。）、相当因果関係があっても免責条項を適用しないという枠組みが採用されている。このように相当因果関係の認定と免責条項の適用とを切り離す、すなわち、地震の影響を認めながらも、免責条項の適用におい

てその影響を排除する理由として、高裁判決は、信義則の適用により、地震の影響よりもX₂の過失をより重視すべきことをあげている。この立場に対して、次のような指摘がある。すなわち、高裁判決では、結論的には地震とX₂の過失の寄与度など一切の事情を考慮して保険金の額が減額されるとしており、論理的・形式的な面における地震の影響を排除しているにもかかわらず、実質的には、地震との関係が考慮されている。また、何よりも、故意又は重過失のないX₂について、その単なる過失を理由に給付金額を減額することは、異例である。故意又は重過失のないことについて、なぜ給付金額が減額されるのであろうか。このような点を考えると、【7】のように、地震と因果関係がある火災損害についてのみ免責条項が適用されるとするほうが無理のない理論構成なのではないだろうか。高裁判決においても、因果関係を割合的に認定することも可能であると思われるし、上記のような理論的難点を回避できるという点でも、【7】のように、割合的因果関係論を採用したほうが良かったのではないかとの指摘がある[41]。

【10】 大阪地判平成 11 年 4 月 26 日 [42] (住宅火災。第 1 類型。ガス漏れ。免責肯定)

　　（地震によるガス漏出のために地震の約 20 時間後に発生した本件火災は、ガス漏出の特性を考えると地震との間に因果関係があることから、第 1 類型に該当するとして、免責を肯定した。）

＜事実の概要＞

　 X（原告）は、Y 損害保険会社（被告）との間で、所有する建物及び家財一式（大阪市西淀川区）を目的とする免責条項付きの住宅火災保険契約を締結した。地震当日午後 9 時過ぎ頃、都市ガスが爆発し、本件火災が発生した。X は Y 損保に対して火災保険金の支払を請求したところ、Y 損保は、本件火災は免責条項に該当するとして、支払を拒絶した。

　主な争点は、以下の通りである。

　争点 1：火災の状況

　争点 2：免責条項の解釈

　争点 3：火災に関して免責条項が適用されるか（相当因果関係の有無）。

＜判旨＞請求棄却。

　 1　地震直後の建物付近の状況　　 X は、地震直後から建物付近でガス臭がしたので、消防署へ通報するとともに大阪ガスに電話したところ、電話は約 20 分後に繋がったが、すぐには行けないと言われたので、午前 7 時頃、都市ガスの引込栓を閉めた。建物 1 階 1 号室の住人 A は室内のガス臭に耐えられず、外出した。X は、8 時過ぎ頃、建物外でもガス臭がしており、道路が盛り上がっていたのに気づいた。警察に通行止めにするように頼んだが、対応してもらえなかった。その頃、付近にいた大阪ガス作業員 2 名が、ガスが漏れていたことから、火気厳禁のはり紙をした上、X に部屋の換気をするように伝えた。

　 2　火災までの本件建物付近の状況　　地震当日、大阪ガスへの通報電話は込み合っていた。午後 5 時頃、X は、建物内のガス臭が強いことから、ガスが漏れていると考え、付近にいたガス会社作業員にガス臭を訴え、建物内の点検を依頼した。道路側部屋のガス濃度が高かったことから、作業員は、X にその旨を伝えるとともに、火を使わないこと、ガスが排水管を伝って入ってきた可能性があるので換気をよくすること、建物にガスが入らないように道路側窓を閉めることを促した。X は、道路側窓を閉めるとともに、廊下側窓を開けたが、

ガス臭は火災の発生まで解消されなかった。

　3　本件火災の発生　　Xや住民は、火災発生時にドカンという音を聞き衝撃を感じた。その直後、1階1号室と2号室の出窓下の排水管付近で炎が上がり、建物付近の道路の割れ目から、約30センチメートルの高さの炎が上がっていた。

　4　消火活動　　建物の住民は、消火器で消火しようとしたが、消火できなかった。消防は、住民からの通報を受け、合計17台の消防車を出動させ、出火から約7分後には放水作業を開始し、約19分後には鎮圧した。

　5　火災の結果　　火災で被害を受けたのは、本件建物のみであり、家財道具も焼失した。

　6　火災後のガス漏れの調査、修理　　大阪ガスの作業員が、午後10時頃、建物付近のガス漏れ調査を行った。その結果、建物北東角付近のガス濃度が高く、①埋設支管から建物のメーターコックまでの配管、②①付近の支管同士のジョイント部のネジ部、③建物北側の埋設本管と支管の分岐箇所近付のジョイント部からガスが漏出していることが判明した。作業員は、ガス管を切除後、閉塞工事を行い、翌日午前7時30分、終了した。その後、ガス漏れの反応はなかった。

　7　本件火災の原因　　本件火災は、ガス管から漏れ出て、建物内に流入した都市ガスが引火、爆発して生じたものである。しかし、引火原因となった火源や出火に至る経緯は特定できない。消防署長の火災原因判定書によれば、「地震により《略》建物及び《略》付近においてガス管の破損によりガスが漏洩していたことは認められる」、「地震の影響によりガスが《略》1階に流入し、何らかの火源により爆発し出火した可能性がある」とされている。

　8　大阪市内における地震による被害　　本件建物のある西淀川区は阪神地区と隣接し、震源地に近く、地震による揺れは、大阪市中心部と比べて相当強く、西淀川消防署管内で、地震当日、4件の火災と約50件のガス漏れが発生した。

　二　1　本件火災は単独火災である。そうすると、Y損保は、本件火災が免責条項の「地震によって生じた」といえる場合、保険金支払義務を負担しない。「地震によって生じた」とは、地震と火災との間に相当因果関係があること、すなわち、通常人から見て、現実に発生した規模の地震が発生した場合に、火

災が通常発生し得ると判断される関係にあることを要し、かつ、これをもって足りる。

２　本件火災は、建物付近に埋設されたガス管３箇所の破損部分から漏れ出たガスが建物内に流入し、引火、爆発して発生した。ガス管の損傷箇所が３箇所に及ぶこと、Ｘや住人が地震直後からガス臭を感じていること、地震が極めて大規模なものであって、西淀川消防署管内のガス漏出の件数等を考慮すると、ガス管の破損は地震によって生じたものと推認できる。埋設ガス管が地震で破損することは、通常生ずることであり、このような場合、破損箇所からガスが漏れ出し、排水管を伝わるなどして、近隣の建物内に流入することもあり得る。

３　都市ガスが近隣建物に流入することは、ガス管を修理するか、破損したガス管へのガスの流入を止めるかするまでは継続する。火災は、地震から約15時間後に発生しており、平常時であれば、それだけの時間があれば、ガスの漏出箇所を見つけ、修理するなどして漏出を止めることを期待できる。しかしながら、大阪ガスは、火災発生後に行ったガス漏れ箇所の調査及び修理工事には約９時間を要している上、西淀川区における地震の影響は大きく、ガス漏れについても、地震から火災までの間、西淀川消防署管内では約50件が生じており、大阪ガスへの電話も極めて込み合っていた。これらの事情に、大阪ガスが火災以前にガス漏れ箇所を発見し、修理できなかったことについて落ち度があったことを窺わせる証拠もないことを考慮すると、大阪ガスが火災発生以前に建物付近でのガス漏れ箇所を調査・発見した上、ガス漏れを防止するための工事を行えなかったのも地震によるものといえる。そうすると、地震から火災発生までの約15時間、ガスが漏れ、建物に流入続けたことも、地震によって通常起こり得べきものである。

４　本件では、火源及び滞留したガスへの引火の具体的な経過を特定するに足りる証拠はないが、それのみで本件火災のような規模・態様の火災を発生するだけの原因が存在したものとは認められず、本件のような火災が発生したのは、建物内へのガスの長時間の流入と爆発があったからである。そして、ガスが建物内に滞留したことは、地震と相当因果関係があるから、地震と本件火災との間に相当因果関係があるといえる。

５　消防による本件火災の消火活動が、特に遅れたとか、十分な消火活動が

できなかったとはいえず、その点については、地震の影響が見受けられない。しかし、本件火災は、単独火災であって、延焼ないし拡大と地震との相当因果関係の有無が問われているのではないから、消防による消火活動に地震の影響が見受けられないことによって、地震と火災との間の相当因果関係の有無の判断に影響するものではない。

<検討>

1．はじめに

本判決は、地震発生当日の午後9時頃、地震によってガスの漏出が生じたために本件火災が発生したことにつき、本件火災は単独火災であり、ガスの漏出の特性を考えると、地震と火災との間に因果関係があるとして、第1類型に基づき保険者の免責を肯定した。

2．争点1（火災の状況）について

本判決は、本件火災の状況を認定するにあたり、①地震直後の建物付近の状況、②火災までの建物付近の状況、③火災の発生、④消火活動、⑤火災の結果、⑥火災後のガス漏れの調査・修理、⑦火災の原因、⑧本件火災損害は大阪市内における地震による被害であることを確認している。

3．争点2（免責条項の解釈）について

本判決は、免責条項の解釈について次のように判示している。本件火災は単独火災であり、延焼拡大が問題とはならず、第1類型に該当することから、第1類型の「地震によって生じた」とは、地震と火災との間に相当因果関係があること、すなわち、通常人から見て、現実に発生した規模の地震が発生した場合に、火災が通常発生しうるものであると判断される関係にあることを要し、かつ、これをもって足りると解するのが相当であると判示している。

4．争点3（火災に関して免責条項が適用されるか〔相当因果関係の有無〕）について

本判決は、火災に関する状況に関する認定事実に基づき、地震と火災との相当因果関係の有無について次のように判示している。まず、火災は、ガス管の破損部分から漏れ出たガスが建物内に流入し、何らかの原因で引火・爆発して発生したものであり、ガスの臭いを感じていること、地震後、建物付近でもガス漏出が多発していることなどからすると、ガス管の破損は地震によって生じ

たものと推認している。つぎに、埋設ガス管が破損した場合、破損箇所からガスが漏れ出し、排水管を伝わり、建物内に流入することもあるとして、火災がガス漏れによって生じた可能性を示している。さらに、ガスの漏出を止めることに時間がかかったことに関しては、本件火災は、地震から約15時間後に発生したものであり、平常時であれば、それだけの時間があれば、ガス漏れを止めることを期待できるはずであるが、火災発生後のガス漏れ箇所の調査・修理工事には約9時間を要していること、建物の近隣地区では多数のガス漏れが生じており、問い合わせの電話も混み合っていたこと、火災発生以前にガス漏れの防止工事を行えなかったことなどは、地震によるものといえるとした上で、本件では、火災が発生したのは、建物内への都市ガスの長時間の流入と爆発があったからであり、ガスの建物内での滞留は地震と相当因果関係があるから、地震と本件火災との間に相当因果関係があるといえると判示している。これらの点は、大災害が起こった際のガスを原因とする火災の特徴を表わしている。すなわち、①火災は流入したガスが引火・爆発して発生したものであるとするが、これは、地震発生からガスを原因とする火災損害の発生までには時間がかかることがあるという、ガス損害の特性を示しており、②火災発生後のガス漏れ箇所の調査・修理工事が遅れたこと等がみられることを示している。とりわけ、②は地震と火災の相当因果関係の有無を判断するにあたって重要な要素である。

　本件火災について、住人は消火器で消火しようとしたが、消火できず、消防車により約19分後に鎮圧したという状況は、通常の消火活動がなされたものと判断されるとすると、その損害は免責対象とはならない可能性がある。これに関して、本判決は、本件火災は、火災の延焼ないし拡大と地震との相当因果関係の有無が問われていないから、消火活動に地震の影響が見受けられず、地震と火災との間の相当因果関係の有無の判断には影響するものではないと判示している。このことから、本判決によれば、消防による消火活動に対する地震の影響という要素は、第1類型では検討する必要はなく、火災の延焼ないし拡大という第2類型ないし第3類型で検討するものであるといういうことになる。この点は注目される。

5．小括

　本件では、第1類型の「地震によって生じた損害」に該当するか否かを検討している。本件火災は単独火災であることから、火災と地震との因果関係の有無を検討することとなる。本判決は、争点2に示した第1類型に関する解釈に基づき、火災と地震との因果関係の有無について、火災は地震によって生じたものであると判示し、相当因果関係を認めている。

【11】神戸地判平成 11 年４月 28 日 [43] (住宅総合保険等。第１類型・第２類型。ガス漏れ。

免責肯定)

(地震でプロパンガス供給設備が損傷し、漏出したガスに引火・爆発して
発生したと認められる本件火災は、地震との因果関係があるとして、免責
条項に該当するとした。)

<事実の概要>

　X（原告）らは、Y 損害保険会社（被告）らとの間で、以下のような保険契
約を締結した。

保険契約者	保険会社	保険の種類	保険の目的
X_1	Y_1損保	長期総合保険	建物（X_1宅）（保険目的１）木骨、モルタル、瓦葺、２階建、専用住宅・家財（所有者X_1）
		月掛住宅総合保険	同上（保険目的２）
X_2	Y_2損保	同上	建物（所有者X_2）（保険目的３）木骨、一部モルタル、瓦葺、２階建、専用住宅・家財
		同上	建物（所有者X_2）（X_2文化）（保険目的４）木骨、モルタル、瓦葺、２階建、共同住宅
X_3	Y_2損保	普通火災保険	建物（所有者X_3）（保険目的５）①木造、モルタル塗、瓦葺（X_3文化）、２階建、店舗住宅②軽量、鉄骨、モルタル（X_3建物）、２階建、店舗住宅

　保険目的１・３・４は、地震当日早朝、保険目的３のＡ方辺りから出火した
本件火災の延焼により焼失し、保険目的２は半焼した。Xらは Y 損保らに対し
て保険金の支払を請求したところ、Y 損保は、本件火災は免責条項に該当する
として、支払を拒絶した。

　主な争点は、以下の通りである。

　　争点１　損害の発生及び火災と損害との因果関係（免責条項の解釈）

　　争点２　免責条項の効力（免責条項の趣旨）

　　争点３　免責条項の内容（免責条項の解釈）

　　争点４　火災損害についての免責条項の適用の有無

<判旨>請求棄却（確定）。

　一　争点１（損害の発生及び火災と損害との因果関係〔免責条項の解釈〕）について

　地震で損傷を受けなかった保険目的については、本件火災で、全部ないし半

分を焼失し、価値を失ったものと認められ、その範囲で保険目的に生じた損害は、本件火災と因果関係を有する。

二　争点2（免責条項の効力〔免責条項の趣旨〕）について

1　免責条項の拘束力について

（二）（1）いずれの申込書も①「地震」の項目が記載されていたが、月掛住宅総合・普通火災の項目にしか丸印が付されていなかった、②主契約の保険金額・保険料が記載されていたが、地震保険の部分は空白であった、③「貴社（の）《略》約款及び特約事項を承認し、《略》保険契約を申し込みます。」、「お申し込みに際しては《略》『ご契約のしおり』をご覧下さい。」と記載されていた、④Ｘらは「地震保険は申し込みません。」と記載された「地震保険ご確認欄」にも押印・署名していた。以上から、Ｘらは、保険契約の締結にあたり、免責条項が存在し、その事由が存在する場合には損害てん補を受けられないことを認識して締結したものと推認できる。

（3）以上から、Ｘらに免責条項の認識可能性がなかったとはいえないから、特段の事情があったとはいえず、免責条項は保険契約の内容となり、Ｘらを拘束する。

2　免責条項の公序良俗違反について

（一）地震損害は保険制度に馴染みにくく、無限定に損害保険の対象とすると損害保険制度が成り立たなくなるおそれがあるが、わが国は地震が多いため、火災保険に免責条項を設け、地震保険制度が設けられている。火災保険制度全般の趣旨に鑑みれば、免責条項は、合理的計算に基づく支出準備金を著しく超えた資金を獲得するために不てん補事由を必要以上に拡張することはできず、損害保険会社を不当に利する条項とはいえない。

（二）火災保険制度全般の趣旨に鑑みれば、地震保険に加入せず、地震損害の保険料を支払っていなかった保険契約者が、地震損害について免責条項の存在により火災保険による保険金の支払を受けられなかったとしても、制度上やむを得ない。

（四）一般通常人の理解を基準としても、免責条項の意味が全く漠然不明確とはいえない。免責条項によれば、地震と火災の発生・延焼又は拡大との間に相当因果関係があれば、地震による火災及び延焼又は地震による延焼拡大に

よって発生した損害については損害保険会社が免責されるが、そのためには火災の発生・延焼拡大と地震との間に相当因果関係が必要であり、地震による影響が残っている状況下の火災が全て免責されない。

（五）以上の通り、免責条項が公序良俗に違反するといえない（大判大正15年6月12日参照）。

三　争点3について（免責条項の内容〔免責条項の解釈〕）について

2　約款条項の解釈については、一般通常人の認識・理解を基準にすべきところ、地震とは地盤の揺れであることは間違いではないが、免責条項は「地震によって生じた火災（及びその延焼）による損害」と「火災の地震によって生じた延焼拡大による損害」は免責されると規定しており、「地震によって生じた火災」について、通常人の理解が「地震という地盤の揺れによって生じた火災」のみに限定されるかは疑問である。なぜなら、第1類型・第2類型を考えれば、地震後に火災が発生する場合が、常に「地盤の揺れによって使用中であったストーブが倒れたり、炊事中のガスの火が地盤の揺れで落下した構造物等に引火して、燃え広がった」というような、「地盤の揺れによって直接火災が発生する場合」のみではなく、地震後に発生する火災として想定されるものには、本件地震のような巨大地震の場合に、地盤の揺れでガス管が破損し、通常の日常生活では考えられない異常なガス漏れが生じ、それに引火して火災が発生することも含まれると考える方が素直であり、地震による異常なガス漏れが存在しなければ、その後の火災も発生しなかったことも明らかであるからである。そうだとすれば、このような異常なガス漏れに引火した場合の火災発生についての最も有力な要因は、地震という地盤の揺れによって生じたガス管の破損による異常なガス漏れといわざるを得ず、これをもって「地震によって発生した火災」ではないとすることは、一般通常人の理解を基準としても、不合理である。したがって、「地震によって発生した火災」には、「地盤の揺れによってガス管が破損し、通常の日常生活では考えられない異常なガス漏れが生じ、それに何らかの火が引火して火災が発生した」場合も、このような異常なガス漏れ以外により有力な要因が認められない限り、含まれる。

3　「地震」という文言自体をどう解すべきかについて検討する。

（一）免責条項の「地震」という文言には限定がされていないことから、一

般通常人の認識・理解を基準に判断すれば、「地震」を限定して解釈する必要はなく、地震一般を意味するものと解釈すればよい。

4 したがって、免責条項の「地震」の文言は、一般的な意味での「地震」全般を含むと解するのが相当である。

四 争点4（火災損害についての免責条項適用の有無）について

4 認定の事実に基づいて、本件損害に免責条項が適用されるかについて検討する。

（一）火災の発生時刻について　　X₂は、火災発生は地震から30ないし40分経過してからであると認識しており、地震発生後、X₂文化を見回った後に本件火災が発生したことから、地震直後ではない旨供述している。X₁も、午前6時30分から暫くして火災が発生したと供述し、次男が仕事に行くというので時計を確認したところ午前6時30分だったとしている。Xらの認識の根拠は具体的なものであり、正確性は高い。本件には利害関係を有しないBも、火災は午前6時30分頃に発生したと述べている。以上のことから、本件火災は、午前6時30分以降に発生した可能性が高い。

（二）火災の具体的発生原因について　　発生場所については、聞き取り調書では、5人の住民がX₂文化東端のA方付近としており、Aも火災発生時に自宅南側壁の西寄りの部分から火が出ていたのを目撃していることから、A方付近から発生したといえる。X₁・Bらが「ドカン」という爆発音を聞き、直後に火が発生したのを目撃していること、X₂とBは爆発音を聞く前にガス臭を感じていること、Aは、部屋が揺れるのを感じた直後に部屋の壁の方から火が出ているのを発見したこと等、火災発生前後の状況に鑑みれば、火災はガス爆発を原因として生じたと考える。地震による揺れが非常に強烈であったこと、X₂文化のガス供給施設は、配管等に疲労が生じていた可能性があること、火災発生前に、A方南西側のX₁宅のガスボンベの状況が不明であること等を考慮すれば、本件火災は、地震の揺れでX₂文化かX₁宅のガス供給施設が損傷し、そこから漏れたプロパンガスに火が引火して爆発炎上し、発生したものと認める。

（五）本件火災の発生原因は、X₂文化ないしX₁宅のプロパンガス供給設備に地震の揺れで損傷が生じ、漏出したプロパンガスに引火し、爆発したことに

あるものと認められ、本件損害は、本件火災の延焼によって生じたものであることから、第１類型・第２類型に該当し、Ｙ損保らは免責される。

＜検討＞

１．はじめに

本判決では、地震発生後間もなく発生した火災による火元火災及び延焼は、本件火災と因果関係を有するものであることから、第１類型・第２類型に該当し、保険会社は免責されると判示された。

２．争点１について

本判決は、保険の目的で地震により損傷を受けなかった部分については、本件火災により焼失したものと認められ、その範囲で生じた損害は本件火災と因果関係を有すると認められると判示している。

３．争点２について

免責条項の効力について（ⅰ）免責条項の拘束力、（ⅱ）免責条項の公序良俗違反について判示している。（ⅰ）について、意思推定説をとった上で、申込書について、地震保険関係欄が空白であったこと、「貴社（の）《略》約款及び特約事項を承認し、保険契約を申し込みます。」等と記載されていたこと、Ｘらは「地震保険ご確認欄」に押印等をしており、契約締結にあたり、免責条項が存在し、損害がてん補されないことを認識して締結したものと推認でき、免責条項は保険契約の内容となり、当事者を拘束すると判示している。（ⅱ）について、大判大正15年6月12日に従い、次のように判示して公序良俗違反を否定している。①火災保険制度全般の趣旨に鑑みれば、免責条項が保険者としての合理的な計算に基づく支出準備金を著しく超えた資金を獲得するために不てん補事由を必要以上に拡張するものとはいえず、損害保険会社を不当に利するものではない、②免責条項で、損害保険会社が免責されるためには火災の発生・延焼拡大と地震との間に相当因果関係が必要であり、地震による影響が社会生活上残っている状況下の火災がすべて免責されるわけではないとしている。①は、損害保険制度における地震損害への対応を示したものであり、保険法の理解として広く受け入れられている。②は、免責されるためには、地震と火災との間には相当因果関係が必要とされることを示しているわけであるが、これも保険法の理解として広く受け入れられているものである。

4．争点3について

　本判決は、火災及び延焼した建物火災は、第1類型・第2類型に該当すると
して、①両類型の「地震によって発生した火災」の意義、②「地震」の解釈に
ついて次のように判示している。①について、地震後に発生する火災として想
定されるものとしては、地震という地盤の揺れによってガスの配管が破損し、
ガスに引火して火災が発生することも含まれ、これが最も有力な要因の場合、
「地震によって発生した火災」は、「地盤の揺れによってガス管が破損し、日常
生活では考えられないガス漏れが生じ、それによって引火して火災が発生した」
という場合もまた含まれると判示している。②について、免責条項の「地震」
には限定がなされていないことから、一般通常人の認識・理解を基準に判断す
れば、地震一般を意味するものと解釈すればよいことになる。このような火災
保険制度の合理性を前提として判断することからすれば、保険契約者が、選択
可能であった地震保険を締結しなかった以上、地震損害について火災保険契約
に基づく保険金の支払を受けられるとする理由はない。その場合の「地震によ
る損害」に限定がない以上、免責条項の解釈においても、「地震」の意義を特
に限定する必要はないというべきであると判示している。以上の①②の判決内
容は、保険法の理解として広く受け入れられている。

5．争点4について

　本判決は、争点4について、建物の位置関係、地震発生後及び火災発生前の
付近の住民らの行動等、火災発生時の住民の行動等、火災の消火作業等、火災
調査報告書、プロパンガスの性質等について事実を認定した上で、免責条項が
適用されるとしている。すなわち、本件火災は、地震発生当日の午前6時30
分以降に、X_2文化のA方ないしX_1宅のプロパンガス供給設備に地震の揺れに
よって損傷が生じ、漏出したガスに引火し、爆発したことにあると認められる
ことから、本件火災は、第1類型及び第2類型に該当するものと解するのが相
当であると判示している。

6．小括

　意思推定説によれば、本判決は、当然に導かれるものであり、地震と火災と
の相当因果関係を認めており、その限りにおいて評価できる。

【12】神戸地判平成11年4月28日[44]・大阪高判平成12年2月10日[45]（市民生協共済。第3類型のない共済規約。免責否定）

（地震の約9時間後に発生した火災〔【14】と同じ火元〕の延焼損害について、地裁判決は、火元火災は地震によるものではなく、また、共済契約の免責条項は火元火災が原因不明の場合の延焼火災による損害〔第3類型〕は含まないとして、共済金の支払を命じた。高裁判決も同じ立場をとった。）

＜事実の概要＞

X₁（原告・控訴人＝被控訴人）・X₂（同）を除くXら（同）は、Y市民生活協同組合（被告・被控訴人＝控訴人）との間で、所有又は占有する建物を目的とする火災共済契約を締結した。X₃（同）・X₄（同）は死亡し、X₁が亡X₃（X₁の母）の、X₂が亡X₄（X₂の父）の契約上の地位を相続承継した（以下、「Xら」というときは、X₁の関係では亡X₃を、X₂の関係では亡X₄を指す。）。

Y生協の火災共済事業規約には、以下の規定がある。

「（一）『火災』とは、人の意思に反し又は放火により発生し、人の意思に反して拡大する消火の必要のある燃焼現象であって、これを消火するために、消火施設又はこれと同程度の効果のあるものの利用を必要とする状態をいう。」

「（二）この組合は、共済の目的につき火災等によって損害が生じた場合であっても、その損害が次に掲げる損害に該当するときは《略》共済金を支払わない。《略》

（5）原因が直接であると間接であるとを問わず、地震又は噴火によって生じた火災等による損害（同項5号）」。

地震当日午後2時頃、神戸市東灘区魚崎北町所在の株式会社Aの店舗Bから出火した火（【14】と同じ火元）が延焼拡大して、本件建物を含む85棟の住宅・店舗等の建物が全焼（本件火災）するなどの被害が発生した。XらはY生協に対して共済金の支払を請求したところ、Y生協は、本件火災は免責条項に該当するとして、支払を拒絶した。

主な争点は以下の通りである。

争点1　免責条項の拘束力

争点2　免責条項の適用範囲（免責条項の解釈）

争点3　免責条項によるY生協の免責の有無

争点4　契約物件の火災前消滅の有無、火災によるXらの損害の程度など

＜判旨＞一部認容・控訴。

一　争点1（免責条項の拘束力）について

　本件共済契約は、「貴組合の定款及び共済事業規約の記載内容を了承し、《略》共済契約を申込みます。」と印刷された「火災共済契約申込書」に所定事項を記載して申込んで締結され、その際、①②火災共済契約申込書（手元控用・Y生協用）、③火災共済契約書兼領収書、④課税所得控除火災共済掛金証明書、⑤「ご契約にあたって」と題するしおりが1組となった書式を申込者に示し、①から④の書類が作成され、掛金の支払後、③④⑤の書類を交付していた。①には、上記の印刷文言が記載され、⑤には、免責条項が記載されている。その限りにおいて、Xらは、免責条項を含む規約の存在及び内容を認識し、規約による意思をもって契約を締結したものといえる。

二　争点2（免責条項の適用範囲〔免責条項の解釈〕）について

　1　免責条項の「火災」は規約規定に定められていることから、「人の意思に反し又は放火により発生し、人の意思に反して拡大する《略》燃焼現象」とは、火源が、人の意思に反し又は放火により着火物に「着火」し、人の意思に反して「拡大」する燃焼現象であって、火源から着火物に「着火」して、延焼拡大していく一連の燃焼現象を意味するものであり、「拡大する《略》燃焼現象」には、燃焼現象が着火物において広がっていく場合（火元火災）だけでなく、他の着火物にも広がっていく場合（延焼火災）も含まれる。

　火元火災については、「着火」が発生したこと、延焼火災についても、「着火」及び延焼拡大である火元火災が発生したことが前提となるから、「火災」の定義を前提とする限り、「火災」は、「着火」及び「その延焼拡大」が一連のものとして規定されていると解釈するのが自然である。そうすると、規約の「火災」は、「人の意思に反し又は放火により発生し、かつ、人の意思に反して拡大する《略》（一連の）燃焼現象」をいうものと解釈することも可能であり、素直な解釈である。そうであれば、免責条項は、地震によって生じた「人の意思に反し又は放火により発生し、かつ、人の意思に反して拡大する《略》（一連の）

燃焼現象」による損害は免責されると規定していることになり、「地震によって生じた」の文言は、定義規定にいう燃焼現象の「発生」にかかり、免責条項は、「着火」から連続して「延焼拡大」する一連の燃焼現象自体が地震によって発生するものであることを前提とする。したがって、本件免責条項が、第1類型・第2類型の他に、第3類型をも適用の対象とするものかは、定義規定及び本件免責条項の文言からは明らかではなく、本件免責条項が規定する「原因が直接であると間接であるとを問わず、地震《略》によって生じた火災」は、第1類型・第2類型の火災を意味するものであって、第3類型の火災は含まないものと解釈することも可能である。

3　保険約款は、「当会社は次に掲げる事由に因って生じた損害（これらの事由に因って発生した火災が延焼又は拡大して生じた損害及び発生原因の如何を問わず火災がこれらの事由に因って延焼又は拡大して生じた損害を含む。）」をてん補しないとしているのに対して、Y生協規約では、延焼火災について一義的な規定とはなっていない。

4　Y生協は、組合員の生活の文化的経済的改善向上をはかることを目的とする組合である。そのような性質上も、また、予期しない火災損害の発生に備えて損害てん補を期待して火災共済契約を締結する契約者の合理的な意思・期待に照らしても、規約のように定型的に規定して火災共済契約を一律に規律する契約条項の解釈にあたっては、組合員に不利な類推ないし拡張解釈はすべきではない。免責条項については、Y生協としては二義を許さない形で明確に規定すべきであり、それが明確でないことによる不利益は共済事業者・規約作成者であるY生協が負うべきである。したがって、一義的でない免責条項の内容については限定的に解釈すべきであり、免責条項が適用される火災には、発生原因不明の（地震によって生じたとはいえない）火災が、地震によって延焼した場合を含まないものと解される。

5　免責条項を有する損害保険契約では、これに該当する事実の主張立証責任は、免責条項を有利に援用する保険者が負うものであり、火災共済は火災保険と同質のものと認められ、規約には特段の定めはない。規約は、「この組合は、この規約に従い、火災事故によって共済の目的について生じた損害に対して、損害共済金を支払う」（19条1項）とし、免責事由があるときは、Y生協は共

済金を支払わない旨規定している（20条1項）。火災共済の火災保険との同質性及び免責条項の規定の仕方に照らせば、免責事由の主張立証責任は、免責条項適用による法律効果を主張するY生協にある。

三　争点3（免責条項によるY生協の免責の有無）について

2　（一）火災が地震を直接の原因として生じた場合とは、建物内で火力を使用中に地震によって建物が倒壊して火災が発生した場合などであると解される。しかし、本件火災は地震発生から約8時間経過した頃に発生しており、時間の経過に照らせば、本件火災が地震を直接の原因として生じたとは認め難い。

（二）火災が地震を間接的な原因として生じた場合とは、地震によりガス漏れが生じ、引火したとか、地震により電気配線に異常が生じ、通電することにより発熱が生じて出火したといった場合である。しかし、本件火災現場には、火災発生の約2時間前から都市ガスの供給はなく、火元店舗ではガスは使用されていなかったのであるから、本件火災が、ガス漏れを原因として発生したとは認められない。また、火災発生当時、現場地域では、地震後から停電状態にあった。火元店舗周辺における電柱の倒壊状況、住民の認識等に照らせば、火災発生当時火元店舗に送電されていたとは認め難く、火元店舗内の電気配線に異常が生じ、その後の通電によって本件火災が発生したと認められない。

（三）本件火災は、地震によって全壊した建物内部から地震発生8時間後に発生しているが、火災現場地域では本件火災発生前から人為的な活動が活発に行われており、火災の発生状況をも考慮すれば、火災の発生場所及び発生時期等から本件火災が地震によって発生したと推定できない。

したがって、本件火災によるXらの損害については、免責条項の適用は認められない。

四　争点4（契約物件の火災前消滅の有無、火災によるXらの損害の程度など）について

1　（二）東灘区の建物倒壊に関する被害状況　　火災現場より北側の魚崎北町五丁目周辺では建物の倒壊が軽微な地域であった。地震後、火災発生前に撮影された航空写真によれば、火災現場周辺には外観上目立った損傷の見られない建物も多数存在する。

（三）Xらの契約建物の地震による被害状況　　X_1、X_8、X_{11}及びX_{18}の

建物は、価値がない状態に損壊した。X_2の建物・家財収容建物は、全壊状態となった。X_2は、倒壊した建物に閉じ込められ、近所の人に救出された。

X_5、X_6、X_7、X_9、X_{10}、X_{12}、X_{13}及びX_{16}の建物は、基幹部分は保持されていた。

X_{14}の建物は、基幹部分は保持されていたが、価値が半減している。X_{15}及びX_{17}の建物は、全壊状態となった。

2　Xらの建物所在地域における震動が激甚なものであったことを考慮すると、建物の基幹部分が保持された建物も被害を受け、収容家財も建物の被害の程度に応じて損傷している。建物が全壊状態となった場合、家財の価値は残存していないものと推認される。契約締結時期及び共済金額に照らせば、被害発生前のXらの建物・家財は、共済金額を下らない評価額であったと推認される。これらの点に認定事実を考慮すれば、火災当時のXらの物件の評価額は次の通りであり、評価額が残存する物件に係る契約者であるXらは、火災により契約物件につき、以下の残存評価額相当の損害を被った。X_5については、建物：共済金額の（以下、同じ）60パーセントの額、家財：40パーセントの額。X_6、X_9、X_{10}、X_{12}、X_{13}については、建物：80パーセントの額、家財：60パーセントの額。X_7については、建物：60パーセントの額、家財：40パーセントの額。X_{14}については、建物：3分の1の額、家財：20パーセントの額。X_{16}については、建物：60パーセントの額、家財：40パーセントの額。X_1、X_2、X_{18}、X_8、X_{11}、X_{15}、X_{17}の物件：損害はない。

5　共済契約は商法上の絶対的商行為に該当しないし、火災共済事業は営利目的ではないから、共済契約は法律上は保険ではないと解され、Y生協は商人とはいえず、共済契約を附属的商行為とみることもできない。共済金に係る遅延損害金については民法所定の年5分の割合による。

＜検討＞

1．はじめに

地震の約8時間後に発生した火災（【14】と同じ火元）が延焼したことによる火災損害について、地裁判決は、Y生協規約の免責条項の適用は認められないとして、火災共済金の支払を命じた。本件では、第3類型のない規約規定について、原因が不明な火元火災の延焼損害のてん補の有無が争われている。

２．争点１（免責条項の拘束力）について

　地裁判決は、火災共済契約申込書等の書類に所定の記載があったことを認定し、Ⅹらは、免責条項を含む規約の存在・内容を認識し、規約による意思をもって契約を締結したものと推認されるとして、免責条項の拘束力を認めた。地裁判決の立場は、意思推定説の延長にあるともいえるが、書類の記載内容という客観的な証拠に基づいて判断している。

３．争点２（免責条項の適用範囲〔免責条項の解釈〕）について

　本判決は、免責条項の適用範囲について、まず、文理解釈をし、次に、組合員に不利な類推ないし拡張解釈をしないことを明示したうえで、免責事由の主張立証責任がＹ生協にあると判示する。すなわち、免責条項の「地震によって生じた」の文言は火災の定義規定にいう燃焼現象の「発生」にかかり、免責条項は、「着火」から連続して「延焼拡大」する一連の燃焼現象が地震によって発生するものであることを前提することから、免責条項が、第１類型・第２類型の他に、第３類型をも適用するかは、規約の定義規定及び文言からすれば明らかではなく、第３類型の火災は含まないと解されるとして、保険約款の規定との違いを示している。

　さらに、Ｙ生協は、組合としての性質上も、また、共済契約を締結する契約者の合理的な意思・期待に照らしても、規約のような契約条項の解釈にあたっては、組合員に不利な類推・拡張解釈はすべきではなく、共済の保険との同質性及び免責条項の規定の仕方に照らせば、免責事由の主張立証責任は、規約が第３類型を定めていないという一義的でないことによる不利益からも、Ｙ生協にあると判示している。

４．争点３（免責条項によるＹ生協の免責の有無）について

　本判決は、時間の経過に照らせば、本件火災は地震を直接の原因として生じたとはいえず、また、通電によって発生したとも認められず、本件火災の発生状況、発生場所・時期等から本件火災が地震によって発生したとは推定できない。したがって、本件火災損害は第１類型・第２類型のいずれとも認められないとして、第３類型の損害に該当するか否かを判断せずに、Ⅹらの損害は免責条項の適用は認められないと判示する。

５．争点４（契約物件の本件火災前消滅の有無、火災によるＸらの損害の程度

など）について

Xらの建物は火災が延焼したことにより焼失したとして、地震により倒壊、滅失しなかった建物・家財の残存評価額相当の損害について共済金の支払を命じている。

6．小括

地裁は、争点2について、免責条項の「原因が直接であると間接であるとを問わず、地震《略》によって生じた火災」は、第1類型・第2類型の火災を意味するものであり、第3類型の火災は含まないとして、規約に第3類型の規定がないことを指摘している。争点3について、本件火災は、地震を直接の原因として生じたのではないとして、免責条項の適用を否定し、Y生協の責任を認めている。

〔大阪高判平成12年2月10日〕

＜判旨＞一部認容・上告。

一　第一審原告ら（X_{11}・X_{14}除く。）の請求は、X_5に1,640万円、X_6に1,380万円、X_7に1,300万円、X_9に1,100万円、X_{10}に2,670万円、X_{12}に660万円、X_{13}に360万円、及びX_{16}に260万円並びに遅延損害金の支払を求める限度で理由があるから、認容するが、第一審原告らのその余の請求及びX_{11}・X_{14}の請求は理由がないから、棄却する。

1　本件規約において、延焼火災を火元火災と一体として「火災」に含むと解する趣旨は、「火災」の概念を、火元火災を出発点とし、延焼火災に至る一連の燃焼現象として捉えるところにあるから、「地震によって生じた」との文言がかかる対象も、一連の燃焼現象である。これによれば、地震との因果関係についても、火元火災との関係に重点を置き、燃焼現象から延焼火災だけを分離して、「地震によって生じた」との文言にかからしめることはできないと解することも、無理な解釈でない。その意味において、火災の定義について、延焼火災も含まれると解することと、免責条項「地震によって生じた」の部分が、規約の火災の定義中、「拡大する」の部分（延焼火災）にはかからないと解することとは、矛盾しない。要は、規約の火災の定義や免責条項の文言だけからは、延焼火災のうち、第3類型の火災をも免責の適用対象とするかどうかについて、

一義的に紛れもない形で解釈できない。

　よって、X_{10}の控訴に基づき原判決を変更し、Y生協の控訴に基づき、原判決中、X_{14}との関係でY生協敗訴部分を取り消して、X_{14}の請求を棄却し、第一審原告らの本件控訴（X_{10}のものを除く。）及びY生協の本件控訴（X_{14}に対するものを除く。）は理由がないから、棄却するが、X_7の承継人X_{19}及び同X_{12}の承継人X_{20}は、いずれも相続により原審における原告らの権利義務を承継したので、その限度で原判決を変更する。

<検討>

1．はじめに

　地震の約8時間後に発生した原因不明の火元火災（【14】と同じ）からの延焼損害のてん補の有無が争われている。高裁判決は、免責条項には第3類型に相当する規定がなく、免責条項に規定する地震損害は第3類型を含まないと判示した。高裁判決は争点2でその判断を明らかにしているので、争点2について検討する。

2．争点2（免責条項の適用範囲〔免責条項の解釈〕）について

　保険約款の免責の対象となる火災は、地裁判決が示すように、①地震によって生じた火元火災、②①が延焼した火災、③原因が不明である火元火災が地震によって延焼した火災をいうと解されている。これに対して、規約では、火災の定義について、「人の意思に反し《略》発生し、人の意思に反して拡大する消火の必要のある燃焼現象」とし、免責される火災損害について「原因が直接であると間接であるとを問わず、地震《略》によって生じた火災等による損害」と定めており、文言上、③に相当する火災が存在しないともいえる。これについて、高裁判決では、規約にいう火災の定義について、地裁判決と同じく、火元火災から延焼火災までを一連の燃焼現象としてとらえ、「地震によって生じた」の対象は一連の燃焼現象であると解している。その上で、地震との因果関係についても、火元火災との関係に重点を置き、燃焼現象から延焼火災を分離して、「地震によって生じた」との文言にかからしめることはできないと解することも無理ではないとする。これらのことから、高裁判決は、規約の規定について、複数の解釈の可能性があり、一義的な解釈に集約できないという立場にあると考える。すなわち、それは、後に続く判決文「要は、本件規約の火災

84

の定義や本件免責条項の文言だけからは、（原因の如何を問わず）発生した火災が、地震によって延焼した火災（第3類型）をも免責の対象とするか否かについて、一義的に紛れもない形で解釈できるものではない」として、Y生協の主張は採用できないとしていることが示しているのではないかと考える。

＜地裁判決・高裁判決の比較検討＞

　地震の約8時間後に発生した火災（【14】と同じ火元）による損害につき、地裁判決は、火元火災の原因が不明であることから、第3類型を含まない規約の免責条項の適用は認められないとして、火災共済金の支払を命じ、高裁判決は、免責条項の解釈上、火元火災の原因が不明な延焼火災損害（第3類型）は含まれないと判示した。

　本件の免責条項には第3類型に相当する規定がなく、火元火災の原因が不明な延焼火災損害のてん補の有無が争われたわけであるが、両裁判所の規約に関する解釈は同じ立場にあるといえる。

【13】東京地判平成 11 年 6 月 22 日 [(46)] (貨物海上保険。予見可能性・注意義務〔結果回避義務〕の否定)

(地震発生 2 日後の 1 月 19 日午前 1 時 30 分頃、地震により倉庫内の化学薬品が荷崩れによって漏出し、他の貨物から流出した水分と化合して発生した火災により貨物が焼失した事故について、倉庫会社には本件地震規模の地震の発生につき予見可能性がなく、結果回避義務違反の過失が認められず、保険会社による請求権代位は認められないとされた。)

<事実の概要>

A (荷主) は、平成 6 年 1 月中旬頃、Y_2 運送取扱者 (被告) の間で、輸出用電気絶縁材料等の LCL 貨物を、船積港から目録記載の仕向地まで運送する旨の運送契約を締結した。Aは、運送契約に基づき、Y_2 に対し、Y_2 が Y_1 倉庫会社 (被告) から、コンテナ・フレート・ステーションとして借り受けていた本件倉庫内で、貨物を引渡し、倉庫に保管した。Y_1 倉庫は、本件火災発生当時、所有者がBとなった貨物を、港湾運送約款に基づき、荷捌貨物として倉庫内に保管した。Y_1 倉庫は、本件火災当時、C株式会社を寄託者とするナトリウム・メチラート・パウダー (NMP) の粉末 125 キログラム入りドラム缶 20 本を、4 本を一括りにロープで結わえ、木製パレットを間に配した上で 3 段に積み上げて保管していた。地震発生 2 日後の平成 7 年 1 月 19 日午前 1 時 30 分頃、本件倉庫で火災が発生し、貨物は全焼した。

X損害保険会社 (原告) は、平成 6 年 6 月 1 日、Aとの間で、Aを被保険者とし、A名義で輸送される全貨物を目的として、輸出 FOB 保険による貨物海上保険契約を締結した。X損保は、平成 7 年 5 月 12 日、Aに対して保険金 4,730 万 7,845 円を支払い、請求権代位を行使できる立場を取得した。X損保は、平成 7 年 1 月 13 日、Bとの間で、Bを被保険者とし、貨物を目的とした貨物海上保険契約を締結した。X損保は、同年 3 月 6 日、Bに対して保険金 584 万 4,000 円を支払い、請求権代位を行使できる立場を取得した。

主な争点は、以下の通りである。

争点 1　火災の出火原因

争点 2　Y_1 倉庫の不法行為の成否

<判旨>請求棄却 (確定)。

一　争点 1（火災の出火原因）について

2（一）火災発生当時、倉庫内には、NMP の他に自然に発火し又は水分等他の物質と化合して発熱するなどの危険のある貨物は保管されておらず、火災発生前に Y₁ 倉庫社員が見回り、倉庫を施錠し、外部から侵入できない状態にした。

（二）D の証言等によれば、火災の原因とされる NMP は、医薬品等の他の化学品の合成のため又は添加剤として利用される粉末の化学薬品であり、吸水性が強く、水分と接した場合、激しくかつ素早く反応し、水酸化ナトリウムとメチルアルコールを発生させ、80 度ないし 99 度の反応熱を発生させる。

（三）E の証言等によれば、倉庫の被災状況は次の通りである。警察の見分によると、出火箇所は倉庫内で、最も燃焼度合が激しいのは、倉庫西側から約 8 メートル、北側から約 15、6 メートルの直径数メートルの地点であり、床部分には、服地染料である赤色粉末が付着し、北側には、約 7 メートルの地割れが存する。NMP は、「化学品」と書かれた区画に保管され、付近には、清涼飲料水等が保管されていたが、NMP と最も近い洋酒とは 12・3 メートル、清涼飲料水とは 7.5 メートルの距離である。地震直後の倉庫出入口付近は、貨物が出入口を塞ぎ、出入りができなくなっていること等から、地震の揺れに伴う貨物の荷崩れの程度はすさまじかったことが窺われ、NMP の入ったドラム缶が地震の揺れで遠くまで飛ばされた可能性もある。

（四）保管状況からみると、NMP は、地震の揺れを契機として、水分を含有する貨物と接する可能性があった。他の貨物の内容・性状、倉庫内の立入りの状況等からすると、出火原因として NMP 以外は想定できない。そうすると、地震による揺れを契機に、パレットからドラム缶が飛び出る形で転倒・落下し、NMP が漏出し、付近の清涼飲料水等も地震の揺れで転倒・破壊され、NMP とそれらとが化合し、反応熱を発生させ、発生した水酸化ナトリウムとメチルアルコールの混合気体が発火して火災を発生させた蓋然性は推認できる。

二　争点 2（Y₁ 倉庫の不法行為の成否）について

1　判断の順序

X 損保は、Y₁ 倉庫の過失、すなわち注意義務（結果回避義務）を措定し、義務違反を主張するが、過失が認められるためには、結果発生の予見ができ、

それを予見すべきであり、結果回避ができ、回避すべきであったことが必要である。以下では、注意義務（結果回避義務）の内容である結果回避措置との関連で、過失の有無について検討する。

　2　結果回避措置について

　（一）　X損保は、Y₁倉庫が以下の４つの具体的措置のいずれかを講じていれば火災は回避できたと主張する。

　（二）　①気密性の高い包装を施し、窒素を封入した上、NMPを金属容器に密閉することについて　　Dの証言等によれば、NMPは、製造業者C社が、品質保持のための窒素を封入して、ポリエチレン製の袋に入れ、上部を絞って折り曲げ、プラスチック製のストッパー付のリング式留め具で閉め込んでおり、密閉について、保管方法には問題はない。

　（三）　②NMPを入れた容器の転倒防止措置について　　倉庫業者としては、貨物の転倒防止措置を講ずることは、損害発生防止の観点から要請されるが、程度としては、搬出入で作業員や作業車が保管物に誤って衝突しても転倒しない程度又は本件地震規模ではない程度の地震により貨物が転倒しない程度であることが必要である。すなわち、倉庫業者としては、通常想定される事態に対応できる程度の転倒防止措置を講ずる義務がある。Fの証言等によれば、ドラム缶を乗せたパレットに特別な転倒防止措置は付けられていないが、ドラム缶４本を一括りにしてロープで結びつけられており、過去に転倒事故が発生していない。これらからすると、通常想定される事態に対応できる程度の転倒防止措置が講じられていた。

　（四）　③NMPの容器が転倒した場合に備えて水分を含んだ貨物との保管距離を十分に保つべきことについて　　清涼飲料水等との距離は約７メートルから13メートルもあったことから、通常想定される事態を前提とすれば、ドラム缶が転倒して中身が漏出しても、NMPが転倒して流出した水分と接することは考えられない。

　（五）　④火災発生に備えた倉庫の区画等の整備について　　D・Fの証言等によれば、NMPは、非危険物とされ、消防法上は、普通倉庫に保管することが許容されること、Y₁倉庫の営業担当者は、NMPの保管を受託する際に、C社に対し、危険物であるか等の性状について試験結果等のデータとともに確認

を求めたこと、C社からは、NMP の保管について特別な指示がなかった。そうすると、Y₁倉庫社としては、消防法上の規定に従った保管方法を採っていたのであるから、通常想定される事態を前提とすれば、保管上の不適切な点があったはいえない。

（六）Y₁倉庫は措置を講じていたと評価できるが、Y₁倉庫が本件火災発生を予見できたとすれば、このような措置では不十分であり、注意義務違反と評価される余地がある。そこで、予見可能性について検討する。

3　予見可能性について

本件火災は、地震を契機に NMP 入りのドラム缶が転倒して中身が漏出し、水分と化合したことにより発生した。したがって、Y₁倉庫としては、ドラム缶が転倒して NMP が漏出した場合、付近に清涼飲料水等があれば、化学反応で発火することを予見する他、地震がなければドラム缶が転倒しなかったことは明らかであるから、本件地震規模の地震が発生し得ることを予見することが必要である。そこで、Y₁倉庫に、予見可能性があったか否かについて検討する。我が国が地震多発国であることから、地震の発生自体は予見可能であるが、本件地震規模の地震の発生を予見することも可能であったとすることは困難である。すなわち、本件地震規模の地震の発生を予見することは不可能ではないという程度の抽象的な予見可能性で足りるとすることは、規範的観点から過失の前提要件として予見可能性を求める趣旨が没却されるから、過失の前提としては、具体的な予見可能性を要すると解するほかないからである。そうすると、本件地震は未曾有の地震であるところ、Y₁倉庫としては、このような規模の大地震が発生するのを具体的に予見できなかったといえる。したがって、Y₁倉庫には、本件火災について、本件地震規模の地震を予見できなかったから、NMP の危険性及び貨物が転倒、漏出して、水分と化合して発火することにつき予見できたか、予見すべきかを論じるまでもなく、過失があるとはいえない。すなわち、Y₁倉庫としては、貨物の転倒防止措置につき、通常想定される事態に対応できる程度の必要な措置を講じていたと認められ、本件地震という大地震に起因する本件火災については、その原因の１つである本件地震の発生についての予見可能性がないから、注意義務（結果回避義務）違反の過失があるとはいえない。

三　小括

以上から、Y₁倉庫の過失は認められず、それを前提とするY₂に対する請求も認められない。

<検討>

1.　はじめに

1月19日午前1時30分頃、地震により、化学薬品が漏出し、他の貨物から流出した水分と化合して発火した火災により貨物が焼失した事故について、裁判所は、被告・倉庫会社には本件地震規模の地震の発生につき予見可能性がなく、注意義務（結果回避義務）違反の過失が認められず、原告・保険会社による請求権代位は認められないとした。

2.　争点1（火災の出火原因）について

本判決では、①NMPは水分と接したときは高熱を発する性質を有すること、②保管状況からみると、NMPは、地震の揺れを契機として、水分を含有する貨物と接する可能性を否定できないこと、③他の貨物の内容・性状、倉庫内の立入りの状況等からすると、出火原因としてNMP以外に他を想定できないことと認定して、地震の揺れを契機にドラム缶が転倒してNMPが漏出し、清涼飲料水等も流出してNMPと化合し、反応熱を発生させ、発火して火災を発生させた蓋然性は論理的に推認できるとしている。本判決の結論は妥当であると評価される[47]。

3.　争点2（Y₁倉庫の不法行為の成否）について

本判決は、過失の認定には、結果発生を予見でき、予見すべきであり、結果を回避でき、回避すべきであったことが必要であることから、Xの主張する注意義務（結果回避義務）の内容である結果回避措置との関連で事実関係をみた上で、過失の有無について検討する。まず、裁判所は、Xが、火災はY₁倉庫が講じていれば回避できたと主張する4つの具体的措置について検討した上で、Y₁倉庫としては、消防法上に従った保管方法を採っており、通常想定される事態に対応できる措置を講じていたと評価できるとしている。

さらに、Y₁倉庫の予見可能性について検討している。すなわち、具体的な予見可能性を要するとする過失の前提からすれば、Y₁倉庫は、本件地震規模の地震の発生を予見できなかったものといえ、火災について、NMPの危険性

及び貨物が漏出して、水分と化合して発火することにつき、過失があるとはいえないことから、貨物の転倒防止措置につき、通常想定される事態に対応できる程度の必要な措置を講じており、地震に起因する本件火災については、その発生に関する予見可能性がないから、注意義務（結果回避義務）違反の過失があるとはいえないとしている。過失の意義について、当時の判例は結果回避義務違反説をとってきた。本判決もこれに含まれるが、本判決は、過失が認められるためには「結果発生を予見することができ、それを予見すべきであり、結果の回避ができ、回避すべきであったことが必要である」としており、結果回避義務違反説に予見可能性説を上乗せしていると指摘される[48]。

４．小括

　本判決は、地震で化学薬品が漏出し、他の貨物から流出した水分と化合して発火した火災により貨物が焼失した事故について、被告・倉庫会社には本件地震規模の地震の発生につき予見可能性がなく、注意義務（結果回避義務）違反の過失が認められず、保険会社による請求権代位は認められないと判示している。本判決の立場には、予見可能性を問題としたことで技巧論的な操作を行ったとの可能性が指摘されている[49]。

【14】神戸地判平成 12 年 4 月 25 日 [50] **・大阪高判平成 13 年 10 月 31 日** [51] **・最判平成 15 年 12 月 9 日** [52] **（火災保険。説明義務。慰謝料請求の否定）**

　　（地震の約 8 時間後に発生した火災〔【12】と同じ火元〕の延焼による火災損害について、最高裁では、①火災保険契約の申込者は、特段の事情がない限り、地震保険契約を締結するか否かの意思決定をするにあたり保険会社からの地震保険の内容等に関する情報の提供や説明に不十分、不適切な点があったことを理由として、慰謝料を請求できない、②申込者が、火災保険契約を締結するにあたり、地震保険契約を締結するか否かの意思決定をする場合、火災保険契約申込書には、地震保険契約は申し込みませんとの記載のある欄が設けられ、地震保険契約に加入しない場合にはこの欄に押印することとされていること、保険会社が申込者に対し地震保険契約の内容等について意図的にこれを秘匿したという事実はないことなどの事情の下では、保険会社に、火災保険契約の申込者に対する地震保険契約の内容等に関する情報の提供や説明において不十分な点があったとしても、慰謝料請求権の発生を肯認し得る違法行為と評価すべき特段の事情が存するとはいえないと判示された。）

〔神戸地判平成 12 年 4 月 25 日〕

＜事実の概要＞

　　Ｘ（原告・控訴人・被上告人）らは、建物・家財につき、Ｙ損害保険会社（被告・被控訴人・上告人）らとの間で火災保険契約を締結した。地震当日午後 2 時頃、株式会社ＡのＢ店舗から発生した火災（【12】と同じ火元）の延焼拡大により、本件建物・家財が全焼する損害が生じた。

　　Ｘらは、主位的請求として、火災保険金の支払を求め、予備的請求として、①Ｘらは、地震保険に加入しない旨の申出をしていないから、Ｙ損保らとの間で地震保険契約が締結されたことになるとして、地震保険金の支払を求め、②Ｙ損保らには地震保険に関する情報提供・説明義務の懈怠により、旧「保険募集の取締に関する法律」（法 171 号〔昭和 23 年 7 月 15 日〕）（以下、「旧募取法」という。）11 条 1 項 [53]（保険業法 283 条 1 項）、不法行為、債務不履行又は契約締結上の過失に基づき、第 1 次的には、財産上の損害賠償として火災保険金相

当額の支払又は地震保険金相当額から保険料相当額を控除した差額金の支払を、第２次的には、精神的苦痛に対する慰謝料として地震保険金相当額から保険料相当額を控除した差額金の支払を求めた。

　主な争点は、以下の通りである。

（主位的請求）

　　争点１　免責条項の効力

　　争点２　免責条項の意味内容

　　争点３　免責条項の本件における適用の有無

　　争点４　目的物の滅失は火災で生じた損害といえるか（目的物は火災による滅失前に地震で滅失していたか）。

　　争点５　保険金請求権に質権が設定されていることは、被保険者が保険金を請求するにつき障害となるか[54]。

（予備的請求）

　　争点６　Ｙ損保らは、免責条項についての情報提供義務違反により損害賠償責任を負うか。

＜判旨＞一部認容、一部棄却。

　一　争点１（免責条項の効力）について

　１・２　免責条項は約款に定められており、保険契約者は、個別の約款条項の内容につき熟知していない場合であっても、約款によって火災保険契約を締結する意思を有しているのが通常であることに鑑みると、当事者双方が特に約款によらない旨の意思を表示しないで火災保険契約を締結した場合には、特段の事情がない限り、当事者は約款によるという意思をもって締結したものと推認する。本件では、契約締結に際し、上記の意思を表示したとの事実は認められず、火災保険契約の申込には、「貴会社の普通保険約款及び特約事項を承認し、下記のとおり保険契約を申し込みます。」と記載された火災保険契約申込書が用いられている。

　３　免責条項が公序良俗に反するかについて。

　（一）免責条項の存在理由の合理性について　　（１）地震損害については、①巨大性、②発生予測の困難性、③逆選択の危険等の理由により、保険制度に馴染みにくく、無限定に保険の対象とすると、損害保険制度が成り立たなくな

るおそれがあるため、火災保険契約には地震免責条項が設けられている。日本では地震が多いことから、火災保険を補完するものとして、火災保険に原則自動附帯方式で締結される地震保険制度がある。地震保険を含む火災保険制度全般の制度趣旨に鑑みれば、免責条項の存在には十分合理性がある。

（2）損害保険会社が本件地震による損害をてん補できる資力を有するからといって、その資力ではてん補し得ない損害をもたらす地震が発生する可能性があること、大火・風水害による損害と地震による損害とは、（1）の地震の特異性からみて同列には論じられないこと、地震時の損害状況を理由として免責条項が存在理由に乏しいものと解せないこと、諸外国の損害保険制度は国ごとの地震に関する事情が異なり、単純に比較できないこと、生命保険と損害保険とでは目的・約款・構造を異にするから、単純に比較できないこと、火災保険料は、地震損害については免責されることを前提に料率が算定され、地震損害以外のてん補に充てられること、火災保険では地震損害は地震保険でてん補されること等の事情に鑑みれば、本件地震損害について適用される限りにおいて免責条項は合理性がないとはいえない。

（二）免責条項の内容が漠然不明確であるとの点について　　免責条項は、一読しただけで理解することが極めて容易とはいえないが、一般通常人の理解を基準としても、その意味が全く漠然としていて不明確とはいえない。

（三）したがって、地震免責条項が公序良俗に反するとはいえない。

4　地震免責条項は、火災保険契約の内容として当事者を拘束する。

二　争点2（免責条項の意味内容）について

1　約款の文言は、一般通常人の認識・理解を基準にして解釈すべきところ、免責条項の文言は、第1類型から第3類型に対しては保険金を支払わない旨を定めている。

2（一）約款の「地震によって生じた（火元）火災」をもって、限定的に解すべき根拠はなく、地震による物理的被害の結果として発生した火災全般を指し、地盤の揺れで、ガス漏れを生じ、タバコの火が引火して火災が発生したとか、電線の被覆が破れた状態で通電が行われたためにショートして火災が発生した場合も含まれる。

（二）大地震が発生した場合、地震直後から同時多発的に火災が発生し、す

94

べての火災に迅速に対応することは困難になること、交通や通信の混乱が消防活動を阻害すること、断水で消火栓が使用不能となり消防活動が阻害されることなどの理由によって、平常時よりも広範に火災が延焼拡大する事態は予測され、防火体制がより充実していれば延焼拡大の範囲が違っていたという場合であっても、平常時においてすら通常の火災の延焼拡大を防ぐことができない状況でない限り、防火体制の不足をもって人為的な延焼拡大というのは相当でなく、地震で火災が延焼拡大したものと評価すべきである。第3類型は、このような事態による保険事故も免責とする。

三　争点3（免責条項の本件における適用の有無）について

1　本件火災による損害が第2類型に該当するか（火元火災は地震で発生したものか）について判断する。

（一）本件火元火災のように、地震発生の約8時間後に発生し、建物内で荷物の運び出し等が行われていたような場合については、様々な出火原因が想定し得るから、地震による火災という推定が働くとはいい難い。

（二）本件火元火災の具体的出火原因について

（1）ア　地震後の火元B店舗の状況　　B店舗は、壁、柱が倒壊し、屋根が押しつぶされ、地面に崩落した状態で、北側方向へ倒壊した。東端部分では、北側部分は隣家の2階が倒れかかってきており、南側部分も倒れかかった隣家の2階部分に邪魔され、北側方向への倒壊はしておらず、東端部分を除く部分とは倒壊状況が異なる。屋根には、倒壊状況の異なる東端部分と以西の部分との間に亀裂が入って損壊し、西側部分にも穴ができ、店舗内に天井部分からも外光が入る。店舗内部には、建物自体が倒壊し、商品、陳列台のガラス、天井板、壁等が散乱していた。

イ　B店舗への人の出入り等　　株式会社Aの経営者Cは、午前10時頃、妻DとB店舗の状況を見に行ったが、倒壊していたため帰宅し、午前11時頃、D及び長男とB店舗に行った。周辺では、後片付けや救助等が行われていた。Cらは、店舗南西角付近の西側シャッターと建物本体との間の隙間から店内に入ったが、散乱していたため、外に出た。Cと長男は、屋根の上を歩いて店舗の東端部分に行き、屋根の損壊部分から入り、書類等を取り出す等の作業をした。その間、Dも、現金を探したり、靴を取り出したりするために、南西角付

近の隙間から出入りし、Cや長男から書類を受け取ったりするために、屋根の上を歩いて東端部分まで行ったりした。店舗内には、電気ストーブはなく、石油ストーブは4台あったが、3年程前から使用していなかった。Cらは、店舗内でタバコを吸うことはしなかった。

　ウ　本件火元火災の出火（発見）時の状況　　午後2時頃、Dが、中央東寄り付近の屋根上に立っていた際、西側の道路上で近所の者が「火事だ」と叫んだので、振り向くと、店舗内の棚ないし西側付近の上の屋根から炎混じりの煙が立ち上がっていた。Dは、店舗内にいたCと長男に「火事だ」と言って、店舗西側の路上に避難した。長男もすぐに避難した。Cは店舗内に留まっていたが、煙が立ち込めてきたので、避難した。その後、X₁（原告・控訴人・被上告人）が消火器で消火したが、店舗全体から炎が吹き出すような状態になった。

　エ　ガスの供給、送電の状況　　B店舗では、ガスを使用していなかった。周辺では、地震直後、都市ガスが漏洩していたが、午前11時50分には、B店舗を含むブロックへの都市ガスの供給は停止していた。地震直後、送電が停止されたが、やがて、この地域への配電用変電所は、午前8時45分から午前9時までに別の系統の変電所から送電を受け、午後1時42分には、送電系統が復旧した。

　（2）（1）の認定事実に基づき検討する。

　火元火災発生時にB店舗内にガスが滞留していた可能性は小さい。火元火災発生時にB店舗に通電が再開されていたとは認め難い。静電気火災が発生する状況にあったことを認めるに足りる証拠はない。したがって、電気配線の損傷箇所がショートして可燃物に着火したとか、電気ストーブに通電され、発火したとは認められない。店舗内の石油ストーブに灯油が残っていたことは認められないから、石油ストーブの転倒が本件火元火災の原因ではない。

　（三）以上によれば、火元火災は地震で発生したものとは認められず、本件の火災損害は第2類型に該当しない。

　2　第3類型に該当するか否か（本件火災は火元火災が地震で延焼拡大したものか否か）について、判断する。

　（一）（1）同時多発火災　　東灘消防署管内では、火元火災の発生した午後2時頃、6件の火災が未消火であったため、本件火災にポンプ車を集中できず、

他消防署管内からの応援を求められなかった。

（2）消防車到着の遅れ　同消防署では、119番通報受信前に火元火災を覚知したので、消防車両が現場に向かったが、幹線道路は渋滞し、脇道も倒壊建物で通れないところがあり、人命救助の要請に対応したりしたため、消防車両が現場に到着するまでの時間は通常よりも長くかかった。

（3）消火栓利用不能　東灘区内全域の水道が断水していたため、火災現場付近の消火栓は利用できなかった。

（4）防火水槽の不使用　防火水槽は配管に亀裂が生じていたため、消防隊員は採水口から揚水できなかった。

（5）井戸水の利用　消防隊員はE方の井戸から採水して放水したが、3・4分で放水不能となり、中止した。

（6）F小学校のプールの水の不使用　F小学校のプールの水量だけでは消火は困難と判断されたので、天上川から揚水することに決定され、プールの水は消火に使用されなかった。

（7）天上川からの揚水　午後3時頃から、消防隊員や住民が天上川を堰き止めた。2台のポンプ車から各1線採水し、4線で放水した。しかし、水量は十分ではなかったため、放水圧力を上げられなかった。

（8）本件火災の鎮圧　本件火災の包囲体制が取れたのは発生後数時間してからであり、その時点では大規模に炎上し、火勢も拡大の一途を辿っていたため、本件火災が鎮圧されたのは、翌18日午前10時頃であった。

（二）地震の影響で、消防車両が現場に到着するのが遅れ、消火栓が断水し、防火水槽の採水口が使用不能となるなどのことがなければ、本件火災にポンプ車を集中でき、他の消防署が応援できていれば、各建物に延焼しなかった蓋然性が高かった。ただし、火元火災の火勢は強く、B店舗の南西角付近が出火場所であること、出火場所との位置関係、X_2（原告・控訴人・被上告人）夫婦が火元火災の発生に気が付いて避難した時点で、火は、X_2所有建物61のB店舗に接する北側台所に入っていたことからすると、B店舗の南側に接する建物についてのみは、平常時であっても延焼していた可能性を否定できず、地震による影響がなければ延焼しなかったという蓋然性が高いとはいえないから、建物7・66（X_3同関係）、家財47が収容された建物（X_4〔同人〕訴訟承継人X_5〔同〕

関係）、建物 61（X_2〔同〕）は、地震で延焼拡大した火災で滅失したとは認められない。

（三）（1）神戸市は風水害対策に重点を置いており、地震対策が他都市に比して遅れていたからといって、地震と火元火災の延焼拡大との間の相当因果関係が直ちに否定されない。

（2）ア　防火水槽が使用できていれば、火元火災が延焼拡大した範囲はより狭いものであったものと推認できる。しかし、防火水槽から揚水できず、採水口の近くに埋設されているマンホールを掘り出して、揚水することは可能ではあったが、マンホールの位置が分かっていても 30 分程度はかかること、消防隊員らは、マンホールの所在位置を知らず、マンホールを掘り出すのに要する労力と時間が分からなかったこと、揚水可能となっても当初は消防隊員の数の関係で 2 線放水しかできなかったこと、他の水利の利用を検討していること等の事情に照らすと、消防隊員が防火水槽を利用しなかったからといって、地震と火元火災の延焼拡大との間の相当因果関係は否定されない。

イ　消防隊員は井戸からの採水に期待できなかったため放水を中止したことから、他の井戸を利用しなかったことをもって、消防隊員に落度があるとまではいえない。

ウ　天上川の水量は少なく、放水の圧力を上げられず、火災の鎮圧は火災発生翌日の午前 10 時頃であること、地震による断水のため消火栓が利用できず、防火水槽から揚水できなかったりしたこと等のために、流量の少ない天上川を利用せざるを得なくなったこと等の事情に照らすと、他の水利の利用を検討するなどしていて直ちには天上川を利用するとの決断に至らなかったからといって、地震と火元火災の延焼拡大との間の相当因果関係は否定されない。

（四）以上によれば、各目的物が地震で滅失していなかったとすれば、建物 7・66 及び家財 66（X_3関係）、家財 47（X_4訴訟承継人X_5関係）並びに建物 61（X_2関係）は、火元火災が地震で延焼拡大した火災により滅失したとはいえない（第 3 類型には該当しない）が、その余の各目的物は、火元火災が地震によって延焼拡大した火災により滅失した（第 3 類型に該当する）といえる。

3　したがって、建物 7 及び家財 66（X_3関係）、家財 47（X_4訴訟承継人X_5関係）並びに建物 61（X_2関係）の焼失には免責条項は適用されないが、その

余の各目的物には免責条項が適用され、3名を除く原告の火災保険金の支払を求める主位的請求は、理由がない。

四　争点4（**目的物の滅失は火災で生じた損害といえるか〔目的物は本件火災による滅失前に地震で滅失していなかったか〕**）について

1　火災現場の周辺地域では、地震により多数の建物が倒壊した。

（一）X_3関係　建物7は、X_3が共有持分10分の7を有する建物であったが、地震で倒壊することなく、火災発生時に建物としての基幹部分を保持していた。

（二）X_4訴訟承継人X_5関係　家財47が収容されていた建物は、地震で倒壊することなく、火災発生時に建物としての基幹部分を保持していた。家財47は、火災共済契約の目的物にもなっており、別件訴訟（神戸地方裁判所平成7年（ワ）第1705号共済金請求事件）で、400万円の共済金の支払を命じる判決が言い渡された。

（三）X_2関係　建物61は、X_2が共有持分2分の1を有する建物であったが、地震で倒壊することなく、火災発生時に建物としての基幹部分を保持していた。

2　（一）火災保険契約7、66、47及び61の契約締結時期及び保険金額に照らせば、地震前の各目的物の評価額は、建物7は1,000万円、家財66は1,500万円、家財47は1,000万円、建物61は1,200万円であり、各建物は、建物としての基幹部分を保持していたが、現場周辺地域における地震の震動が激甚なものであったことを考慮すると、ある程度の損傷を受けていたと推認され、火災発生時における残存評価額は、建物7は地震前評価額の8割程度、家財66は同評価額の6割程度、家財47は同評価額の4割程度、建物61は同評価額の8割程度である。

五　争点6（**Y損保らは、免責条項についての情報提供義務違反により損害賠償責任を負うか**）について

本件のように当事者双方が特に約款によらない旨の意思を表示しないで火災保険契約を締結した場合には、当事者は約款によるという意思をもって火災保険契約を締結したものと推認され、保険契約者が個別具体的な約款条項の内容に熟知していない場合であっても、火災保険契約の内容として保険契約者等を

拘束するところ、Xらは、免責条項を含む約款に基づく火災保険契約を締結するかしないかの選択権を有していただけであって、火災保険契約を締結する以上は免責条項を含む約款に基づく火災保険契約を締結するほかはなかった。

Xらの二次的主張について、火災保険契約を締結したXらが免責条項に関して説明を受けていれば、各々が地震保険に加入していたであろうということが前提となるところ、火災はいつ起こるか分からず、これによって建物や家財が被害を受けるおそれがあるが、日本においても本件地震のような巨大な地震が居住地域で起こることは滅多にあることではないと考えるのが、本件地震以前においては阪神間の通常人の認識であったと考えられること、阪神間の地震保険加入率が本件地震以前は非常に低い状況にあったこと、地震保険に加入するには火災保険の保険料に比べて高額の保険料を支払うことに照らすと、本件各火災保険契約を締結したXらが免責条項に関して説明を受けていたとすれば、各々が地震保険に加入していたであろうという蓋然性が高いとは認められず、情報提供義務違反を理由として損害賠償を求めるXらの予備的請求は理由がない。

よって、X_3のY_1損保に対する主位的請求のうち、280万円及びこれに対する3月20日から支払済みまで年6分の割合による金員の支払を求める部分、Y_2損保に対する主位的請求のうち、1,180万円及び上記金員の支払を求める部分、X_4訴訟承継人X_5のY_3損保に対する主位的請求のうち、200万円及び上記金員の支払を求める部分、並びにX_2のY_4損保に対する主位的請求のうち、480万円及び上記金員の支払を求める部分は理由があるのでこれを認容し、Xらのその余の各請求並びにその余のXら（訴訟承継人を含む）及びX_6の各請求は理由がないので棄却する。

＜検討＞

1. はじめに

本件地震の約8時間後に発生した火災（【12】と同じ火元火災）の延焼による火災損害について、Y損保らとの間で火災保険契約を締結していたXらが、主位的に、火災保険金の支払を求めるとともに、予備的に、契約締結過程において情報提供義務の不履行があったとして、旧募取法違反、不法行為、債務不履行又は契約締結上の過失責任に基づき、損害（一次的には、火災保険金相当額、

100

二次的には、地震保険金相当額から地震保険料相当額を控除した額）の賠償を求めた。神戸地裁は、火元火災の火勢は当初から強いものであったこと、出火場所（B店舗の南西角付近）との位置関係等からすると、B店舗の南側に接する建物についてのみは、平常時で延焼していた可能性を否定できず、地震による影響がなければ延焼しなかったという蓋然性が高いとまでいえないから、地震によって延焼拡大した火災によって滅失したものと認められず、免責条項は適用されないと判示している。

2．争点2（免責条項の意味内容）について

第1類型・第2類型「地震によって生じた（火元）火災」とは、地震による物理的被害の結果として発生した火災全般を指し、第3類型「（火元）火災が地震によって延焼拡大」したとは、大地震が発生した場合、平常時よりも広範に火災が延焼拡大する事態は予測され、防火体制が充実していれば延焼拡大の範囲が違っていたという場合も、地震で火災が延焼拡大したものと評価され、第3類型はこのような事態による保険事故も免責とすると判示している。

3．争点3（免責条項の本件における適用の有無）について

火元火災及び延焼火災が、第2類型・第3類型に該当するか否かを判断している。まず、火元火災について、①火元火災発生時にB店舗内にガスが滞留していた可能性は小さいこと、②火元火災発生時にB店舗に通電が再開されていないこと、③地震で配管から漏れた滞留ガスに通電の再開あるいは静電気によって発生した火花が着火したことが火元火災の出火原因とは認められないとして、火元火災は地震により発生したものではなく、本件火災損害は免責条項の第2類型に該当しないと判示している。次に、延焼火災について、①火元火災の火勢は強いものであったこと、②出火場所との位置関係、③X₂夫婦が火元火災の発生に気が付いて避難した時点で、火はB店舗に接するX₂所有の北側台所に入っていたことからすると、B店舗の南側に接する建物についてのみは平常時でも延焼していた可能性を否定できず、地震による影響がなければ延焼しなかったという蓋然性が高いといえないから、X₃関係、X₄訴訟承継人X₅関係、X₂関係は、地震によって延焼拡大した火災によって滅失したものと認められず、免責条項は適用されず、その余の目的物は、火元火災が地震で延焼拡大した火災により滅失した（第3類型に該当する）と判示している。

4．争点4（目的物の滅失は火災によって生じた損害といえるか〔目的物は、火災による滅失前に地震で滅失していなかったか〕）について

X_3関係では、建物は、火災発生時に建物としての基幹部分を保持していたこと、X_4訴訟承継人X_5関係では、建物は、倒壊することなく、火災発生時に建物としての基幹部分を保持していたこと、X_2関係では、建物としての基幹部分を保持していたが、地震により損傷を受けていたものと推認され、火災発生時における建物及び家財の残存評価額は、6割から8割であったことを認定している。

5．争点6（Y損保らは、免責条項についての情報提供義務違反により損害賠償責任を負うか）について

次のような理由で否定している。①一次的主張は、火災保険契約が附合契約であることと相反するものであって、採用できない。②地震以前には阪神間の通常人の認識は、本件地震のような巨大な地震が居住地域で起こることは滅多にないというものであったと考えられること、阪神間の地震保険加入率が地震以前は非常に低い状況にあったこと、地震保険は火災保険の保険料に比べて高額の保険料の負担を伴うことに照らすと、各火災保険契約を締結したXらが免責条項に関して説明を受けていたとすれば、地震保険に加入していたであろうという蓋然性が高いとは認められず、情報提供義務違反を理由として損害賠償を求める原告らの予備的請求は理由がないと判示している。

6．小括

本件訴訟は、共済契約について判示した【12】と火元火災を同じくするが、保険契約に関することから、共済契約とは異なる約款解釈が争われている。神戸地裁は、約款の拘束力については意思推定説の立場に立ち、免責条項が適用されるためには、地震と損害との間に相当因果関係を必要とすると解している。ここまでは【12】と同じ立場である。その上で、火元と隣接する建物については、平常時でも延焼する状況にあると認定し、免責条項の適用を否定しているが、その他の建物等については、第3類型の適用を認め、Y損保らの免責を認めている。

〔大阪高判平成13年10月31日〕

　（Xらの控訴に対して、大阪高裁は、Y₁損保には説明義務の懈怠があり、Y₁損保が義務を履行していれば、Xらが地震保険の加入を望んだ可能性も否定できず、自己決定の機会を喪失したことについて予備的請求の慰謝料請求権を認め、地震保険金相当額から保険料相当額を控除した差額金の10分の1の支払を命じた。Y₁損保らが上告した。）

主な争点は以下のとおりである。

　争点1　免責条項の効力

　争点2　免責条項の意味内容

　争点3　免責条項の本件における適用の有無

　争点4　目的物の滅失は、火災で生じた損害か（目的物は火災による滅失前に地震により滅失していなかったか）

　争点5　保険金請求権に質権が設定されていることは、被保険者が保険金を請求するにつき障害となるか[55]

　争点6　第一審被告らは、第一審原告らに対し、地震保険金支払義務を負うか（予備的請求その1）

　争点7　第一審被告らは、免責条項、地震保険及び地震保険確認欄への押印の意味についての情報提供義務・説明義務違反により損害賠償責任を負うか（予備的請求その2）

　争点8　第一審原告X₃の当審における追加的請求原因

＜判旨＞

　1　争点1（免責条項の効力）・争点2（免責条項の意味内容）・争点3（免責条項の本件における適用の有無）について

以上は、第一審判決とほぼ同旨である。

　2　争点4（火災で生じた損害）・争点5（保険金請求権への質権設定）について

以上は、末尾付録［14-2］を参照。

　3　争点6（第一審被告らは、地震保険金支払義務を負うか〔予備的請求その1〕）について

地震保険法で、地震保険契約は火災保険と同時にしか加入できず、保険会社は、申込者が火災保険契約申込書の地震保険意思確認欄への押印によって、不

付帯の意思表示をなす方式を採っているものの、同法で保険金額は火災保険などの30％ないし50％と定められ、申込者の申込みによって、火災保険と別途に保険金額・保険料支払の合意を要する。Y損保らの火災保険契約申込書には、火災保険の保険金額・保険料などの欄に並列して、地震保険のための欄が設けられ、地震保険意思確認欄への押印をしない申込者との間では、合意に基づき、地震保険金額等の記載がなされている。地震保険法には、地震保険契約が単独では締結できず、特定の損害保険契約に付帯して締結する旨の定めはあるが、特定の損害保険に加入すれば当然に地震保険契約が成立する旨定める条項はない。これらによれば、火災保険契約において、申込みの過程で地震保険意思確認欄への押印がなかったり、押印について瑕疵があったとしても、それ故に自動的に、一般の火災保険とは別の保険である地震保険についての契約が締結されたとは言えない。

4　争点7（第一審被告らは、免責条項、地震保険及び地震保険確認欄への押印の意味についての情報提供義務・説明義務違反により損害賠償責任を負うか〔予備的請求その2〕）について

（2）免責条項に関する説明義務（予備的請求その2の1次的主張）について

　本件のように、当事者双方が特に約款によらない旨の意思を表示しないで火災保険契約を締結した場合には、当事者は約款によるという意思をもって火災保険契約を締結したものと推認され、保険契約者が個別具体的な約款条項の内容につき熟知していなくとも、火災保険契約の内容として保険契約者等を拘束するところ、本件各火災保険契約を締結したXらが、免責条項に関して説明を受けていたとしても、免責条項を含む約款に基づく火災保険契約を締結するかしないかの選択権を有していただけであって、火災保険契約を締結する以上は免責条項を含む約款に基づく火災保険契約を締結するほかはなかったのであるから、Xらの予備的主張その2の1次的主張のように、Y損保らは免責条項は本件のごとき火災には適用がないと信じていたXらの信頼を保護して火災保険金額相当額の損害を賠償すべき義務を負うとするのは、火災保険契約が附合契約であることと相容れないもので採用できず、ただ、Y損保らは、地震保険に関する情報提供義務・説明義務の一環として、地震免責条項について説明義務

を負うにとどまる。

　（3）損害保険会社の、地震保険及び火災保険契約申込書における地震保険確認欄への押印に関する、一般的な情報提供義務及び説明義務違反、それによる損害の有無について（予備的請求その2の2次的主張）

　ア　保険会社は、公共性の高い免許法人であり、保険業は、公共性がある故に、主務官庁である大蔵省（現財務省）の監督を受けている。本件における地震保険の内容はY損保らの作成した約款により定型化されており、顧客側であるXらは、一読しただけでは理解しにくい立場にある。

　オ　旧募取法16条1項1号（保険業法300条1項1号）[56]は、「保険契約の条項のうち重要な事項を告げない行為」を罰則で禁止しているところ、地震保険及び火災保険契約申込書における地震保険確認欄への押印に関する情報は、消費者が地震災害への対処を決定するに当たって不可欠の情報であり、「保険契約の契約条項のうち重要な事項」に該当する。とりわけ、地震損害は、火災保険で免責条項によって担保されないこととされている一方、火災保険の申込者は、申込時に、地震保険意思確認欄への押印の意味を知ることなくこれを行ったり、火災保険契約申込書への押印を損害保険会社代理店に委任したような場合には、地震保険契約締結の申込みをする機会を失う。

　カ　このように、保険会社と消費者との間で、地震保険に関する情報面での格差が著しいこと、原則付帯方式及び地震保険意思確認欄への押印による地震保険不付帯の意思の確認が行われる地震保険法及び運用方式は、保険会社による地震保険・意思確認欄への押印についての情報提供・説明を前提としており、旧募取法などで保険会社に説明義務が課せられている重要事項にも当たると解されることなどを総合するならば、Y損保らは、Xらが本件火災保険の申込みをするに当たって、地震保険の内容及び地震保険意思確認欄への押印の意味、すなわち、押印によって地震保険不付帯の法律効果が生じることについての情報提供・説明をすべき信義則上の義務がある。

　（4）Y損保らの情報提供・説明義務違反の有無及びXら主張の、予備的請求その2の1次的、2次的主張の損害の有無について検討する。

　これら義務違反についてみると、Xらの本件火災保険契約申込書の地震保険確認欄に押印又はサインがされているもののうち、X_6のサイン並びにX_{11}、

X_5 及び X_9 の各押印は X らの手又は印鑑によるものではないこと、X_1、X_2、X_6 から X_{10}、X_{13}、X_{14} の各押印は、X らの印鑑によるものであるが、これらの印鑑は、保険代理店又はそこから委託を受けた金融機関の従業員らが押捺したものであること、X らの地震保険確認欄への押印に先立ち、X らが Y 損保ら等から、地震保険及び地震保険確認欄への押印の意味内容について情報の提供及び説明を受けていないこと、X_{23} については、建物 38、家財 36、39 について地震保険契約を締結して地震保険金を受領済みであり、地震保険について、$Y_{7の2}$ 損保の合併前会社 $Y_{7の3}$ 損保から説明を受けた可能性があることが認められる。これらの事実によれば、Y 損保らには、X_{23} を除く Y らに対する関係で、上記情報提供・説明義務に違反する点があった。

ところで、X らの予備的請求その2の1次的主張について、第一審判決とほぼ同旨である。しかしながら、X_{23} を除く X らは、Y 損保らの情報提供・説明義務の履行によって、火災保険に加えて、地震保険確認欄への押印をすることなく、Y 損保らからの説明に基づき保険金額及び保険料の選択をして地震保険契約締結の申込みをした可能性も否定できず、この自己決定の機会を喪失したことによる X らの精神的苦痛に対する慰謝料は、これをもって Y 損保らの義務違反と相当因果関係のある損害と認められる。その金額は、Y 損保らの義務違反が故意に地震保険及び地震保険確認欄への押印の意味内容を秘匿した上、同欄への押印を要求した態様のものとまでは認め難く、不作為の違法にとどまっていると解せられること、X らが地震保険契約を締結していたならば得られたであろう地震保険金額と保険料との差額などを総合考慮すると、X らの慰謝料としては、各差額の 10 分の1をもって相当と認める。

<検討>

1. はじめに

大阪高裁は、Y 損保らには説明義務の懈怠があり、義務が履行されていれば、X らが地震保険の加入を望んだ可能性も否定できず、自己決定の機会を喪失したことについて予備的請求の慰謝料請求権を認め、地震保険金相当額から保険料相当額を控除した差額金の 10 分の1の支払を命じた。Y 損保らが上告した。

本件控訴審が慰謝料請求を認めたことが重要と考えるので、ここに焦点を中心に検討を進める。

2．争点6（第一審被告らは、地震保険金支払義務を負うか〔予備的請求その1〕）について

各火災保険契約において、申込の過程で地震保険意思確認欄への押印がなかったり、押印について何らかの瑕疵があったとしても、それ故に自動的に、火災保険とは別の保険である地震保険についての契約が締結されたとはいえない。

3．争点7（第一審被告らは、免責条項、地震保険及び地震保険確認書への押印の意味についての情報提供義務・説明義務

義務違反により損害賠償責任を負うか〔予備的計求その2〕）について

まず、免責条項に関する説明義務については、Y損保らは、免責条項は本件のごとき火災には適用がないと信じていたXらの信頼を保護して火災保険金額相当額の損害を賠償すべき義務を負うとするのは、火災保険が附合契約であることと相容れないものであり、損害保険会社は、地震保険に関する情報提供義務・説明義務の一環として、免責条項について説明義務を負うにとどまると判示している。

次に、地震保険確認欄への押印に関する義務違反について、保険会社・消費者間で地震保険に関する情報格差が著しいこと、原則付帯方式及び地震保険意思確認欄への押印による地震保険不付帯の意思の確認が行われる地震保険法及び運用方式は、保険会社による地震保険及び意思確認欄への押印についての情報提供・説明を前提としており、旧募取法で保険会社に説明義務が課せられている重要事項にも当たると解されることなどを総合するならば、Y損保らは、Xらが火災保険の申込みをするにあたって、地震保険の内容・地震保険意思確認欄への押印の意味（押印によって地震保険不付帯の法律効果が生じること）についての情報提供・説明をすべき信義則上の義務がある。

X_6のサイン、X_{11}、X_5及びX_9の各押印はXらの手又は印鑑によるものではない、X_1、X_2、X_6からX_{10}、X_{13}、X_{14}の印鑑は、Xらが保険代理店又は金融機関の従業員らに渡し、これらによって押捺されたものである、Xらの地震保険確認欄への押印に先立ち、XらがY損保らから、地震保険・地震保険確認欄への押印の意味内容について情報の提供及び説明を受けたことはない。Y損保らには、X_{23}を除くその余のXに対する関係で、情報提供・説明義務に

違反する点があった。

　X₂₃を除くXらは、Y損保らの情報提供・説明義務の履行によって、火災保険に加えて、地震保険確認欄への押印をすることなく、Y損保らからの説明に基づき保険金額及び保険料の選択をして地震保険契約締結の申込みをした可能性も否定できないのであって、この自己決定の機会を喪失したことによるXらの精神的苦痛に対する慰謝料は、これをもってY損保らの義務違反と相当因果関係のある損害と認めるのが相当であると判示している。

４．小括

　保険会社が説明義務に違反した場合、保険契約者は、説明義務が履行されていれば地震保険にも加入していたはずであるとして、本件のごとく、財産上の損害賠償として地震保険金相当額から保険料相当額を控除した差額金の支払い、又は、精神的苦痛に対する慰謝料として同等の金銭の支払等を求めることが考えられる[57]。函館地判平成12年3月30日[58]は、傍論で、地震保険加入に関する意思決定の機会、及び、地震保険に加入していれば財産損害を担保できたという可能性という財産的利益を侵害されたものとして、精神的苦痛に対して、地震保険にも加入したであろう蓋然性の程度を考慮した慰謝料の請求が可能であるとし、被侵害保護法益として、地震保険加入の意思決定の機会侵害を、私的自治の原則で保障される、自己の意思決定により法律関係を形成できるという意思決定権ないし自己決定権の侵害としてとらえられると判示している。本判決も同旨の判断を下しており、これら2判決では、地震保険加入の意思決定の機会喪失が問題とされている[59]。

〔最判平成15年12月9日〕

　本件の争点は、保険契約者が地震保険にも加入するか否かの意思を決定するにあたり、保険会社が地震保険に関する説明義務に違反した場合に、保険契約者は自己決定権侵害を理由として保険会社に対して慰謝料の支払を請求することができるか否かという点にある[60]。

＜判旨＞破棄自判。

　地震保険に加入するか否かの意思決定は、生命、身体等の人格的利益ではなく、財産的利益に関するものであることに鑑みると、この意思決定に関し、保

険会社側からの情報の提供や説明に不十分、不適切な点があったとしても、特
段の事情が存しない限り、これをもって慰謝料請求権の発生を肯認し得る違法
行為と評価することはできない。

　このような見地に立って、本件をみるに、(1)火災保険契約の申込書には、「地
震保険は申し込みません。」との記載のある地震保険不加入意思確認欄が設け
られ、申込者が地震保険に加入しない場合には、その欄に押印をすることになっ
ている。申込書にこの欄が設けられていることで、火災保険契約の申込みをし
ようとする者に対し、①火災保険とは別に地震保険が存在すること、②両者は
別個の保険であって、前者に加入したとしても、後者に加入したことにはなら
ないこと、③申込者がこの欄に押印をした場合には、地震保険に加入しないこ
とになることについての情報が提供されているものとみるべきであって、申込
者Xらは、申込書に記載されたこれらの情報を基に、Y損保らに対し、火災保
険及び地震保険に関する更に詳細な情報（両保険がてん補する範囲、地震免責
条項の内容、地震保険に加入する場合のその保険料等に関する情報）の提供を
求め得る十分な機会があった。(2)Xらは、この欄に自らの意思に基づき押
印をしたのであって、Y損保ら側から提供された①～③の情報の内容を理解し、
この欄に押印をすることの意味を理解していたことが窺われる。(3)Y損保
らが、Xらに対し、各火災保険契約の締結に当たって、地震保険に関する事項
について意図的にこれを秘匿したなどという事実はない。

　以上から、各火災保険契約の締結に当たり、Y損保らに、Xらに対する地震
保険に関する事項についての情報提供や説明において、不十分な点があったと
しても、特段の事情が存するとはいえないから、これをもって慰謝料請求権の
発生を肯認し得る違法行為と評価できない。

＜検討＞[61]

　保険契約者が地震保険にも加入するか否かの意思を決定するにあたっては、
保険会社側から火災保険と地震保険の関係や地震保険の内容に関する情報提
供・説明を前提とする。保険会社の説明義務の法的根拠につき、両保険の関係
等の事項は旧募取法 16 条[62]（保険業法 300 条 1 項）に基づいて保険会社が説明
義務を負う重要事項にあたると解され、保険契約の当事者間では地震保険に関
する情報の格差が著しいことから、保険会社は保険契約者に対してこれらの事

項を説明する義務を負うとしたうえで、保険会社の説明義務は、①契約法上、火災保険契約締結時における信義則にあるとする立場と、②保険業法を基礎に違法行為があったか否かを客観的に判断できる不法行為責任に基礎付けられるとする立場がある[63]。本判決は、原審判決と同様に、①の立場にある。

火災保険契約の締結にあたり保険会社側が説明義務を負うとして、保険会社が説明すべき範囲、及び保険会社に義務違反があった場合の効果が問題となる。本判決では、保険会社は、申込書に記載の両保険の関係、及び地震保険不加入意思確認欄への押印の意味については説明しているとしたうえで、保険契約者は、これらの情報をもとに、保険会社に対し、両保険のてん補範囲、地震免責条項と地震保険の内容等の両保険に関する詳細な情報の提供を求める機会があったとしている。それゆえに、本判決は、保険会社が説明すべき範囲を区分し、地震保険の内容等については保険会社に積極的な説明を求めていないという立場にある。保険契約者が地震保険にも加入するか否かの意思を決定するにあたり、地震保険の内容等も重要事項として説明されるべきであるという立場からすると、この立場をとっている原審判決との比較において、本判決の解釈は狭いといえる[64]。

自己決定権の把握、効果としての慰謝料請求を認めた判例[65]は、医療分野に関するものであり、そこでは人格的利益の保護が問題とされている。また、取引的不法行為における説明義務違反を介した自己決定権侵害に基づいて慰謝料請求を認めることには、一般的に慎重である[66]。というのは、財産的損害の賠償可能性が否定されても、慰謝料請求に対して精神的損害がてん補されると、それは財産的利益に関するものであると解されるからである[67]。

本判決は、地震保険加入の意思の決定は財産的利益に関するものであると明示し、説明義務の違反があったとしても、特段の事情が存しない限り、契約者の慰謝料請求は認められないと判示している。この点を明らかにしたことに本判決の意義があり、本判決の立場は支持できる。もっとも、本判決は、財算的利益の侵害であっても特段の事情が存在する場合には、取扱が異なる可能性を示したうえで、Y損保らが、Xらに対して、本件各火災保険契約の締結にあたり、地震保険に関する事項について意図的にこれを秘匿したという事実はないとして、特段の事情の存在を否定している[68]。

【15】大阪高判平成 13 年 11 月 21 日 [69]（共済組合の規約〔免責の有無〕・保険会社の約款〔説明義務違反・情報提供義務違反による損害賠償責任〕。免責否定・損害賠償責任否定）

（地震の３時間後に発生した火災によって、建物・家財等が焼失した火災共済契約者・火災保険契約者〔第一審原告・控訴人〕らが、共済組合・保険会社〔第一審被告・控訴人〕に対して火災共済金・火災保険金の支払を、保険会社に対して地震保険制度等の情報提供義務懈怠を理由とする損害賠償を求めたところ、第一審被告らが免責条項の適用の有無、地震保険契約締結の有無、説明義務違反の存否等を争った控訴審において、共済者に免責条項は適用されないとして、支払責任を認める一方、第一審原告らが、保険会社〔４社、合併後３社。第１審では７社〕との間で地震保険契約を締結したとは認められず、保険会社に説明義務違反・情報提供義務違反による損害賠償責任は認められないなどとして、当事者双方の控訴を棄却し、第一審原告らの予備的請求も棄却した。）

＜事実の概要＞

Y₁生活協同組合（第一審被告・控訴人）規約２条の２第１号は、「火災」について、「人の意思に反し又は放火により発生し、人の意思に反して拡大する消火の必要のある燃焼現象であって、これを消火するために、消火設備又はこれと同程度の効果のあるものの利用を必要とする状態をいう。」と定義し、Y₁生協規約の免責条項は、「原因が直接であると間接であるとを問わず、地震によって生じた火災等による損害」を定めている。

主な争点は以下の通りである。

争点１　地震免責条項の適用

争点２　Y₁生協及びY₂生活協同組合連合会（第一審被告・控訴人）の免責条項の解釈

争点３　Y₃損害保険会社（同）の地震免責条項の解釈

争点４　Xらの保険金支払の可否

争点５　Y₃損保の損害賠償責任の有無

＜判旨＞控訴棄却、当審予備的請求棄却。

2　大量に同種の契約の締結があることを前提に、個別契約に当然適用され

ることを想定して作成される保険約款の性質からすれば、約款が付された火災保険契約を締結するに際し、当事者双方が特に約款によらない旨の意思を表示しないで契約を締結したときは、反証のない限り、約款による意思をもって契約を締結したものと推定されるといわなければならず、本件約款には免責条項が記載されているから、Xらは免責条項の適用を受ける。このことは、免責条項が重要条項であり、Xらが、Y₃損保らから免責条項につき説明されたことがないとしても、変わりはない。

　4　Y₁生協規約の免責条項が第3類型を免責対象とするかどうかの解釈に帰着する問題であるところ、規約において、延焼火災を火元火災と一体として「火災」に含まれると定義する趣旨は、「火災」の概念を、火元火災を出発点とし、延焼火災に至る一連の燃焼現象としてとらえるところにあるから、免責条項にいう「地震によって生じた」との文言がかかる対象も一連の燃焼現象である。これによれば、「地震によって生じた」との文言は、出発点となる火元火災についてだけかかり、燃焼現象から延焼火災だけを分離して、「地震によって生じた」との文言は直接延焼火災にはかからないと解釈する余地がある。その意味で、規約の「火災」の定義において、延焼火災も含まれることと、免責条項にいう「地震によって生じた」との文言が延焼火災にはかからないと解することとは、矛盾しない。そして、上記のような解釈の余地がある以上、そのような契約条項の解釈にあたっては、組合員に不利な類推ないし拡大解釈はできず、また、Y₁生協は、免責条項の問題性を認識し、第3類型を免責対象としようとするならば、二義を許さない形で規約を設定・変更できたはずである。

　6　都市型大地震の火災において、出火原因の証拠となる資料が失われることは、当事者双方にとって同様であり、地震後の混乱の収拾も考えると、Y₂生協連よりも、火元建物近くにいた契約者の方が、火災原因の特定・立証について容易であるとはいえず、その結果、どちらの当事者も証拠提出が困難になるところ、このような性格を有する火災について立証責任を定めることのできるY₂生協連規約が存在し、Y₂生協連は二義ない形で明確に規定することができたのであるから、地震後に、Y₂生協連の立証の程度を緩和することは相当でない。

　7　本件火災の出火原因が地震による漏洩ガスやガソリンないし灯油に引火

112

したことによるものと認めることは困難であり、本件火災が、地震発生から約3時間後に発生していることから、直ちに、地震による火災であると事実上推定できないし、また、本件火災について、特定の具体的な失火が考えられず、さらに、放火と認定することもできず、その他、特段の出火原因が考えられないとしても、都市型大地震で発生する火災において、出火原因の証拠となるべき資料が失われ、その結果、どちらの当事者も証拠を提出することが困難になるところ、Y₁生協は規約により立証責任を定めることができたのであるから、Y₁生協の立証を緩和するのは相当でない。

8　保険会社の免責条項が、存在理由もなく保険者を利するだけであり、著しく正義に反するとはいえず、有効である以上、保険会社の存立を危うくする地震火災が発生したような場合にのみ有効とするよう限定して解釈することも根拠を欠く。

また、免責条項の「発生原因のいかんを問わず火災が地震によって延焼又は拡大して生じた損害」というのは、社会通念上、火災の延焼又は拡大が地震と相当因果関係にある場合を意味すると解され、免責条項の趣旨は、地震の際における社会的混乱や同時火災多発による消防力の不足低下、交通事情の悪化等の事情をも考慮したものであることからすれば、第一審原告らの主張するように、「地震によって」を地震の揺れに起因して火災・延焼が生じた場合に限定する理由はなく、ライフラインの影響といった人為的側面も、それが地震に起因する限り、地震とは別個の問題であると解することはできない。本件火災の各目的物への延焼は、地震との間に相当因果関係が認められる。

さらに、免責条項の第3類型の表現からすると、免責されるのは、火災による全損害ではなく、地震により延焼又は拡大した部分に限られ、本件火災の各目的物への延焼は、平常時であれば防止できた高度の蓋然性があり、地震との間に相当因果関係が認められるところ、各目的物が地震による影響がなくても損害を負ったとはいえず、各目的物の損害は地震によって延焼又は拡大したことによると認められるから、本件において、第一審原告らのいう割合的因果関係論・寄与度減責論を適用する余地はない。

13　地震保険契約は、火災保険契約に付帯して締結するものではあるが、火災保険契約とは別個の契約である。しかし、地震保険契約の申込書は、火災保

険契約申込書と同一の用紙であり、地震保険確認欄には「地震保険は申し込み
ません」旨印刷されており、地震保険契約を申し込まない者は押印することに
照らせば、原則付帯方式が採用されているというべきである。

　17　第一審原告らは火災保険契約の申込みは有効であることを前提としてい
るから、火災保険契約の申込みに使用された印影は、第一審原告らの真正な印
影であり、第一審原告らの地震保険確認欄の印影は、火災保険契約の申込みに
使用された印影と同一であることに照らせば、地震保険確認欄の印影は、第一
審原告らの真正な印影であるといえるところ、地震保険確認欄には「地震保険
は申し込みません。」と記載されているから、第一審原告らは地震保険不付帯
の意思表示をしたものと推定でき、この推定を覆すに足りる特段の反証はない。
そして、地震保険確認欄には「地震保険は申し込みません。」と記載されてい
ること、地震保険の「保険金額」、「保険料」欄は空欄であることに鑑みると、
地震保険契約が成立していないことが理解できる。

　また、契約を締結するか否かは、当事者の自己責任に属するが、契約の当事
者又は当事者となろうとする者は、信義誠実の原則に従って行為すべき義務を
負担し、その結果として、相互に相手方の人格及び財貨を害しないように適切
な考慮を払うべき義務（保護義務）を負っており、このような義務を根拠とし
て、契約当事者等は、説明義務ないし情報提供義務を負っている。そうすると、
説明義務違反ないし情報提供義務違反による損害賠償責任があるというために
は、それを怠ったことにより、相手方の自己決定権を侵害し、そのため、相手
方の人格又は財貨が具体的危険に晒されることを要すると解すべきであって、
単に説明義務・情報提供義務に違反したというだけでは足りない。すなわち、
ワラントや変額保険に関しては、一般消費者には馴染みのない商品であり、上
記取引への参加は財貨喪失の具体的危険を伴うから、上記取引の勧誘に当たっ
て、そのような説明を怠り、取引に参加させたことが相手方の自己決定権を侵
害し、説明義務違反と評価される。したがって、第一審原告らが地震保険に加
入しなかったことについて、Y₃損保らにおいて地震保険に関する説明義務違
反・情報提供義務違反があり、第一審原告らの自己決定権が侵害され、そのこ
とが損害賠償責任に直結するためには、①地震保険が一般に知られておらず、
②Y₃損保らがその説明を怠り、③そのことにより、第一審原告らが地震保険

に加入せず、④そのため、第一審原告らの人格又は財貨が具体的危険にさらされたことを要する。そこで、本件につき検討すると、①については、地震保険確認欄を創設し、原則付帯方式を採用した趣旨は、それ以前は火災保険に加入していれば地震火災による損害にも保険金が支払われると誤解されることがかなりあったことから、この誤解を防止するために設けられたものであると認められ、これによれば、上記方式を採用した以前は地震保険は一般に知られていなかったものと認められるが、その後は、火災保険契約申込書等に地震保険確認欄があることからすれば、火災保険の申込者にとって、同書類の記載から地震保険の存在は容易に認識し得るものといえる。②については、Ｘらが、「地震保険は申し込みません」と記載されている地震保険確認欄に、火災保険契約の申込みに使用した印影と同一の印影を押印していることに鑑みると、Ｙ₃損保らがＸらに対し地震保険の説明を全くしなかったということは、一般的に推認し難く、Ｙ₃損保らが第一審原告らに対し地震保険の説明をしたと推認できる。③については、地震保険の保険料は高いこと、地震保険は支払われる保険金に上限があることが認められるところ、これらに、本件地震のような巨大地震が起こることは滅多にあることではないと思うのが通常人の認識であると考えられることを合わせ考慮すると、第一審原告らが地震保険に関して十分な説明を受けていたとしても、各々が、地震保険に加入していたであろうという蓋然性が高いとは認められない。そうすると、Ｙ₃損保らにおいて損害賠償責任に直結するような意味での地震保険に関する説明義務違反ないし情報提供義務違反があり、第一審原告らの自己決定権が侵害されたということはできない。

＜検討＞

１．はじめに

　建物・家財等が、地震時に焼失したとする火災共済契約者等（第一審原告）が、共済者等（第一審被告）に対し、火災共済金等の支払を求めたところ、免責条項の適用の有無、地震保険契約締結の有無、説明義務違反の存否等を争った事案の控訴審において、共済者に地震免責条項は適用されないとして、支払責任を認める一方、第一審原告は地震保険契約を締結したとは認められず、保険会社に説明義務違反・情報提供義務違反による損害賠償責任は認められないなどとして、当事者双方の控訴を棄却し、第一審原告らの予備的請求も棄却した。

２．争点１（免責条項の適用）について

本判決は、規約・約款の適用について意思推定説をとったうえで、本件規約・約款には免責条項が記載されているから、第一審原告は免責条項の適用を受け、このことは、免責条項の説明がなかったとしても変わりはないと判示している。

３．争点２（Y₁生協及びY₂生協連の免責条項の解釈）について

本判決は、Y₁生協規約の「火災」の定義の趣旨は、「火災」の概念を、火元火災から延焼火災までの一連の燃焼現象としてとらえていることから、Y₁生協免責条項の「地震によって生じた」との文言がかかる対象も、一連の燃焼現象である。これによれば、「地震によって生じた」との文言は、火元火災についてだけかかり、燃焼現象から延焼火災だけを分離して、「地震によって生じた」との文言は延焼火災にはかからないと解する。その意味で、Y₁生協規約の「火災」の定義において、延焼火災も含まれることと、Y₁生協免責条項にいう「地震によって生じた」との文言が、延焼火災にはかからないと解することとは矛盾しないと判示している。

Y₁生協等の免責責条項の解釈に関する本判決の立場は、本書が対象とする下級審裁判例等（【6】【12】【16】【19】）における共済規約に共通するものである。すなわち、それによれば、規約の「火災」は火元火災と延焼火災を含むと解されることから、「地震によって生じた火災等による損害」には、地震によって生じた火元火災による損害と、地震によって生じた火元火災が延焼して生じた延焼火災による損害が含まれることになり、その結果、共済規約の免責条項は、火災保険約款の第1類型と第2類型を含むが、第3類型は含まないということになる。

４．争点３（Y₃損保の免責条項の解釈）について

保険契約の免責条項にいう「発生原因のいかんを問わず火災が地震によって延焼又は拡大して生じた損害」とは、社会通念上、火災の延焼又は拡大が地震と相当因果関係にある場合をいうと解され、免責条項の趣旨は、地震の際における社会的混乱や同時火災多発による消防力の不足低下、交通事情の悪化等の事情をも考慮したものであり、本件火災の本件各目的物への延焼は、本件地震との間に相当因果関係が認められる。さらに、第3類型が地震によって延焼又は拡大して生じた損害を免責対象とする表現からすると、免責されるのは、地

震により延焼又は拡大した部分に限られることは明らかであり、本件火災の本件各目的物への延焼は、平常時であれば防止できた高度の蓋然性があり、本件地震との間に相当因果関係が認められ、本件各目的物の損害はすべて本件地震によって延焼又は拡大したことによるものと認められるから、本件において、割合的因果関係論・寄与度減責論を適用する余地はないと判示している。

5. 争点5（Y₃損保の損害賠償責任の有無）について

契約の当事者又は当事者となろうとする者は、信義誠実の原則に従って行為すべき義務を負担し、その結果として、相互に相手方の人格及び財貨を害しないように適切な考慮を払うべき義務（保護義務）を負っており、この義務を根拠として、契約当事者等は説明義務ないし情報提供義務を負っている。そうすると、これらの義務違反による損害賠償責任があるというためには、それを怠ったことにより、相手方の自己決定権を侵害し、そのため、相手方の人格又は財貨が具体的危険にさらされることを要すると解すべきである。したがって、第一審原告が地震保険に加入しなかったことについて、保険会社に地震保険に関する上記義務違反があり、第一審原告の自己決定権が侵害され、そのことが損害賠償責任に直結するためには、①地震保険が一般に知られていない、②保険会社が説明を怠り、③そのことにより、申込人が地震保険に加入せず、④申込人の人格又は財貨が具体的危険にさらされたことを要すると判示している。その上で、①については、申込人にとって、地震保険確認欄がある火災保険契約申込書への記載から地震保険の存在は認識できる、②については、第一審原告が地震保険確認欄に押印していることに鑑みると、第一審被告が第一審原告に対し地震保険の説明をしたと推認できる、③については、地震保険料は高いこと、地震保険金に上限があることが認められるが、これらに本件地震のような巨大地震が起こることは滅多にないという通常人の認識を合わせ考慮すると、第一審原告が地震保険に関して十分な説明を受けていたとしても、地震保険に加入したであろうという蓋然性が高いとは認められず、そうすると、第一審原告が地震保険に加入しなかったことについて、第一審被告において損害賠償責任に直結する地震保険に関する説明義務違反・情報提供義務違反があるとはいえず、損賠賠償の責任はないと判示している。

6. 小括

建物・家財等が、地震発生の３時間後に発生した火災によって焼失したとする火災共済契約者・火災保険契約者（第一審原告）が、共済者・保険者（第一審被告）に対し、火災共済金・火災保険金の支払、地震保険制度等の情報提供義務懈怠を理由とする損害賠償を求めたところ、第一審被告が地震免責条項の適用の有無、地震保険契約締結の有無、説明義務違反の存否等を争った事案の控訴審において、共済者らに地震免責条項は適用されないとして、支払責任を認める一方、第一審原告が、保険会社らとの間で地震保険契約を締結したとは認められず、第一審被告保険会社に説明義務違反・情報提供義務違反による損害賠償責任は認められないなどとして、当事者双方の控訴を棄却した。

【16】神戸地判平成 12 年 4 月 26 日[70]・大阪高判平成 13 年 12 月 20 日[71]（共済契約〔第3類型のない規約〕・保険契約。免責肯定・免責否定）

（地震の2時間後に発生した火元火災が延焼し、本件建物が焼失〔本件火災〕した事案に関して、第1審では、保険会社及び労済の免責条項には第3類型があるが、生協共済のそれには第3類型がないとして免責が認められない場合があり、また、延焼火災のうち、通常の消防体制であっても延焼を防止できなかったと判断されるものについては、地震との相当因果関係が認められないとして、保険金の支払を認めた。第2審でも同じような立場の判決が下されている。）

<事実の概要>

株式会社X₁（原告・控訴人）は、地震当時、代表者Aが所有する建物9を事務所として貸借して使用し、建物内の家財9を所有し、その余の第一審原告らは、各第一審原告の建物及び建物内の家財・什器設備等を所有ないし占有していた。Y₁労済（被告・控訴人＝被控訴人）及びY₂市民生活協同組合（被告・控訴人＝被控訴人）は、組合員の共済契約を引き受ける事業等を運営する組織であり、その余の第一審被告らは、保険株式会社・保険相互会社である。Xらは、各第一審被告との間で、火災共済契約及び火災保険契約を締結していた。建物2及び家財2を除く各目的物は、1月17日午前8時頃、神戸市a区b町d目e番f号所在の新聞販売店Aの店舗（火元建物）から出火した火元火災の延焼によって全焼し、損害を被った。建物2・家財2は、午後8時頃、火災によって全焼し、X₄（原告・附帯控訴人）は損害を被った。X₃（同）は2月末日までに、その余の第一審原告らは3月22日までに、Yらに対し、火災損害の発生を通知した。

主な争点は、以下の通りである。

争点1　共済契約及び保険契約の締結

争点2　目的物に生じた損害と本件火災との相当因果関係

争点3　地震免責条項の解釈（適用範囲）

争点4　火元火災と地震との相当因果関係

争点5　本件火災は地震に起因する延焼火災か

争点6　第一審原告らの損害額

争点7　損害賠償、一部弁済・損益相殺

〔神戸地判平成12年4月26日〕

＜判旨＞一部認容、一部棄却。

　二　目的物に生じた損害と本件火災との相当因果関係について

　3　X₇（原告）所有の建物5は、本件火災前に、地震によって基幹部分が重大な損傷を受け、2階部分が1階に乗り掛かっていた。したがって、2・3階部分に大きな損傷がなかったとしても、解体・建替えは免れなかった。そうすると、建物5は、地震により建物としての価値を滅失したものといえる。その余の各建物は、地震により倒壊することなく、滅失したとはいえない。また、家財等についても、被害を受けたと認められるが、価値の大部分は地震後も残存していた。これに対して、建物5を除く目的物のうち、地震により損傷を受けなかった部分については、火災により全焼したため、価値を失ったと認められる。したがって、その範囲で目的物に生じた損害は、本件火災に起因するものであり、本件火災と相当因果関係がある。これに対し、建物5の損害は、本件火災と相当因果関係がないから、X₇のY₆損害保険会社（被告）に対する請求中、建物5についての保険金を請求する部分は理由がない。

　三　免責条項についての検討

　2　免責条項の有効性について

　地震火災による損害は、地震の規模・発生場所・発生時間等の要因によって、膨大になる可能性があるが、地震の発生頻度は大数の法則に則っておらず、地震危険を感ずる地域、時期だけに加入することで危険の平均化を図るのも困難である。このような理由から免責条項が定められていること、地震火災による損害をてん補するものとして地震保険制度が設けられていることをも勘案すれば、免責条項が、保険者を利するだけであり、著しく正義に反するとはいえない。

　3　各規約・各約款の拘束力について

　（一）Y₂生協の共済契約について　　X₃は、妻がY₂生協共済契約を申し込み、書類の交付を受けた。しおりには、免責事由として「地震《略》によって生じた損害」が記載されている。X₃は、免責条項を含む規約による意思をもって共済契約を締結したものと推定できるから、規約は契約内容となっており、

X₃はY₂生協免責条項の効力を受ける。

（二）　Y₁労済の共済契約について　　①Y₁労済は、生協法の適用を受け、共済契約者は組合の組合員とされている（Y₁労済規約５条）。②Y₁労済の火災共済に加入するにあたり、X₂（原告・控訴人＝被控訴人）は、妻がA生協に申込み、火災共済証書としおりを受け取った後、「下記内容をY₁労済の火災共済事業規約に基づき承諾します。」と記載された共済証書の送付を受けた。しおりには、免責事由として「地震《略》により生じ、又は拡大した火災等又は風水害等による損害」と記載されている。以上によれば、X₂は、Y₁労済規約による意思をもって共済契約を締結したものと推定できるから、規約は契約内容となっており、Y₁労済免責条項の効力を受ける。

（三）　本件各保険契約について　　XらとY損保らとの間には、９件の保険契約が締結されていた。約款には、保険会社免責条項が記載されている。以上によれば、Xらは、Y損保らとの間で、保険会社免責条項を含む約款による意思をもって保険契約を締結したものと推定できるから、約款は保険契約の内容となっており、約款中の保険会社免責条項の効力を受ける。

４　地震免責条項の解釈（適用範囲）について

（一）　Y₂生協免責条項について

（１）　Y₂生協規約は、「原因が直接であると間接であるとを問わず、地震《略》によって生じた火災等《略》による損害」については共済金を支払わない（20条１項（５））、「『火災』とは、人の意思に反し又は放火により発生し、人の意思に反して拡大する消火の必要のある燃焼現象であって、これを消火するために、消火施設又はこれと同程度の効果のあるものの利用を必要とする状態をいう。」と定めている（２条の２（１））。

（２）　Y₂生協免責条項の「火災」は、「発生し、《略》拡大する《略》燃焼現象」と定めており、「火災」は、火元火災及び延焼火災を意味することから、Y₂生協免責条項が免責対象とする損害は、原因が直接であると間接であるとを問わず、地震によって生じた火元火災及び延焼火災によるものを含む。しかし、「原因が直接であると間接であるとを問わず、地震によって生じた延焼火災」は、延焼の原因が地震に起因するものを免責の対象としているが、火元火災が地震による火災であることを要するのか、地震等によらない若しくは発生原因不明

の火元火災を含むものであるかについては明確ではない。そして、Y₂生協の火災共済事業は、組合員らは火災損害に対処し得ることを期待して加入するものであるが、規約は、火災共済契約の内容となる事項を定型的かつ一律に規定したものであるから、契約条項の解釈にあたっては、組合員に不利な類推ないし拡大解釈はすべきでない。

そうだとすれば、第3類型までを免責対象とする場合、Y₂生協は、これを二義ない形で明確に規定すべきである。保険会社免責条項は、「当会社は、次に掲げる事由によって生じた損害（これらの事由によって発生した火災が延焼又は拡大して生じた損害、及び発生原因のいかんを問わず火災がこれらの事由によって延焼又は拡大して生じた損害を含みます。）に対しては、保険金を支払いません。」とし、その事由の1つとして「地震《略》又はこれらによる津波」と規定する。地震免責条項がこのように規定されたのは、「原因が直接であると間接であるとを問わず、地震《略》に因って生じた火災及びその延焼その他の損害」という規定が、第3類型をも含むかについて疑義があったため、疑義を解消するために改定した。Y₂生協は、保険会社ら地震免責条項改定の経緯に照らしても、生協免責条項の問題性を認識し、二義を許さない形で設定・変更することができたものといえる。したがって、Y₂生協免責条項が明確でないことによる不利益は、Y₂生協規約作成者であるY₂生協が負うべきである。よって、一義的でない規約の免責条項の内容については限定的に解釈すべきであり、Y₂生協免責条項の対象となる火災は、地震によって生じた火元火災及び火元火災の地震による延焼火災に限られ、発生原因不明の火災が地震によって延焼したような場合を含まないと解する。

（二）　Y₁労済免責条項について

Y₁労済免責条項は、「地震により生じ、又は拡大した火災等による損害」については、免責されると定めている（規約54条）。Y₁労済規約は、共済の目的につき、共済期間中に生じた「火災《略》による損害」を共済事故とし（2条1項（1））、規約にいう「火災等」とはY₁労済細則に定めるものをいい（2条4項）、「地震により生じ、又は拡大した火災等による損害」については、免責される定めている（54条1項（5））。そして、Y₁労済細則には、「『火災』とは、人の意図に反してもしくは放火により発生し、または人の意図に反して

拡大する、消火の必要のある燃焼現象であって、これを消火するためには、消火施設またはこれと同程度の効果のあるものの利用を必要とする状態をいう。」と定めている（2条1項（1））。

Y₁労済免責条項にいう「火災」は、火元火災及び延焼火災を意味する。そうすると、免責対象の損害は、地震によって生じた火元火災及び延焼火災と、地震によって拡大した延焼火災を含むことになる。Y₁共済免責条項は、保険会社免責条項程度に明確であるとはいえないとしても、地震によって生じた延焼火災と地震によって拡大した延焼火災とを区別して規定しており、火元火災が地震によるものではなくとも、第3類型を含むと解することに支障がない。

（三）保険会社免責条項について

保険会社免責条項の文言からすれば、第3類型の要件としては、火災が地震によって延焼又は拡大して生じた損害であれば足り、火災の発生時期は限定されていない。

四　本件火災と地震との相当因果関係（Y₂生協・Y₁労済・保険会社らの免責条項による免責事由の存否）

1　地震後の火災発生状況及び本件火災の発生状況等

（四）本件火災発生時の出火元建物の状況等　　火元建物は、1階はA新聞販売店舗、2階は経営者Bら家族の住居として利用していたが、2階は就寝以外には利用していなかった。Bの父親が1月17日午前2時頃に1階に降り、作業を行っていた。地震発生当時、1階で石油ストーブが使用されていた。Bの父親は喫煙の習慣があった。

火元建物は、地震で玄関が開かなくなったため、Bらはガラスを割って出入りしていた。地震当時、コンセントが差し込まれた電気器具として、1階に冷蔵庫・テレビ、2階にエアコンがあったが、電源は入っていなかった。1階にあった石油ストーブは地震の揺れで消火した。Bは、地震後、火元建物前で住民と立ち話をしていたところ、住民が火元建物の南西角付近の軒先から白い煙が立ち上っているのを見て、「煙が出ている。」と叫び、それを聞いたBの父親及び住民が2階に上がり、消火したが、奏効しなかったため、Bは、父親から指示されて、バイクでC消防署に駆け込み、通報した。現場を含む地域への送電は地震発生と同時に停止され、送電が再開されたのは午前8時21分であった。

（七）Ｃ消防署名義の火災調査報告書　　本件火災の覚知は１月17日午前８時10分で、出火は同日午前８時頃とされているが、出火箇所、発火源、着火物及び着火経過は不明とされた。

２　以上からすれば、火災は火元建物２階部分から出火し、午前８時頃までには出火していたものと推認できる。２階には、火源は認められず、Ｂの父は、午前２時頃には１階で作業していたのであるから、喫煙による出火と認められない。通電の再開は午前８時21分であった。火元建物は目立った損傷は認められないことからすれば、屋内配線等が損傷していたともいえない。

３　本件地震は震度７の激震であり、地震後10日間に発生した火災175件のうち、107件は原因不明であること、本件火災原因の調査も、火災直後の発掘等ができなかったことなどに照らせば、地震後に発生した火災の出火原因調査は相当困難であった。しかし、そのことを理由に、本件火災が地震によるものであることの立証責任を軽減するとすれば、Ｙ損保らに比して調査能力・組織において劣る契約者に本件火災が地震以外の原因によるものであることを調査、解明すべき負担を強いることは相当でない。本件火災は、地震発生の約２時間後に発生したものであるが、地震発生時に相当の人為的活動が行われており、本件火災発生前にも相当の人為的活動が行われていたのであって、地震による火元建物の損傷程度等も考慮すれば、本件火災が地震によって発生したと直ちに推定できない。

５　以上のことから、Y_2生協免責条項は、火災でX_3が被った損害について、適用を認められない。

五　本件延焼火災は地震に起因する延焼火災といえるか（Y_1労済・保険会社免責条項の適用の可否）について

２　本件各建物の延焼と地震との相当因果関係を検討する。

（一）　X_9（原告・控訴人＝被控訴人）所有の家財４について　　本件火災を消火できなくなった後、Ｂが駆込み通報し、消防隊員Ｄらは、はしご車に可搬式動力ポンプを積載し、10分後に出動した。Ｄらが89区50番の防火水槽に部署している頃には、火災は火元建物から東の建物に延焼しており、火勢は相当強くなっていたと推認される。その後、風向が西に変わったため、ホースを延長した頃には、火元建物の西側数軒にも延焼していたことから、その頃に

は、X₉の借家も延焼していたと推認される。そうすると、本件火災を消防隊員が現認した時点では、火勢は相当の勢いとなっていたところ、通報前に、住民らが消火器で消火しようとしたことをもって通報が遅れたとはいえないし、地震により、駆込み通報となったとしても、火元建物からC消防署までの距離が約300メートルであることからすれば、通報に要する時間が特に遅延したともいえない。もっとも、本件火災当時、a区内で他に1件の未鎮火火災あり、ポンプ車等が鎮圧のために出動済みであったため、通報を受けたa消防署は、直ちにポンプ車等を出動できなかったことからすれば、通常の消防体制が確保されていれば、直ちにポンプ車等を出動させ、消火活動にあたることにより、X₉の借家への延焼を防止できた可能性がないとはいえない。しかし、火元建物とX₉の借家は、5戸1棟の木造建物であることや、消防隊員が現認した時点で火勢は相当強くなっていたことからすれば、通常の消防体制であったとしても、X₉の借家への延焼を防止てきたと認めるのは困難であるから、X₉所有の家財の消失と地震との間には相当因果関係を認めることは困難である。

　（二）X₄所有の建物2について　　本件火災は、午後8時頃、X₄がE小学校に避難していた間に再燃し、消防車1台が出動して消火活動をしたが、全焼した。右時刻には、火災現場への消防車の出動についており、地震の影響も解消していた。再燃当時、X₄は建物2から避難していたが、消防車が消火活動をし、隣接建物への延焼を防止していることからすれば、早い段階で再燃した火災に対する消火活動が開始されたものと推認でき、通報が遅延したとの事情も窺えない。したがって、建物2の焼失と地震との間に相当因果関係を認めることは困難である。

　（三）その余のXらの本件各目的物について　　その余のXらの各目的物は17日午後に焼失したが、本件火災の出火時刻は午前8時頃であり、延焼までには間隔があった。しかし、本件火災出火時、地震直後に発生した他の火災の消火活動などのため、放水車両は出動中であり、本件火災後に発生した火災を含め、Xらの各目的物が延焼した午後3時頃にも、10件の火災が未鎮火であった。本件火災の消火活動において、防火水槽からの放水により、一時的にせよ火勢を鎮圧できていたことを勘案すれば、消火栓が使用可能であり、4台の消防車両による8線放水若しくは第二出動司令に基づく16線放水ができていたとす

れば、本件各目的物への延焼前に、本件火災を完全に鎮火できた高度の蓋然性があった。そうすると、本件各目的物への延焼は、地震のために消火栓が使用不能であったこと及び地震直後に発生した火災の消火活動にも消防力を割かなければならなかったことによる。したがって、本件各目的物への延焼は、地震と相当因果関係があると認められる。

4 X_9 所有の家財 4 及び X_4 所有の建物 2 の延焼は、地震と相当因果関係がないが、その余の X らの所有若しくは占有する本件目的物の延焼は地震と相当因果関係があることから、Y_1 労済及び保険会社免責条項が適用される。

六 X_3、X_9 及び X_4 の損害額について

1 X_3 の損害 X_3 は Y_2 生協と共済契約を締結し、建物 10・家財 10 は、地震当時、各保障額を下らない価値を有していたものと推課できる。しかし、地震の規模・建物倒壊状況等を考慮すれば、各建物は、地震により、家財が倒れたりするなどの被害を受けた。そうすると、建物 10・家財 10 の本件火災当時の価値は、地震により当初価値の 8 割程度になっていたと認められ、X_3 が火災で被った損害額は、建物 10 につき 400 万円、家財 10 つき 400 万円であった。X_3 は、火災共済の震災特別見舞金として、Y_2 生協から 41 万円を受け取った。

2 X_9 の損害 X_9 が、契約に際して、目的物の価値に相当するよりも多額の保険料を負担すべき理由は窺われず、地震までに家財 4 の状況が大きく変更されたことは認められないことからすれば、家財 4 は、地震当時、保険金額を下らない価値を有していたものと推課できる。しかし、家財 4 があった X_9 の借家建物は、倒壊しなかったが、屋根瓦が落ちるなどの被害を受け、家財 4 も店舗内の化粧品などが棚から落ちるなどの被害を受けた。そうすると、家財 4 の火災当時の価値は、地震で 7 割程度になっており、X_9 が火災で被った損害額は、家財 4 につき 560 万円であった。X_9 は、地震火災費用保険金として、Y_7 損保から 40 万円を受け取った。

3 X_4 の損害 X_4 は、$_7$ 損保との間で保険契約を締結し、火災発生時の保険金額は、建物 2 は 2,100 万円、家財 2 は 900 万円であった。X_4 が、契約に際して、目的物の価値に相当するよりも多額の保険料を負担すべき理由は窺われず、地震までに建物 2・家財 2 の状況が大きく変更されたことは認められないことからすれば、建物 2・家財 2 は、地震当時、保険金額を下らない価値を

有していたものと推課できる。しかし、建物2は、倒壊しなかったが、家財2は食器が破損したり、箪笥が倒れるなどの被害を受けた。そうすると、建物2・家財2の火災当時の価値は、地震で8割程度になっており、X_4が火災で被った損害額は、建物2は1,680万円、家財2は720万円の合計2,400万円であった。X_4は、地震火災費用保険金として、Y_7損保から150万円を受け取っている。

　七　損害賠償請求について

　2（旧）募取法16条1項1号[72]が「保険契約の契約条項のうち重要な条項を告げない行為」を禁止している趣旨は、保険契約者に重要事項を認識・理解させることにより、保険契約者が不測の損害を被ることを防止するためであることからすると、保険事業者は、保険契約で担保される損害の範囲を画する免責条項については、存在・適用される場合について明確に説明することが望ましい。しかし、火災保険制度では、免責条項が用いられ、各保険契約等においても、監督官庁の認可等を得て、条項が定められているのである。このことからすれば、火災保険契約者にとって、地震免責条項の存在は予測可能であり、本件保険契約等は規約・約款等による意思をもって締結されたものと推認されることをも勘案すれば、Yらに免責条項を説明すべき信義則上の義務があるとはいえない。火災保険契約者が、免責条項の説明を受けた場合、地震保険を付帯するかどうかに関する意思決定に影響する可能性は否定できない反面、説明を受けなかったとしても、火災保険加入あるいは地震保険付帯に関する自己決定権を侵害されたとまではいえない。

　八　一部弁済・損益相殺について

　1　X_3について　　本件火災で800万円の損害を被ったが、Y_2労済から、火災共済金の請求が認められたときには内金に充当することを確認した上、震災特別見舞金41万円を受け取ったのであるから、火災共済金の一部弁済に当たり、X_3の火災共済金額は差額759万円である。

　2　X_9について　　本件火災で560万円の損害を被ったが、Y_{10}損保から、地震火災費用保険金40万円を受け取った。しかし、Y_{10}損保の約款によれば、地震火災費用保険金は、地震を直接又は間接の原因とする火災によって保険の目的が損害を受けた場合に支払われるものであるから、本件火災による延焼を原因として支払われた。したがって、地震火災費用保険金は損益相殺の対象と

なり、X_9の保険金額は差額520万円である。

　3　X_4について　　本件火災で2,400万円の損害を被ったが、Y_7損保（被告・被控訴人＝控訴人）から、地震火災費用保険金として150万円を受け取った。しかし、Y_7損保の約款によれば、地震火災費用保険金は、上記2と同じ趣旨で支払われた。したがって、地震火災費用保険金は損益相殺の対象となり、X_4の保険金額は差額2,250万円である。

　九　遅延損害金の起算日及び率について

　1　Y_2労済は規約23条3項により、請求日である平成7年2月28日から30日経過後である3月31日から共済金支払債務について遅滞の責を負い、Y_{10}損保（被告・控訴人＝被控訴人）は約款19条により、Y_7損保は約款21条により、請求日平成7年3月22日から30日経過後である4月23日から保険金支払債務について遅滞の責を負う。

　2　Y_7損保とX_4間の保険契約2は、営業的商行為であって、（改正前）商法514条が適用され、Y_{10}損保とX_9間の保険契約4は、保険業法21条2項により（改正前）商法514条が準用されることから、Yらの遅延損害金は商事法定利率による。しかし、Y_2生協の共済契約は絶対的商行為に該当しないうえに、Y_2生協の火災共済事業等は営利を目的とするものではないから（生協法9条参照）、市民生協共済契約は商法上の保険ではない。また、Y_2生協は、共済契約を「営業として」行っていないから、営業的商行為とは認められず、Y_2生協を商人とはいえない。したがって、遅延損害金については民法所定の年5分の割合による。

　十　結論

　Xらの請求は、X_3がY_2生協に対し、Y_2生協共済契約に基づく共済金759万円及び遅延損害金の支払を、X_9がY_{10}損保に対し、火災保険契約に基づく保険金520万円及び遅延損害金の支払を、X_4がY_7保険会社に対し、火災保険契約に基づく保険金2,250万円及遅延損害金の支払を求める限度で理由がある。

＜検討＞

1．はじめに

　地震の約2時間後に発生した火元火災が延焼し、本件建物等を焼損させた。第一審原告らが共済者・保険者を相手に火災共済金・火災保険金の支払を請求

した事案において、地裁判決は、労済・保険会社の免責条項は第3類型を含むから免責に相当する場合があるが、生協共済契約は第3類型のないので、第3類型に相当する場合には、共済者は免責されないこと、地震により崩壊しなかった一部の原告の建物・家財については、地震との因果関係はないとして、火災共済金等の支払を認めた。

2．争点2（目的物に生じた損害と本件火災との相当因果関係）について

X_7の建物5は、地震によって建物としての基幹部分を失ったので、損害は本件火災と相当因果関係がなく、その他の建物のうち、地震で損傷を受けなかった部分については、全焼し、価値を失ったので、本件火災と相当因果関係があると判示している。本件火災と因果関係がないとしているのは、地震で建物としての価値を失った建物は、建物として約定された保険契約等の目的物が喪失していることによると解される。このような解釈は、本件のように、地震による建物の崩壊と火災との間の時間的感覚が長い場合に妥当する。

3．争点3（免責条項の解釈〔適用範囲〕）について

地震による火災損害は膨大になる可能性があるが、地震の頻度は大数の法則に則っておらず、地震危険の強い地域・時期だけに加入することで危険の平均化を図るのも困難なことから免責条項が定められていること、地震による火災損害をてん補するために地震保険制度が設けられていることも考えれば、免責条項が著しく正義に反するとはいえない。Ｘらは、Ｙらとの間で、約款等による意思をもって契約を締結したものと推定できるから、約款等は契約の内容になっており、免責条項の効力を受けると判示し、意思推定説の立場にある。

Y_2生協免責条項にいう「原因が直接であると間接であるとを問わず、地震《略》によって生じた火災等《略》による損害」について、契約の規約には、「火災」とは、人の意思に反して発生し、拡大する消火の必要のある燃焼現象をいうと定めていることから、免責対象の損害は、原因が直接・間接を問わず、地震によって生じた火元火災・延焼火災によるものを含むが、火元火災が、地震等によることを要するのか、発生原因不明の場合を含むのかは不明確であることから、Y_2生協免責条項の対象火災は、地震によって生じた火元火災及びその地震による延焼火災に限られ、発生原因不明の火災が地震によって延焼したような場合を含まないと判示している。これに対して、Y_1労済免責条項にい

う「地震により生じ、又は拡大した火災等による損害」について、共済規約には、「火災」とは、火元火災及び延焼火災を意味するので、免責の対象とする損害は、地震によって生じた火元火災と延焼火災、及び地震によって拡大した延焼火災を含むものをいい、地震によって生じた延焼火災と地震によって拡大した延焼火災とを区別しており、これらが、火元火災が地震によるものではなくとも地震によって拡大した延焼火災（第3類型）を含むと解することに支障がないと判示している。これら2つの共済の免責条項の規定内容の違いが共済金支払いの有無を決定することになる。なお、 保険会社免責条項は、第3類型において、火元火災の原因を地震によって生じたことを必要としていない。

4．争点4（火災と地震との相当因果関係）について

　火元火災は、午前8時頃までには出火したものと推認できるが、火源はなく、通電火災と認められず、火災発生前にも人為的活動が行われており、地震による火元の損傷等をも考慮すれば、本件火災が地震によって発生したと直ちに推定できないゆえに、Y_2生協免責条項は、本件火災でX_3が被った損害について、適用できないと判示している。

5．争点5（本件火災は地震に起因する延焼火災か）について

　火元建物とX_9の借家は、5戸1棟の木造建物であることや、消防隊員の現認時点で火勢は強くなっていたことからすれば、通常の消防体制でもX_9の借家への延焼を防止できたと認めるのは困難であり、X_9所有の家財4の焼失と地震との間に相当因果関係がなく、X_4所有の建物2について、早い段階で再燃した火災に対する消火活動が開始されたと推認でき、通報が遅延したとの事情も窺えないゆえに、建物2の焼失と地震との間に相当因果関係がない。その余の建物への延焼は、地震のために消火栓が使用不能であったこと、地震直後に発生した他の火災の消火活動にも消防力を割いていたことなどにより、その余の建物への延焼は地震と相当因果関係があることから、Y_1共済及び保険会社免責条項が適用されると判示している。これらのことから、裁判所は、火災と地震との因果関係の有無を判断する際に、契約ごとに火災発生当時の目的物の状況、及び、消防体制の状況等を検証しているといえる。

6．争点6（Xらの損害額）について

　免責対象とならないXらの損害額について判示しているが、いずれも、地震

により倒壊しなかったが、損害を被っており、地震発生時の残存割合を示し、損害額を認定している。

7. 争点7（損害賠償、一部弁済・損益相殺）について

火災保険では、免責条項が用いられ、監督官庁の認可等を得て、条項が定められている。そのことから、火災保険契約者にとって、地震免責条項の存在は予測可能であり、本件保険契約等は規約・約款等による意思をもって締結されたものと推認されることをも勘案すれば、Ｙらに免責条項を説明すべき信義則上の義務があるとはいえない。

8. 小括

本判決は、Ｘらが締結している共済契約・保険契約について検討している。免責条項の文言に関して、共済契約と保険契約に違いがあることの他に、共済契約においても共済者の違いによって文言に違いがある。さらに、免責条項を適用するにあたり、地震と火災との相当因果関係の有無が問題とされるが、これについて原告ごとにその有無を検討している。

<u>（大阪高判平成13年12月20日）</u>

＜事実の概要＞

本件は、第一審原告らが、地震の際に発生した火災により目的物が焼失したと主張して、第一審被告（脱退前第一審被告Ｙ$_{10}$損保を含む。）ら及び第一審被告Ｙ$_{10}$損保引受人に対し、次の通り支払を求めた。

（1）主位的に、各契約に基づき、火災共済金ないし火災保険金の支払を求めた。

（2）予備的に、第一審被告らには契約締結過程における説明義務・情報提供義務の不履行があったと主張して、不法行為又は債務不履行（契約締結上の過失）に基づき、損害賠償金（火災共済金ないし火災保険金相当額又は地震保険金相当額）の支払を求めた。

2　原審の判断、当審における当事者の請求等

（1）原審は、Ｘ$_2$のＹ$_1$労済に対する請求及びＸ$_1$のＹ$_{3-2}$損保に対する請求につき、全部を棄却した。これに対し、Ｘ$_2$及びＸ$_1$が控訴を提起した。

（2）原審は、Ｘ$_4$のＹ$_7$損保に対する請求、Ｘ$_9$の脱退前第一審被告Ｙ$_{10}$損

保に対する請求及びX₃のY₂生協に対する請求につき、一部を認容した。これに対し、Y₇損保、脱退前第一審被告Y₁₀損保及びY₁労災・Y₂生協が控訴を提起した。

他方、X₄、X₉及びX₃も、附帯控訴を提起した。附帯控訴事件において、X₄及びX₉は、原審における請求金額から支払を受けた地震火災費用保険金を控除し、X₃は、遅延損害金の割合を原審における商事法定利率法定利率（年5分）に変更し、その旨請求を減縮した。

主な争点は、以下の通りである。

争点1　免責条項の有効性・拘束力について

争点2　免責条項の解釈（適用範囲）について

争点3　地震と本件火災の延焼拡大との因果関係について

争点4　寄与度に応じた割合的因果関係の認定について

＜判旨＞一部認容、一部棄却。

2　判断の理由

(原判決の理由の補正)

(14)（旧）募取法16条1項1号[73]の規定は、取締法規であって、契約当事者間の権利関係を直接規律しない。火災保険制度では、地震免責条項が用いられており、本件各保険契約等でも、監督官庁の認可等を得て、例外なく地震免責条項が定められているから、契約者にとって、地震免責条項の存在は予測可能であった。

ところで、本件のように当事者双方が特に保険約款によらない旨の意思を表示しないで保険契約等を締結した場合には、当事者は約款によるという意思をもって締結したものと推定するのが相当であり、契約者が個別具体的な約款条項の内容につき熟知していない場合でも、約款条項も、保険契約等の内容として契約者・被保険者を拘束する（附合契約）。そして、Xらは、免責条項について説明を受けたとしても、免責条項を含む約款に基づく火災保険契約等を締結するかしないかの選択権を有していただけであって、免責条項を含まない約款に基づく火災保険契約等を締結できたわけではないから、本件のような火災には免責条項の適用がないと信じていたとしても、その信頼を保護すべきものとして、Y損保らに火災保険金等相当額の損害を賠償すべき義務を負わせるこ

とは、火災保険契約等の性質と相容れない。

　さらに、人は、通常の火災はいつ起こっても不思議ではなく、建物・家財が被害を受けるおそれがあると考えているが、地震については、地震国といわれる日本でも、居住地域で本件地震のような巨大な地震が起こることはないであろうと考える傾向があり、本件地震前には、そのような考えが阪神間における通常人の認識であった。このことと、阪神間における地震保険加入率が地震前は非常に低い状況にあったこと、地震保険への加入は火災保険の保険料に比べて高額の保険料の負担を伴うこと等の事情を併せ考えると、保険契約等を締結したＸらにおいて、地震保険の説明を受けていたとしても、各人が地震保険に加入していた蓋然性が高いとまでは認め難いから、地震保険金額から地震保険料相当額を控除した金額をもって、Ｙ損保らの説明義務違反によって生じた損害ということは困難である。

　これらの事情を総合すると、Ｘらの損害賠償請求は理由がない。

第２　当審における補充主張に対する判断

　１　当審におけるＸ₂及びＸ₁の補充主張（控訴理由）に対する検討

（１）免責条項の有効性・拘束力について

　ア　免責条項の有効性について

　Ｙ₁労済免責条項及び保険会社免責条項は、一般通常人の理解を基準としても、意味が全く漠然としていて不明確とはいえない。免責条項が適用されるためには、地震と火災ないし火災の延焼拡大との間に相当因果関係が必要であり、地震による影響が多かれ少なかれ社会生活上に残っているような状況下における火災がすべて免責されるわけではないから、これらの点に鑑みても、Ｙ₁労済免責条項及び保険会社免責条項が公序良俗に違反し無効とはいえない。

　イ　地震免責条項の拘束力について

　本件のように当事者双方が特に約款によらない旨の意思を表示しないで火災保険契約等を締結した場合には、これらの当事者は約款によるという意思をもって火災保険契約等を締結したものと推定するのが相当であり、契約者が個別具体的な約款の条項の内容につき熟知していない場合であっても、当該約款の条項は、火災保険契約等の内容として契約者ないし被保険者を拘束する（附合契約）。したがって、Ｘ₂とＸ₁の代表者が、Ｙ₁労済共済契約ないし火災保険

契約締結の際及びその後の更新手続の際に、Y_1労済免責条項及び保険会社免責条項について説明を受けなかったとしても、免責条項に拘束される。

（2）地震免責条項の解釈（適用範囲）について

ア　Y_1労済免責条項について

Y_1労済細則2条1項（1）に火災の定義が定められ、火元火災と延焼火災が特に区別されているわけではないから、「火災」には火元火災と延焼火災が含まれる。Y_1労済規約は、免責対象を「地震により生じ、又は拡大した火災による損害」と改定した。

イ　保険会社免責条項について

原判決も指摘する通り、保険会社免責条項の第3類型に該当する要件としては、火災が地震によって延焼又は拡大して生じた損害であれば足り、火災の発生時期は限定されていない。

「地震による火災の延焼又は拡大」について、本件地震のような大地震が発生した場合には、地震直後から同時多発的に火災が発生し、消防がすべての火災に迅速に対応することは困難になること、交通・通信の途絶・混乱が消防活動を阻害すること、断水が原因となって消火栓が使用不能となり消防活動が阻害されることなどの理由によって、平常時よりも広範に火災が延焼拡大する事態は予測され、これらのことは、これまでの地震火災の状況でもあったといえる。したがって、消防体制がより充実していれば延焼拡大の範囲が小規模で済んだはずであった場合であっても、消防体制が、平常時においても通常の火災の延焼拡大を防げないようなものであればともかく、そうでない限り、消防体制の不足状況をもって人為的な延焼拡大であるのは相当でなく、地震によって火災が延焼拡大したものと評価すべきである。

（3）地震と本件火災の延焼拡大との因果関係について

ア　原判決も指摘するとおり、X_2の建物1・家財1及びX_1の建物9・家財9への延焼は、地震のために消火栓が使用不能であったこと、他の消火活動にも消防力を割かなければならなかったことによるものと認める。したがって、各目的物への延焼は、地震と相当因果関係がある。

イ　神戸市が風水害対策に重点を置いたため、地震対策が他の都市に比較して遅れていたとしても、神戸市の消防体制が著しく劣ったもので限り、地震と

火災の延焼拡大との因果関係を否定できない。

（4）寄与度に応じた割合的因果関係の認定について

免責条項を適用するに当たり、一部免責を認める法律上の根拠や約款上の根拠はない。また、XらとY₁労済ないしY₃₋₂損保とが、地震と他の要因とが競合して火災が延焼拡大した場合に、割合的に免責の範囲を決定するとの意思をもって、Y₁労済契約ないし保険契約9を締結したことを認めるに足りる証拠はない。

2　当審におけるY₇損保、Y₅損保引受人及びY₂生協の控訴理由に対する検討

（1）Y₂生協免責条項の解釈（適用範囲）について

Y₂生協免責条項にいう「火災」には、火元火災だけでなく延焼火災も含まれると解されるが、「原因が直接であると間接であるとを問わず、地震によって生じた火災による損害」には、発生原因不明の火災が地震によって延焼拡大して生じた損害（第3類型）を含むと解することができない。結局のところ、Y₂生協免責条項の規定は、「地震によって生じた火災」の損害を免責対象としていると理解され、第3類型を含まないと解する方が自然な理解である。

（2）地震と本件火災との因果関係について

ア　原判決の指摘のとおり、地震発生後の出火原因調査が困難であるとしても、そのことを理由に、本件火災が地震によるものであることの立証責任を軽減させることを認めるとすれば、調査能力及び組織において劣っている契約者に対し、本件火災が地震以外の原因によるものであることを調査・解明すべき負担を強いることとなる。地震による大きな揺れの直後に火災が発生し、他に出火原因が想定し得ないような場合であれば、地震による火災と推定することも相当であるが、本件火災のように、地震発生の2時間余りも後に発生し、火元建物内で室内の片づけ等の作業が行われていたような場合には、様々な出火原因を想定できる。本件火災が震災によるとは推定することはできない。

イ　本件火災の発生は17日午前8時頃、火元建物への送電再開は午前8時21分頃であったこと、火元建物は、地震後も、目立った損傷はなく、損傷の程度に照らすと屋内配線等が損傷していたとは直ちにいえないことから、本件火災が通電火災であるとは認め難い。もっとも、調査報告書では、火元建物2階

部分の電気配線が地震により半断線状態になるなどの影響を受け、地震発生2時間を経過後に一時的に電気が復旧したため、漏電・短絡等、電気的な原因で出火した可能性が残ると記載されていて、地震による火災である可能性が強いことを示唆しているが、結局、上記の見解には、物的要因となるものは認められず、出火箇所、発火源、発火経過及び着火物等が特定できないため、不明火とすると結論づけている。これらの事情に照らすと、本件火災が通電火災と認めることは困難である。

（3）地震と本件火災の延焼拡大との相当因果関係について

ア　X₄の関係

（ア）X₄所有の建物2に着火した時刻は1月17日午後8時頃である。

（イ）本件火災が延焼し、建物2の西側に隣接するF方及び北側に隣接するGアパートで消火活動が行われた結果、午後4時頃、鎮火したこと、その際は、十分に水が掛けられており、くすぶっているという状態ではなかったこと、X₄は、余震もあったことから、建物2の戸締まり等を確認した上でH小学校に避難した。この事実からすると、本件火災が鎮火しない状態にあって、それが建物2に延焼したと認めることは困難である。

（ウ）被災地では、交通・通信関係、電気・ガス・水道等の生活関連施設も甚大な被害を受け、医療・行政・警察・消防等の都市機能も停止していたことは容易に推定できる。

ところで、証拠の中には、建物2に延焼したことについて消防に通報された事実はない旨の記載があるが、調査嘱託の回答書は本件火災全体についての回答がほとんどであって、建物2に関する記載はないから、この回答書から通報がなかったとは断定できないし、消防の出動記録が残されていないことも記載しているが、出動記録が残されていないことをもって、上記の通報がされなかったと断定できない。かえって、本件火災は、17日午後4時頃、建物2の西側に隣接するF方及び北側に隣接するGアパートで鎮火したが、午後8時頃になって建物2に着火し、消防車1台が出動して消火活動を行ったが、18日午前零時頃に全焼した。したがって、通報の時刻は明らかでないが、建物2に着火した事実を何者かが消防に通報し、消防活動が行われ、消火活動が行われたと認められる。

（エ）火災当時の消防体制や現場における消火活動等に照らすと、17日午後８時頃には、火災現場への消防車の出動について、地震の影響もある程度解消していたと見て差し支えない。建物２は、同時刻頃に着火し、その後、消防車１台が出動して消火活動を行った結果、１月18日午前零時頃、建物２は全焼したが、東隣への延焼は食い止められ、建物２の構造によるところもあるが、通常の消火活動が行われたため、東隣への延焼が食い止められたと認める。

イ　X₉の関係

出火元建物とX₉の借家は木造建物であること、消防隊員が火災を現認した時点で火勢は相当強くなっていたことからすれば、通常の消防体制であっても、ほぼ確実にX₉の借家への延焼を防止できたとまで認めることは困難であるから、X₉の家財４の焼失につき地震が影響しておらず、地震と家財４の間に相当因果関係を認めることは困難である。

３．Y₂生協による焼失前の目的物の価値減少の主張並びに附帯控訴についての検討

（１）X₄の建物２・家財２は保険金額の８割相当額、X₉の家財４については保険金額の７割相当額、X₃の建物10・家財10は保険金額の８割相当額をもって、Xらの損害額と認める。

（２）建物10・家財10は、地震で被害を受けたが、本件火災で焼失するまで、保険金額の８割程度の価値があり、X₃は同程度の損害を受けた。

（３）Y₂生協共済契約及び火災保険契約は、火災損害を限度として共済金・保険金を支払う契約であり、契約者Xらは、目的物について損害が発生したこと及びその金額を立証しなければならないが、損害額について具体的な立証をしていないのであるから、地震当時、目的物が保険金額を下回らない価値を有していたと認めることには相当の合理性があり、Xらに有利な認定である。また、地震の規模や、建物の倒壊状況に加え、目的物の性質（建物の種類、建物と家財との相違等）等を総合考慮して、地震により、Xら目的物が２割ないし３割損壊していたと認める。

第3　結論

当裁判所は、Xらの本件各請求について、次のとおり判断する。

（１）X₂のY₁労済に対する請求及びX₁のY₃₋₂損保に対する請求は、理由

がないから、棄却する。

（2）X₄の請求は、Y₇損保に対し、2,250万円及びこれに対する平成7年4月23日から支払済みまで商事法定利率年6分の割合による遅延損害金の支払を求める限度で理由があるから認容し、その余は理由がないから棄却する。

（3）X₉の請求は、Y₁₀損保引受人に対し、520万円及びこれに対する同日から支払済みまで同割合による遅延損害金の支払を求める限度で理由があるから認容し、その余は理由がないから棄却する。

（4）X₃の請求は、Y₂生協に対し、759万円及びこれに対する平成7年4月1日から支払済みまで民法所定の年5分の割合による遅延損害金の支払を求める限度で理由があるから認容し、その余は棄却する。

＜検討＞

1．はじめに

控訴審では、判決にあたり、X₂（Y₁労済との関係）及びX₁（保険会社らとの関係）の控訴理由に対する検討（以下「前段」という。）と、Y₇損保（X₄との関係）、Y₁₀損保引受人（X₉との関係）及びY₂生協（X₃との関係）の控訴理由に対する検討（以下「後段」という。）を行っており、X₃・X₄・X₉の請求に関する原判決は相当であり、本件各控訴及び本件各附帯控訴は棄却すると判示した。

2．争点1（免責条項の有効性・拘束力について）

前段で、免責条項の有効性について、免責条項が適用されるためには、地震と火災ないし火災の延焼拡大との間に相当因果関係が必要であり、地震による影響が社会生活上に残っている状況下における火災がすべて免責されるないから、免責条項が公序良俗に違反し無効とはいえない。免責条項の拘束力について、意思推定説の立場に立ち、契約者が約款（規約）条項につき熟知していない場合であっても、約款条項も火災保険契約（火災共済契約）の内容として契約者・被保険者を拘束する（附合契約）ことから、X₂とX₁の代表者が、Y₁労済免責条項・保険険会社免責条項について説明を受けなかったとしても、免責条項に拘束されると判示している。

3．争点2（免責条項の解釈〔適用範囲〕について）

前段で、Y₁労済細則2条1項の文言上、火元火災と延焼火災が区別されて

いないから、「火災」には火元火災及び延焼火災が含まれ、Y₁労済規約は、「地震により生じ、又は拡大した火災による損害」と定めるが、「地震によって生じた延焼火災」と「地震によって拡大した延焼火災」を区別して規定していると解される。保険会社免責条項に関しては、保険金を支払わないと定める文言からすれば、第３類型に該当する要件としては、火災が地震によって延焼又は拡大して生じた損害であれば足り、火災の発生時期は限定されていないと判示している。

　後段で、Y₂生協免責条項は、「原因が直接であると間接であるとを問わず、地震によって生じた火災による損害」は免責されると規定するが、「火災」には、火元火災・延焼火災が含まれると解されるものの、「損害」には、発生原因不明の火災が地震によって延焼拡大して生じた損害（第３類型）を含むと解することができず、さらに、Y₂生協免責条項では、「延焼火災」につき、火元火災が、地震により発生したものであることを要するのか、発生原因不明のものをも含むのかという点について不明確であり、この規定は「地震によって生じた火災」の損害を免責対象としていると理解され、第３類型を含まないと解する方が自然な理解であると判示している。

４．争点３（地震と本件火災の延焼拡大との因果関係について）

　前段で、X₂所有の建物１・家財１、X₁の建物９・家財９への延焼は、地震のために消火栓が使用不能であったこと、地震発生後に発生した他の消火活動にも消防力を割かなければならなかったことによるものと認められ、各目的物への延焼は、地震と相当因果関係があるとして、免責の対象になると判示している。

　後段で、まず、地震と本件火災との因果関係について、地震による揺れで火災が発生し、他に出火原因が想定できない場合であれば、その火災を地震による火災であると推定できるが、本件火災のように、地震発生の２時間余り後に発生し、火元建物内で室内の片づけ等の作業が行われていたような場合については、様々な出火原因を想定できるから、地震による火災との推定が働くとはいい難いとして、因果関係を否定している。その上で、本件火災が延焼して、建物２の西側のＦ方及び北側のＧアパートに消火活動が行われた結果、午後４時頃、鎮火したこと、その際、十分に水が掛けられており、くすぶっている

という状態ではなかったこと、そこで、X_4は、H小学校に避難したからして、本件火災が鎮火しない状態にあって、建物2に延焼したものと認めることは困難として、因果関係の存在を否定している。

5．争点4（寄与度に応じた割合的因果関係の認定について）

前段で、免責条項を適用するに当たり、一部免責を認める法律上の根拠や約款上の根拠はない、また、XらとY_1労済ないしY_{3-2}損保とが、地震と他の要因とが競合して火災が延焼拡大した場合に、割合的に免責の範囲を決定するとの意思をもって、共済契約・保険契約を締結したことを認めるに足りる証拠はないから、要因の寄与度に応じた割合的因果関係は認定できないと判示している。

6．総括

地裁判決と高裁判決はほぼ同じ立場にあるといえる。高裁判決では、Xらを本件火災の延焼との因果関係を認めるものと認めないものとを区別し、前者のうち第3類型のないY_2生協に限り共済者の給付責任を認めている。その場合、地震の揺れによっても損壊していない部分が延焼火災によって焼失したとして、建物評価額の一部について給付額を確定している。

【17】神戸地判平成13年12月21日 [74] **（住宅総合保険。第2類型・第3類型。免責肯定）**
（地震の翌日に発生した本件火災の延焼によって全焼した本件建物火災について、延焼拡大は、地震による火災発見・初期消火活動の遅れと、消火用水の不足によるものと認められ、地震と延焼拡大との間に相当因果関係が認められることから、第3類型に該当し、保険金の支払は認められないとされた。）

<事実の概要>

X（原告）は、Y損害保険会社（被告）との間で、木造瓦葺2階建居宅を目的とする住宅総合保険契約を締結した。本件建物は、地震の翌日、近隣で発生した本件火災の延焼により焼失した。

主な争点は、以下の通りである。

争点1　建物の焼失は第2類型に該当するか。

争点2　建物の焼失は第3類型に該当するか。

<判旨>棄却。

1　争点1（建物の焼失は第2類型に該当するか）について

消防の調査書には、本件火災の発生について、爆発音が聞こえた、火柱が上がった、ガス臭がしたとか、ガス漏れしていたと思うなどという記載がある。しかし、記載内容から直ちに本件火災の原因がガスの引火と特定できない。近くの住人が、17日にはガス臭がかなりしていたが、18日にはほとんどなくなっていた旨供述していることも考えると、本件火災の原因をガスの引火であると認定できない。「平成7年兵庫県南部地震被害調査中間報告書」（建設省建築研究所）には、出火原因として「ガス漏れ＋着火」との記載があるが、報告書がいかなる根拠で出火原因を推定したのかは不明で、記載から出火原因を認定できない。その他、火災原因が地震によることを認めるに足りる証拠はないから、本件火災が地震によって発生したとは認められず、本件建物の損害について第2類型の適用は認められない。

2　争点2（建物の焼失は第3類型に該当するか）について

本件火災の延焼拡大について、地震との相当因果関係を検討する。18日午前9時30分頃、被害区域北側にあるA食堂付近から出火した。住民が10時3分にB消防署に通報し、消防車1台（B5小隊）が出動した。B5小隊は、3ないし5分程度で到着できたはずのところ、交通渋滞が起きていたため、8ない

し10分かかった。Ｃ消防署の消防車1台（Ｃ3小隊）も、午前10時頃、走行中に本件火災を発見し、急行した。通報当時、本件火災は家屋から炎や黒煙が上がっていたことから、16台の消防車による出動体制がとられるはずであったが、消防車が出払っていたため、現場に向かったのは上記2台の消防車であった。被害区域内では、500から600平方メートルが燃えており、東西南の方向に延焼中であった。地震で発生した配水管の損傷で水圧が極端に低下していたため、消火栓は使用不能であった。両小隊は、防火水槽から被害区域までホースを延長し、北西側でＢ5小隊が、東側でＣ3小隊が放水を開始したが、水圧が足りず、同時に2箇所に放水することは無理であった。被害区域北西側では、西側に隣接する建物に対する延焼の危険が生じていたので、両小隊は筒先を1口にして、北西側に放水を集中した。両小隊は、西側への延焼を阻止したが、延焼面積は約1,000平方メートルに達していた。火の手は南側に向かっており、南に隣接する大阪ガスの倉庫に延焼した場合、大爆発のおそれが判明したため、両小隊は放水先を南側に変更して消火活動を続けたところ、延焼の危険はなくなった。延焼の危険のある場所は南西付近の一部のみとなったが、午後1時30分頃、延焼を阻止した。その頃、応援部隊Ｂ13小隊が到着したので、両小隊は引き上げた。鎮火したのは午後11時頃であった。建物18棟、2,092平方メートルが焼損した。

　以上から、①本件火災の発生時刻は、人の活動時間帯である午前9時30分頃であるから、平時ならば住民によってより早期に発見され、消火活動が行われた可能性が高いが、当時、火元Ａ食堂が壊滅していたことや、住民が避難していたことなどから発見が遅れ、初期消火活動がなされなかったこと、②消防署が消火活動に追われており、2台の消防車しか出動できなかったこと、③交通渋滞のため、消防車の到着が遅れたこと、④市街地の木造建物火災では、消防力の必要数は筒先4口であるが、本件火災では、被害区域周辺の消火栓が損傷のため、防火水槽の水しか利用できなかったため、筒先1口による放水しかできなかったこと、⑤延焼のおそれのある場所に対して優先的に消火活動が行われた結果、それ以外の部分に対する消火活動に手が回らなかったことが認められる。これらの事実に、火災当時、Ｂ消防署員Ｄが、100平方メートル以上燃える火災は神戸市全体で年に20件前後しかなく、平時であれば、火元だけ

で消火できる火災が多い旨、木造家屋の火災では、初期消火活動が重要である旨証言していることを併せれば、Ａ食堂の火災が、被害区域内において延焼拡大した原因は、主として、地震による火災発見・初期消火活動の遅れと、地震による消火用水の不足によると認められるから、地震と火災の延焼拡大との間に相当因果関係が認められる。

　以上の次第で、本件建物の損害は、発生原因のいかんを問わず発生した火災が地震によって延焼又は拡大したことによる損害と認められるから、第3類型に該当する。

＜検討＞

1．はじめに

　地震の翌日に発生した火元火災の延焼によって全焼した本件建物火災について、火元火災の延焼拡大は、地震による火災発見・初期消火活動の遅れと、地震による消火用水の不足によるものと認められ、地震と延焼拡大との間に相当因果関係が認められることから、第3類型に該当すると判示している。

2．争点1（本件建物の焼失は第2類型に該当するか）について

　本判決は、本件建物火災が第2類型への該当を否定している。地震の翌日にはガス臭はほとんどなくなっていた旨供述していることも併せ考えると、本件火災の原因をガスの引火と認定できない。そうすると、本件火災の原因が地震によることを認めるに足りる証拠はないから、本件火災が地震によって発生したとまでは認められない。したがって、本件建物の損害について第2類型は認められないと判示している。

3．争点2（本件建物の焼失は第3類型に該当するか）について

　本判決は、まず、第3類型「火災が地震によって延焼又は拡大した」とは、地震と火災の延焼拡大との間に相当因果関係を必要とするとして、第3類型に関する立場を明らかにしている。その上で、本件建物火災が第3類型に該当するか否かについて、認定した事実はいずれも地震に起因するものと認められることから、地震と延焼拡大との間に相当因果関係を認められるとし、本件建物火災は第3類型に該当するとしている。そして、本判決は、本件建物火災について、本件地震に起因する、火災発見・初期消火活動の遅れと、消火用水の不足によるものであると認めている。

ところで、火元建物と本件建物との住所をみると[75]、両建物は隣接し、Ｙ損保の主張によると、両建物は駐車場及び庭の空き地を隔てた位置にあり、Ｘは次のように主張する。すなわち、本件建物は火元から８メートルの距離にあり、周辺家屋は軒を接した小規模木造住宅の密集地域であって、平時であっても類焼を免れない状況にあり、火元及び周辺建物と本件建物との距離をみるに、火元とアパートは密着しており、アパートと本件建物は直近で 1.5 メートルの距離であって、双方の建物の屋根は密着若しくは重なり合っており、アパート南側、本件建物西側には物置があり、物置はアパートと本件建物に密着していたのであるから、本件建物は地震によらずとも、延焼の蓋然性のある距離にあり、本件延焼が地震による延焼といはいえないと主張している。これについて本判決は判示していないことからすれば、本件のように建物が近接し、延焼の蓋然性がある場合であっても、第３類型に該当する可能性があるものと判示しているのではないかともいえる。

４．小括

　本件建物火災は火元火災の延焼によって全焼したものであるから、第２類型又は第３類型の該当可能性を検討している。本判決では、本件火災の原因が地震によることを認めるに足りる証拠はないから、本件火災が地震によって発生したとまでは認められないとして、第２類型の適用を否定している。さらに、火元火災が被害区域内において延焼拡大した原因は、主として、地震による、火災発見・初期消火活動の遅れと消火用水の不足によるものと認められるから、地震と本件火災の延焼拡大との間に相当因果関係が認められ、本件建物火災は第３類型に該当すると判示している。

【18】神戸地判平成14年1月29日 [76] (火災保険。免責肯定。同じ建物の上階への延焼。

第2類型・第3類型。特段の事情)

(地震当日に発生した火災によって、事業場内の動産類が全焼したとして火災保険金の支払を請求した事案において、免責条項は有効であって、本件に免責条項を適用されない特段の事情は認められないとして、上階への延焼も含め、第3類型に該当するとした。)

<事実の概要>

X₁ (原告)・X₂ (原告)は、Y₁損害保険会社 (被告)・Y₂損害保険会社 (承継前被告)との間で、以下のような火災保険契約を締結した。

保険契約者	保険会社	保険の種類	保険の目的	建物
X₁	Y₁損保	普通火災保険	機械設備、什器備品・商品、製品、半製品、仕掛品、原材料	鉄筋コンクリート造陸屋根5階建工場1棟)5階
	Y₂損保	同上	鉄筋コンクリート造陸屋根5階建工場1棟)5階	鉄筋コンクリート造陸屋根5階 (X₁事業場)
X₂	Y₂損保	同上	機械、在庫商品又は製品	鉄筋コンクリート造陸屋根Aビル3階・4階 (X₂事業場)

地震当日、Aビル東館から本件火災が発生、延焼し、X₁事業場・X₂事業場にも火災が及んだ。Xらは、Y損保らに対して損害が発生した旨通知し、Y損保らから、地震火災費用保険金を受け取ったが、火災保険金は拒絶された。

主な争点は、以下の通りである。

争点1　免責条項の有効性

争点2・争点4　免責条項の明確性、制限解釈

争点3　免責条項の拘束性

<判旨>棄却。

1　争点1 (免責条項の有効性)について

損害保険は確率的予測を前提とする危険分散システムであるから、収支相当の原則・給付反対給付の原則が妥当すること、火災保険では、地震損害をてん補しないことを前提として、保険料率が算定されていること、地震は、損害の巨大性、発生予測の困難性、逆選択の危険からすると、保険に馴染みにくい異常危険として地震保険でてん補される。これらからすると、火災保険におい

て、地震による火災損害をてん補するための利益の蓄積はないことから、それについて保険金を支払えば、収支相当の原則に反する上、火災保険料は地震損害のてん補を受ける対価となっておらず、給付反対給付の原則からしても火災保険のみの加入者に保険金を支払う根拠がない。したがって、免責条項は合理性を有する（大判大15・6・12民集5巻495頁[77]参照）。

2　争点3（免責条項の拘束性）について

（1）火災保険は、上記2つの原則が働き、技術的・団体的な性質を有し、画一化・合理化に馴染む契約であるから、約款による附合契約である。申込者が免責条項を知っているか否かはさておき、保険契約は約款に従って契約内容が定まり、約款が合理的であると信頼されていることは推定される。したがって、約款に従って保険契約が締結された場合は、特段の事情がない限り、申込者は、約款に従う旨の意思を有すると推認される。免責条項の適用についても、同様であり、保険者が、地震火災についても保険金が出る旨の積極的な説明をした、ないし、それと同視し得る特段の事情がない以上、免責条項の適用がある。Xらの主張は、約款等の個別的内容についての契約者の知・不知を問題とし、附合契約を個別契約と同視するものである。さらに、Xらは、地震保険は火災保険に原則自動附帯方式をとっていることの説明がない以上、免責条項の拘束力はないとも主張するが、その説明の目的は、地震保険の付保の確認であるから、それを怠ったことが、地震免責条項の拘束力のみを否定する根拠にはなりえない。

（2）免責条項が適用されない特段の事情の有無　　X₁が締結した申込書には、約款に従う旨の定型文言が印刷され、申込人欄には代表者Bの押印がある。契約書には地震保険を希望しないことの確認欄に押印がある。更新ごとに、保険証書と約款が送付された。Y損保らが積極的に地震による火災にも火災保険金が出る旨説明したなど、特段の事情は認めらず、X₁に免責条項の拘束力が及ぶ。X₂代表者Cは、Y₂損保代理店をしていたDを通じて契約を締結した。更新ごとに、保険証書と約款が送付された。申込書には約款に従う旨の定型文言が印刷され、申込人欄にはCの押印がある。証人Eは、Cは、地震後、火災保険金が出ると判断していた旨供述するが、Y₂損保が積極的に地震による火災にも火災保険金が出る旨説明したなど、特段の事情は認められず、X₂に免

責条項の拘束力が及ぶ。

3　争点２・４（免責条項の明確性、制限解釈）について

第３類型も対象とすることを明確化するために昭和50年に約款が改正されたものである。そこにいう「地震」は限定する必要はなく、「地震によって」の意義は地震と火災の発生・延焼に相当因果関係がある場合と解される。

4　本件火災の免責条項該当性

（１）地震当日午前９時、Ａビル東館（ゴム工場）１階ないし２階から本件火災が発生した。須磨消防署長の報告書では、不明火とされている。X₂事業場はＡビル東館３階にある。本件火災は、Ａビル東館内を焼き、Ｆビルの外壁を焼きながら、延焼していった。本件火災は、17日午前11時30分に消防隊が覚知した。鎮圧は18日午前２時、鎮火は午前４時である。その結果、延べ5,656平方メートルの建物（全焼３棟・部分焼２棟）が焼損した。消防車（ポンプ車）の配置状況は、ＪＲ鷹取工場内貯水槽に１台、水道局西側に２台であるが、人員は各５名、うち１台はＪＲ鷹取工場内の貯水槽に部署して他の２台に中継し、２台が各１本の筒先で放水した。Ａビル東館に隣接する保育所所長Ｈは、午前11時頃、Ａビルからの出火に気付き、保育所内の須磨消防署直通の火災報知器を押したが、作動しなかった。水道局所長Ｉが出火に気付いたのは午前10時ないし11時頃である。消防車が来たのは午後２時ないし３時頃で、姫路方面の２台であった。消防車は水道局の防火水槽を使用後、ＪＲ鷹取工場の水を使用したが、Ａビルは放水前に燃え尽いた。

（２）免責条項の適用　　出火時間が地震後約３時間経過していることからすると、地震によって出火したと推認することは困難である。本件火災は午前９時頃発生したこと、17日が平日であったことを総合すると、①地震がなければ、直ちに発見され、事業場内の従業員によって初期消火がされると推認できること、②通常であれば、発見後直ちに通報され、消防車が到着することは推認できるのに、消防署が本件火災を覚知したのは出火後約２時間半経過した時点であるところ、それは、地震の被害に照らすと、停電等によって通信機能が害されていたことによると推認でき、火災報知器も作動しなかったこと、③須磨消防署が火災覚知後、消防車が到着したのは、約２時間半経過後であって、消防車がＡビルに通常程度の十分な放水はできなかったと認められるところ、

地震後の被害状況は、神戸市内で多発的に火災が発生し、道路等の交通網が分断され、水道管等が破壊され、十分な水を確保できなかったこと等、地震によってもたらされた事情によるものと推認できること、④本件火災がＡビル東館３階に所在する事業場に延焼した時間を特定するに足りる確たる証拠はないが、Ａビル東館は鉄筋コンクリート造であるから、火元の階から他の階に燃え広がるには相応の時間を要することは推認できること、⑤Ｇ第１ビル５階のＸ₁事業場に延焼した時間の特定もできないが、同ビルの位置、延焼の経緯からすると、17日の夕方頃と推認できることからすると、地震がなければ、本件火災は、両事業場に延焼しなかったと推認できる。そうだとすると、地震によって、両事業場に延焼したものと認められる。

「地震による延焼」というためには、地震と延焼に相当因果関係がある場合と解すべきであるが、両事業場に本件火災が延焼した原因は、地震による消防力の無力化、すなわち、通信機能の低下、同時多発的な火災の発生、交通渋滞、断水による水利の不足等であるところ、本件地震の程度からすると、そのような障碍が発生し、延焼が生じることも十分考えられるところであり、地震と延焼には相当因果関係があるというべきである。

＜検討＞

1．はじめに

　地震当日に発生した火災によって事業所内に所在する動産が全焼したとして、Ｘらが火災保険金の支払を請求した事案において、裁判所は、免責条項を排除すべき特段の事情は認められないと判示し、火元建物の上階への延焼拡大を認めている。

2．争点1（免責条項の有効性）について

　本判決は免責条項の有効性について、次のように判示する。①損害保険は上記２つの原則が妥当し、火災保険では、地震損害をてん補しないことを前提として保険料率が算定されていること、②火災保険契約で地震損害について保険金を支払えば、２つの原則に反することから、現行の運用を前提とすると、免責条項は合理性があるとしている。

3．争点3（免責条項の拘束性）について

　本判決は、①約款による附合契約である保険契約は、約款に従って内容が定

まること、②約款が合理的であると信頼されていると推定できることから、約款に従って保険契約が締結された場合は、特段の事情がない限り、申込者は約款に従う旨の意思を有すると推認するのが相当であると判示している。

もっとも、判決において、①約款の個別条項である地震免責条項自体を知っているか否かはさておきとしている点は、附合契約性をことさら強めるものであり、保険申込人について免責条項の知不知の検討を放棄しているともいえる。②Xらの主張は、約款等の個別的内容についての契約者の知、不知を問題とし、結局、約款等に基づく附合契約を個別契約と同視するもので、採用できないと判示している点もまた、同様の指摘ができる。③Xらは地震保険は火災保険に原則自動附帯方式をとっていることを前提に、その点の情報開示がない以上、地震免責条項の拘束力はないとも主張するが、その説明の目的は、地震保険の付保の確認であるから、それを怠ったことが、火災保険の約款中地震免責条項の拘束力のみを否定する根拠にはなりえないとも判示する。しかし、①②③は、本判決は30年近く前に下されたものであることから、当時の時代背景を考えると、批判の対象にはなりえないかもしれない。とはいえ、その後の免責条項に関する一連の裁判の後、契約に関する特別法の制定・改正がなされたこと、民法に定型約款の規定（民法548条の2～548条の4）が定められたことで、約款による契約に関する一般条項が明示されるに至った現在では、免責条項の説明をしたか否かの違いによってそれが契約の内容になっているか否かという考え方からすれば、本判決の立場は改めて検討する必要性があると考える。

次に、本判決は、約款に従って保険契約が締結された場合は、「特段の事情」がない限り、申込人は約款に従う旨の意思を有すると推認するのが相当であると判示した上で、特段の事情の有無を検討し、免責条項が適用されない特段の事情は認められないと判示している。すなわち、両者の契約を照らし合わせてながら免責条項が適用されない特段の事情があるとする場合を考えると、次のようになる。（ⅰ）申込書に約款に従う旨の定型文言が印刷されている、（ⅱ）申込人欄に申込人の押印がある、（ⅲ）更新ごとに、保険証書等が送付されていたが示されている。X_1の契約では、契約書に地震保険を希望しない旨の欄に押印されているが、これはX_2の契約を含めた他の保険契約にも妥当するものであろう。これらの要素は、契約締結時の申込人あるいは契約更新時の保険

契約者が約款に従う意思を推定する際の要素である。これらの中で、とりわけ、損害保険会社が積極的に地震による火災においても火災保険金が出る旨を説明したことは免責条項が適用されない特段の事情にあたるとする部分は注目すべきであろう。以上のことから、本件地震以前に保険実務で行われていた火災保険契約の締結・更新に関する手続きでは、保険会社側の説明などのような事実が認定されない限り、免責条項が適用されない特段の事情はなかったということになると解される。

４．争点２・争点４（免責条項の明確性、制限解釈）について

本判決は、第３類型にいう「地震によって」の意義は、地震と延焼に相当因果関係がある場合と解すべきであると判示している。理由づけとして、地震という異常危険の際に発生する火災には、漏電、ガス漏れ、地震等によって必然的に起こる消防力の低下などの二次的なものも存在するから、免責条項の趣旨からして、そのようなものを免責条項の対象から排除するとの解釈は妥当とは言い難いとしている。

５．本件へのあてはめ

本判決は、神戸市内の被害状況を確認し、本件火災の経緯について認定した上で、免責条項をあてはめている。それによると、地震と延焼拡大に相当因果関係があるということの根拠は、本件地震に関する他の事案に共通するであろうとして、（ⅰ）火災発見の遅れ、（ⅱ）消防署への連絡不能という通信機能の低下、（ⅲ）消防の無力化があげられ、これらは地震との相当因果関係の強さを感じる。これに対して、本件に固有のものとして、火元ビルの構造による延焼時間があげられるが、これは（ⅰ）に関連する。

その上で、本判決で注目すべきは、火元火災が発生した建物の中において、火元の階から上の階への延焼拡大を認定している点である。すなわち、本件火災の火元はＡビル東館１階ないし２階とされているが、建物の３階ないし４階には、X_2事業場が所在する。第３類型が適用されるためには、「地震による延焼拡大」（地震と延焼との相当因果関係の存在）であることが必要とされるところ、本件地震に関する他の事例では、火元との関係において「横の空間移動による延焼拡大」の場合が多く、この点について「地震による延焼拡大」が検討されているのに対して、本件では、「縦の空間移動による延焼拡大（上階へ

の延焼拡大）」が「地震による延焼拡大」にあたると認定されていることに注目すべきであろう。

6. 小括

　本件は、地震当日に発生した火災で、事業場（火元ビルの上階、隣接ビル）内に所在する動産類が全焼したとして火災保険金の支払を請求した事例である。本判決は、免責条項を適用すべき特段の事情は認められないと判示している。その上で、地震による被害の状況（人的被害、建物被害、交通関係の被害、生活関連施設の被害、出火・延焼状況等）について詳細に事実を認定し、地震と延焼には相当因果関係があるということができ、本件火災は第３類型に該当すると判示している。とりわけ、本件では、火元火災の横の空間移動による延焼だけでなく、火元火災の上階への延焼拡大という縦の空間移動による延焼拡大が、第３類型の「地震による延焼拡大」にあたるとされていることに注目すべきであろう。

【19】神戸地判平成14年3月26日[78]（一部認容。特段の事情、不意打ち条項、公序良俗。

規約：「火災」の意義、第1類型・第2類型）

（地震当日、建物・家財が焼失したとする火災保険契約者・火災共済契約者や相続人ら〔42名〕が、保険会社〔8社〕・共済組合〔1組合〕や承継会社を相手に、1次的に、火災保険金・火災共済金の支払を求め、2次的に、免責条項、地震保険に関する情報提供をしなかったとして、旧募取法16条1項[79]、11条1項[80]違反、不法行為、債務不履行又は契約締結上の過失に基づき火災保険金相当額の損害賠償金等の支払を求め、3次的に、主位的に地震保険金、予備的に地震保険金相当額の損害賠償金の支払を求めた事案において、火災共済契約に基づく請求のみ認めた。）

<事実の概要>

X（原告）ら（X₂らは除く。）・X₂らの被相続人亡X₂は、神戸市須磨区a又はb所在の建物・家財を所有・占有していた。Xら（X₂らは除く）・亡X₂は、Y損害保険会社（被告）らとの間で火災保険契約を、Y₁生活協同組合連合会（被告）との間で火災共済契約を締結した。保険約款には、免責条項が定められ、、共済事業規約には、免責事由として「原因が直接であると間接であるとを問わず、地震《略》によって生じた火災等《略》による損害」と記載されていた。

地震当日午前9時頃、神戸市長田区所在のA方から出火し、住居等1、311棟延べ14万2,945平方メートルが焼損し（本件火災）、本件建物・家財等も焼失した。Xら（X₂らは除く）・亡X₂は、Y損保ら（Y₁生協は除く）に対し、本件火災による損害の発生を通知した。Xら（X₂らは除く）・亡X₂は、Y₁生協・Y損保らから、地震火災費用保険金・共済金の支払を受けた。その後、Y₅損害保険会社は、合併によりY₃損害保険会社が地位を承継した。Y₇損害保険会社は、Y₉株式会社を合併し、商号をY₆株式会社と変更した。

主な争点は、以下の通りである。

争点1　免責条項の拘束力

争点2　免責条項の有効性

争点3　免責条項の意義

争点4　火災の免責条項該当性（Y₁生協の免責事項適用の不可）

争点5　火災の延焼と地震との相当因果関係（保険会社免責条項の適用の

152

可否）

争点6　寄与度に応じた因果関係の認定（割合的解決）

争点7　Xら（X₂らは除く）及び亡X₂とY損保らとの間の地震保険契約の成否

争点8　Y損保らの損害賠償義務の有無

＜判旨＞一部認容。

1　免責条項の拘束力

（1）約款開示論について

　火災保険契約（火災共済契約）は、収支相当の原則及び給付反対給付の原則が働く技術的・団体的な性質を有し、画一化・合理化に馴染む契約であるから、約款（規約）による附合契約である。保険契約は約款に従って契約内容が定まり、約款の内容は合理的である。したがって、約款に従って保険契約が締結された場合、特段の事情がない限り、申込者は約款に従う旨の意思を有する（大判大正4年12月24日[81]）。

（2）地震保険の不意打ち条項性について

　約款規定の内容が「異例」と判断されるためには、条項が、契約全体からして、合理的一般人において、想定することを期待することが不可能なことが必要と解されるが、火災保険で、異常危険について免責条項があること、地震が異常危険に該当することを想定することは合理的一般人に期待することが不可能とは言い難く、第3類型についても、地震によって延焼拡大が助長されることも想定され、それが地震との関連を有するとの見解が異例とも言い難いことから、免責条項が不意打ち条項には該当しない。

（3）特段の事情の有無

　ア（ア）X₁・Y₁生協　　X₁は、建物・家財について火災共済に加入するために、申込書をY₁生協に送付した。Y₁生協は、加入証書と「ご加入のしおり」を送付することで掛金支払を停止条件とする承諾の意思表示をした。規約には上記免責事由が記載されている。更新手続の際、新証書や「ご加入のしおり」は送られていない。X₁は、地震の場合に火災共済金が支払われない旨の説明を受けていないし、説明を受けるシステムがなかった。

　（イ）X₁、X₁₅・Y₂損保、Y₃損保　　①Y₃損保関係の地震保険意思確認

153

欄にはX_1・X_{15}の押印があるが、Y_2損保関係には押印がないこと、②約款を承認する旨の印刷文言があり、地震保険金や地震保険料の記載がないこと、③更新手続後、約款・保険証書が送付されたが、証書には地震保険加入の旨の記載がないこと、④X_1・X_{15}は地震保険料を支払っていないこと、⑤Y損保ら側が地震保険の説明をしたとは窺えない。（契約の当事者は異なるが、内容がほぼ同じなので、以下、①（押印がない部分は除く。）②③④⑤で引用する。）

（ウ）X_{12}・Y_6損保、Y_8損保　①から⑤同じ。

（エ）X_7・Y_2損保　①から⑤同じ。押印はX_7の所有しない印章でされた。

（オ）X_{13}・Y_4損保　X_{13}の妻Aは、代理店Bから「神戸は地震がないから、このままでいいね」と言われ、「そうですね」と答えた。①から④同じ。地震保険に関する説明の有無は判然としない。

（カ）X_8・Y_6損保　X_8の夫の姉の配偶者の弟C（代理店）を通じて締結した。契約書作成時、X_8は、夫の姉から火災保険料を立て替えているので立替分を持参し、X_8ないし夫の姉が契約者欄と地震保険意思確認欄に署名した。②から⑤同じ。

（キ）X_{16}・Y_3損保　母X_{17}の妹Dが電話でX_{16}に更新の意思確認をして、Dが購入したX_{16}の印章を使用して、契約書を作成していた。②から⑤同じ。

（ク）X_{17}・Y_3損保　Dを通じて締結した。①から⑤同じ。

（ケ）X_{18}・Y_3損保　X_{18}の代表者X_{16}が、Dを通じて締結した。①から⑤同じ。

（コ）亡X_2・Y_4損保　更新手続は妻Eが行ったこと、亡X_2の印章によって、地震保険意思確認欄に押印がされたが、押印がX_2またはEによるか、Y_4損保側によるかは定かでない。②から⑤同じ。

（サ）X_9・Y_8損保　①から⑤同じ。

イ　以上によると、Xら（X_2らは除く）及び亡X_2には、約款によらないと解すべき特段の事情は認められないから、Xらは、免責条項を含む約款に拘束される。

2　地震免責条項の有効性

（1）地震は保険に馴染みにくい異常危険であることから、火災保険では、免責条項が定められ、地震と関連する火災についてはてん補されない。判例も

免責条項を有効と解してきた（大判大 15. 6.12 民集 5 巻 8 号 495 頁）。地震保険の創設にあたり、466 年間に発生した地震が再来した場合、倒壊・焼失・流出等でどの位の損害が発生するかなどを予測し、損害額を推定し、純保険料率を算定し、経費等の付加保険料率を足すなどを行った。その結果、火災保険では、地震損害をてん補しないことを前提として、純保険料率の計算がされている。共済についても、同様である。

（2）火災保険契約で地震損害について保険金等を支払えば、収支相当の原則に反し、給付反対給付の原則からしても、火災保険の加入者に保険金を支払う根拠はなく、現行の制度・運用を前提とすると、免責条項は不合理ではない。

（3）Ｘらは、①産業基盤の確立した企業体にはリスクモラル以外の免責条項を適用して保護する必要がないこと、②地震は異常危険ではなく、損害保険業界は利益を得ており、本件地震時に多額の損害が出たのは消防力の不足によるものであって、免責条項は世界的に普遍的ではないこと、③生命保険との比較で免責条項は不合理であること、④第 3 類型の不明瞭性、⑤約款は大企業が経済的優位を背景として作成していること、消費者契約法（仮称）の立法化の動きによれば消費者に不当に不利な条項を無効とすることなどとして、免責条項は公序良俗に反し無効であると主張する。

（4）しかし、①については、付保損害の範囲を前提として、収支相当の原則が働く保険と働かない企業の損害賠償とを同様に論じられない。②については、免責条項は不合理とはいえない。免責条項が合理的かを決すに際しても地震火災の発生頻度や損害額等を予想し、異常危険か否かを検討することが不可欠であり、火災保険制度では、地震火災については補償しないことを前提に保険料率が定められていることからすると、解釈論としては採用できない。損害保険会社の利潤は料率設定システムの見直し等によって、契約者全体に平等に還元されるべきもので、免責条項の効力や解釈によって解消すべき問題ではなく、免責条項の効力を否定すべき理由とはならない。③については、料率の定め方を検討しないまま生命保険の議論が直ちに損害保険の議論に当てはまらない。④については、免責条項に解釈の余地があるが、中核部分は明らかで、それが漠然性・不明確性が故に無効とはいえない。⑤については、約款は企業側が作成することだけを根拠に免責条項を無効とすることができず、消費者契約

法（仮称）で指摘する点も消費者に不当に不利益な条項に関することであるから、免責条項が不合理とはいえず、その効力を否定すべき理由とはならない。

（5）これらの検討からすると、地震免責条項は公序良俗に反するものではない。

3　免責条項の意義

（1）免責条項の意義

イ　「地震」の意義については限定する必要はなく、「地震によって」の意義も地震と火災の発生・延焼に相当因果関係がある場合と解される。文言上、限定は不自然であり、地震という異常危険に際して、通常の頻度を超えて発生する火災には、漏電・ガス漏れ及び地震によって起こる消防力の低下などの二次的なものも存在するから、免責条項の趣旨からすると、そのようなものを排除するとの解釈は妥当ではないことも併せ考えると、地震と相当因果関係がある延焼拡大と解するのが相当である。条件関係があれば直ちに因果関係を肯定するのではなく、相当性も判断されるものであって、消防力の低下によって延焼した場合のように、防災計画の不備や防災設備の不足などの地震以外の人為的要素の影響が想定できる場合には、延焼に影響した人為的要素は何か、通常想定しうるものか、地震と人為的要素のいずれが延焼等により重大な影響を与えたかなど、地震以外の他の要因の内容・程度を考慮して、個別的に地震との相当因果関係を否定する要素になるか否かを検討すれば足りる。

（2）Y₁生協の免責条項の意義

ア　Y₁生協の免責条項の「火災」は、共済事業実施規則で、「人の意図に反してもしくは放火により発生し、人の意思に反して拡大する消火の必要のある燃焼現象であって、これを消火するためには、消火施設又はこれと同程度の効果のあるものの利用を必要とする状態をいう。」とされている。「火災」には延焼火災も含まれるが、その意義は、火元火災の「着火」から「延焼拡大」する一連の燃焼現象を捉えていると解され、一連の燃焼現象が「地震によって生じる」、すなわち地震によって発生することを表現している。したがって、本条項は、第1類型・第2類型のみを意味する。

イ　免責条項の体裁からより自然な解釈は認定の通りであること、Y₁生協は加入者を拘束する結果となる規約を作成した者であるから、内容を一義的に

定めるべき責任を負うことは、保険会社と同様であることからすると、事業の性格を問わず、規約を実質的な理由から、Y₁生協に有利に解釈することは許されない。

4　本件火災の免責条項該当性

（3）火災発生時の状況・地震と火災の発生との因果関係　　本件火災は、17日午前9時頃、A方から家人を救助していた際に出火した。消火器での消火は奏功しなかった。当時、停電し、乾燥注意報が出されていた。長田消防署長の火災調査報告書では、覚知は午前11時頃で、出火時刻は午前9時頃とされているが、出火箇所、発火源、着火物及び着火経過は不明とされ、消防司令補作成の「火災原因認定書2」には、「発火源・経過・着火物等が特定出来ないため不明として処理する。」とされている。本件火災は、地震後約3時間も経過した後に発生したこと、救出中に倒壊家屋が着火ないし引火しているのであるから、地震によって発生したとは認められない。

（4）Y損保らの主張について

ア　Y損保らの主張する、ノースリッジ地震後の火災発生状況との類似性は、一般的傾向を示すにとどまり、通電に関しては、当時、付近は停電していたから、直ちに通電によるものと推認できず、ガス漏れの可能性は否定できないが、Y損保らの主張する事実のみから、火災原因をガス漏れによるものとは推認できない。

イ　Y損保らは、地震直後の地震発生率の高さ、火元も全壊していたこと、激震地では火災が集中したことからすると、本件火災は地震による火災と推認すべきであるとか、地震後の出火原因調査が困難であったことから、本件火災が地震によるものであると推認すべきと主張する。しかし、火災発生時には人為的な活動がされており、地震と関係のない失火等の可能性もあることからすると、Y損保ら主張の事実のみでは、本件火災が地震による火災と推認できない。

ウ　火災調査報告書、消防庁作成「阪神淡路大震災の記録」には、火災は、家人を救出する際、救助者がローソクに火を点けたところ一瞬で広まったとする聞き込み結果があるが、回答者は特定されておらず、陳述の根拠、作成の具体的経過が不明であること、ガスに引火したとまで特定するものは、陳述が伝

聞であることを認めるものであること、直接体験とも読めるものは、ガス臭が
ない旨陳述していること、ガス等への引火の点まで明確に触れられた聴取は少
数であること、ガソリン漏れを認めるに足りる証拠はないこと等から、陳述の
みから、ローソクの火が地震で漏れたガスやガソリンに引火したと認められな
い。

　（5）火元火災は地震によって生じたものとはいえないから、第1類型、第
2類型には該当せず、Y₁共済の地震免責条項には該当しない。したがって、
Y₁生協は、X₁が目的物について被った損害について賠償する責任がある。

　5　火災の延焼と地震との相当因果関係（Y損保ら免責条項の適用の可否）

　（1）ア　消火活動開始までの経緯　　A宅では、発生直後から消火器で消
火に当たったが、消火できず、延焼していった。午前9時頃に発生した火災が
消防署に覚知されたのは、午前11時頃であった。中隊長Fらは、午後零時過
ぎ頃、長田5・長田27の2隊で現場に向かった。Fらは、神戸明石線を西進
しようとした。長田区G通二丁目付近で神戸明石線から街区内道路へ迂回した
が、家屋倒壊が激しく、消防署員の先導を受けながら走行した。迂回路も前進
できなくなったため、神戸明石線に引き返した。しかし、陸橋が破損し通行で
きなかったため、H通とI通との境界道路を西進しようとしたが、倒壊建物が
妨げていた。長田27はH通五丁目の防火水槽の部署につき、長田5は長田区
と須磨区との境界道路を南下し水笠通西公園北西付近の須磨区10番の防火水
槽に部署したのが午後1時30分頃であった。火勢は、北東街区に延焼し、西
へ延焼しようとしており、既存の部隊では筒先包囲のできない状態であった。

　イ　消火活動について　　到着時、須磨消防署の1小隊が放水を行っていた。
Fらは放水したが、火勢は衰えなかった。長田27が部署した防火水槽は約30
分で、長田5の防火水槽は約1時間で使い果たし、長田27は放水を続けたが、
ホースの水圧が低下し、有効な放水はできなかった。消火栓は断水したことか
ら、長田港からの海水中継隊と連絡を取るため通信したが、連絡できなかった。
Fは、応援隊に須磨区J小学校のプールの水を長田5に中継送水するよう依頼
し、放水を再開した。須磨消防署北須磨出張所Kは、午後2時20分頃、防御
活動に当たったが、午後4時頃には水がなくなった。火勢は衰えないまま、午
後4時頃、延焼していった。Fは、水源が少ないことから、長田消防署に戻り、

158

副大隊長から、市民プールからの中継送水及び長田港からの海水中継隊による中継送水を水源として西への延焼を阻止するよう指示され、再出動したところ、西方の空が赤く染まっていた。延焼範囲を見分後、X_9、亡X_2ら所有の目的物所在地から東側は、他の原告所有の目的物所在地へ延焼していった。長田区消防団員らは、ＪＲ鷹取工場内の工業用水及び長田港からの海水中継を用い、防御活動を行った。目的物に延焼したのは、17 日午後 7 時以降である。

　ウ　火災のその後の延焼拡大状況について　　火災は、当初、無風状態で、ゆっくりと東向きに周囲へ拡大した。その後、北東の風が吹き、東側は午後 2 時 30 分頃には焼け止まったが、西側へは延焼拡大が続き、2 つの区で合計 14 万 2,945 平方メートルを焼損し、鎮圧は 18 日の午後 2 時 20 分頃であった。

　（2）火元火災は、午前 9 時頃に発生し、住民に覚知され、火勢も強くなかったことから、地震による断水がなければ、鎮火もありえ、火勢を衰えさせ、延焼速度を遅くできたと推認できること、覚知されていたことからすると、地震がなければ、住民の通報で直ちに長田消防署が覚知すると推認できるのに、消防署の覚知は午前 11 時であるが、消防署管内では、消防力を分散せざるを得ず、出動までに約 1 時間を要し、消防車も 2 台であったこと、消防署から約 1 キロメートル先の火災現場に到着するには、通常であれば数分で可能であるが、約 1 時間 30 分の時間を要したこと、それらの要因から、消防隊員らが消火活動を開始した頃には、火勢は既存の部隊では対処できない程度に拡大し、消火栓は断水で使用できず、消防隊員らは水利を求めて転戦せざるを得なかったこと、延焼はゆっくりと進み、目的物に延焼したのも午後 7 時ないし 8 時頃からすると、通常時の火災発生時と覚知時間や鎮火時間との対比から、地震がなければ延焼を防止できた高度の蓋然性があったことから、地震と目的物への延焼との間には相当因果関係がある。

　（3）Ｘらの主張について　　ア　延焼という文言は、火元から目的物へ火災が拡大するまでの一連の経緯と捉えるのが自然であり、免責条項の趣旨からすると異常危険である地震と相当因果関係のある火災について免責する。

　イ　大地震で、交通網、通信網、水利施設、消防施設が破壊され、消防力が低下することは予想できることから、その点を一切考慮すべきでないとはいえない。

ウ 「地震によって」の意義を「地震の揺れによって直接」と限定すべきではなく、免責条項にいう地震との相当因果関係の有無を判断する際に考慮すべきであって、一律に時間によって判断すべきではない。

エ Xは、延焼は、神戸市の消防力の不備によるもので、地震によるものではない旨主張するので、この点を検討する。神戸市の想定震度数（震度5）、保有消防ポンプ数（全国平均を大幅に下回る）等によっては、目的物への延焼は防止された可能性は窺えなくもないが、地方公共団体が、常に、本件地震程度の大地震が発生することを想定して防災計画を立てることが一般的であるとはいえず、神戸市の想定震度数、諸設備数の程度が、本件地震と延焼との間の相当因果関係を否定するほどのものであったとはいえない。

オ Xらは、目的物への延焼は、消防活動の判断の誤りによるものであるから、本件地震によるとはいえない旨主張するので、この点を検討する。神戸市は、同時多発火災を踏まえ、管轄区域の災害は消防署で対応することとし、消防署の判断に任せたため、署管内ごとに焼失被害に大きな隔たりが生じた。陸上自衛隊中部方面航空隊は、地震直後から、ヘリコプターによる空中消火の準備を整え、神戸市に協力を申し入れていたが、18日午前10時になって拒否した。神戸市消防局が指摘する点は、実施方法を工夫することで避けることができたとの批判がある。神戸市が市全体で、消防車を有効適切に配置することができ、ヘリコプターによる消火が実施できれば、本件火災の延焼範囲が狭まった可能性は窺えるが、地震発生直後、神戸市がそれらの配置・要請をしなかったことには、理由があり、事後的にみて最善であったかはさておき、地震の規模・程度からして、当時の判断としては、一般的に想定できないほど不合理な判断とまではいえないから、これらの点が、消防活動の判断の誤りとして、地震と延焼の相当因果関係を否定できない。

6 寄与度に応じた因果関係の認定（割合的解決）について 免責条項は、地震火災を、異常危険と捉え、保険会社らの負担を免責するものであるから、延焼との因果関係が肯定され、免責条項に該当すると判断された以上、損害は一律に免責される。火災に他の要因が影響した場合には、それが相当因果関係を否定すべき程度のものか否か、すなわち、相当性の判断において考慮すべきものと解される。地震と延焼との間には、相当因果関係があると解するから、

160

Ｘらの主張は採用できない。

9　Ｘら（Ｘ₂らは除く）及び亡Ｘ₂とＹ損保らとの間の地震保険契約の成否

（2）関連事実[(82)]

ウ　昭和54年6月14日付保険審議会答申で、地震保険の普及を目的に「家計火災保険のすべてに原則的に自動付帯する方式を採ることとすべきである。」と答申され、昭和55年法59号で地震保険法が改正された。

オ　昭和55年改正の際、地震保険の加入並びに付保割合及び付保金額は、契約者の意向を尊重するよう行政指導を万全にするとの付帯決議がされた。損害保険各社及び社団法人Ｌ協会は、代理店に対して、この改正で、地震保険は「すべて『原則付帯』一本となり、これは《略》付帯するか否かの選択を契約者に委ねること」である旨説明した。

（3）昭和55年改正の際、大蔵省側は、地震保険の引受方式について、火災保険契約締結時に地震保険意思確認欄に押印する方法で、加入しない特段の意思表示をしない限り地震保険が成立するという意味での原則自動付帯方式を目指したと窺えるが、地震保険法にはその旨明定されておらず、地震保険は火災保険の内容によって保険金額・保険料額が当然に定まるものとはされていないこと、意思確認欄の制度は任意付帯の際にも採用されていたことからすると、この改正によって、原則自動付帯方式は採用されなかったと解さざるをえず、地震保険契約が成立するためには、火災保険契約とは別に保険者と保険契約者の意思の合致が必要と解すべきである。そうすると、ＸらとＹ損保らの火災保険契約等に関する事実、特に、地震保険契約を締結するという積極的意思を有した者はいなかったこと、意思確認欄への意思に基づく押印の有無を問わず、申込書・契約書には、地震保険契約の保険金や保険料の記載がないこと、地震保険料を支払った者はおらず、火災保険契約のみが記載された保険証書が送付されたことからすると、ＸらとＹ損保らとの間で、火災保険契約等を締結する際に、地震保険契約を締結する意思の合致があったとは認められない。

10　Ｙ損保らの損害賠償義務の有無

（2）Ｙ損保らは、約款作成者として内容を熟知しており、事業者として内容を火災保険契約申込者Ｘらに開示する社会的責任を負うが、他方、火災保険契約が約款に基づく附合契約であること、免責条項は地震免責条項以外にも多

数あり、その全てを、契約前に、申込者に文書及び口頭も交え説明することを法的義務とするならば、取引を約款によって行う意義は低下すること、申込者も、約款による取引の利便性及びそれに基づく保険商品コストの削減の利益を享受していることを考慮すると、Y損保らが、地震免責条項や地震保険について積極的に説明しなかったことのみから、直ちに不法行為などによって損害賠償義務を負うものとは解し難い。もっとも、Y損保らが、積極的にXらが火災保険契約が地震火災も付保するものと誤解するような言辞を弄し、挙動を示し、あるいは、Xらが地震による火災も付保するものと誤解していることを知り、又は、これを容易に知りうる事情がありながらそれを放置するなど、Y損保ら側に何らかの違法事由が認められる場合には、不法行為などによる損害賠償義務を負う余地があるが、本件において、XらとY損保らの契約締結前後の事実によると、そのような事情は窺えない。

（3）Xらは、Y損保らの説明義務違反で、地震保険加入についての意思決定の機会及び地震保険に加入していれば自己の財産の損害をてん補できた可能性という財産的利益を違法に侵害された旨も主張する。しかし、地震保険等を説明しなかったことのみで違法と判断することは困難である。

（4）Xらは、地震保険に関する情報提供義務は法的な義務である旨主張し、情報提供義務違反のみで、損害賠償の原因となる旨主張するが、上記（2）のとおり、その見解は採用できない。

　11　以上の次第で、X_1の請求は、Y_1共済に対し、火災共済契約に基づき、金1,980万円及びこれに対する請求の30日以降であることが明らかな平成7年6月1日から支払済に至るまで年5分の割合による遅延損害金の支払を求める限度で理由があり、X_1のその余の請求及びX_1を除く他の原告らの請求は、理由がないから棄却する。

＜検討＞

1．はじめに

　地震当日、建物・家財が焼失したとする火災保険契約者等や相続人らが、保険会社等や保険会社の承継人らに対し、1次的に、火災保険金等の支払を求め、2次的に、免責条項、地震保険等に関する情報提供をしなかったとして、旧募取法16条1項[83]・11条1項[84]違反、不法行為、債務不履行又は契約締結上の過

失に基づき火災保険金等相当額の損害賠償金等の支払、3次的に、3次請求のうち主位的に地震保険金、2次請求のうち予備的に地震保険金相当額の損害賠償金等の支払を求めた事案において、第3類型のない火災共済契約に基づく請求についてのみ認めた。

2. 争点1（免責条項の拘束力）について

本判決は、免責条項の拘束力について、以下の3つの観点で判示している。

（ⅰ）約款開示論については、保険契約は、収支相当の原則、給付反対給付の原則が働く技術的・団体的な性質を有し、画一化・合理化に馴染む契約であるから、約款による附合契約であり、約款に従って契約内容が定まることから、約款内容が合理的であると信頼されていることが推認され、約款に従って保険契約がされた場合は、特段の事情がない限り、申込者は約款に従う旨の意思を有すると推認するのが相当であるとして、意思推定説をとっている。

（ⅱ）不意打ち条項性について、地震免責条項が異例と判断されるためには、それが、約款による契約全体からして、合理的な一般人において想定を期待することが不可能なことが必要されるが、①火災保険で異常危険について免責条項があること、②地震が異常危険に該当すると想定することは合理的な一般人に期待することが不可能とは言い難いこと、③第3類型についても、地震によって延焼拡大が助長されることも想定され、それが地震との関連を有するとの見解が異例とも言い難いことから、不意打ち条項性を否定している。

（ⅲ）（ⅰ）によれば、契約過程において、約款によらないで契約したと解すべき特段の事情がある場合には、意思推定の前提を欠く事情があるから、推定が覆され、約款の効力が否定される場合もあるとして、特段の事情が認められるかについて事実を認定している。すなわち、①契約が更新されていること、②意思確認欄にXらの印章による押印がされていること、③契約書類には約款を承認する旨の印刷文言があり、地震保険金額や地震保険料の記載がないこと、④更新手続後、約款・保険証書には、地震保険に加入した旨の記載はないこと、⑤地震保険料を支払っていないこと等の事実を認定した上で、Xらには、約款によらないと解すべき特段の事情は認められないから、Xらは、免責条項を含む約款に拘束されると判示している。

3. 争点2（免責条項の有効性）について

地震保険が制定された背景・過程を示した上で、火災保険では、地震火災に基づく損害を含む地震損害をてん補しないことを前提として、純保険料率の計算がされ、経費や利潤を加え、保険料率が算定されているという事実からすると、火災保険契約において、地震に関連する一定の火災に基づく損害をてん補するための利益の蓄積はないことから、地震火災に関連する保険金を支払えば、収支相当の原則に反し、火災保険料は地震損害のてん補を受ける対価となっておらず、給付反対給付の原則からしても、火災保険の加入者に保険金を支払う根拠となり、現行の制度・運用を前提とすると、地震免責条項は不合理とは言えないと判示している。

4．争点3（免責条項の意義）について

　保険契約の免責条項と共済契約のそれとに分けて、意義を明らかにしている。前者については、第3類型も免責とすると解され、「地震によって」とは地震と火災の発生・延焼に相当因果関係がある場合と解すべきであって、地震という異常危険に際して、通常の頻度を超えて発生する火災には、漏電、ガス漏れ及び地震によって起こる消防力の低下なども存在するのであるから、免責条項の趣旨からすると、そのようなものを対象から排除するとの解釈は妥当とは言い難いことも併せ考えると、地震と相当因果関係がある延焼拡大と解するのが相当であり、因果関係を肯定するには、相当性も判断されるべきであって、消防力の低下で延焼した場合のように、防災計画の不備や防災設備の不足等の人為的な要素の影響が想定できる場合には、延焼に影響した人為的要素は何か、それが通常想定しうるものか、地震と人為的要素のいずれが延焼等により重大な影響を与えたかなど、地震以外の要因の具体的な内容・程度を考慮して、個別的に、地震との相当因果関係を否定すべき要素となるか否かを検討すれば足りると判示している。これに対して、後者については、Y_1共済の規約にいう「火災」は延焼火災も含み、「火災」とは、火元火災と延焼火災を一連の燃焼現象と捉え、「着火」から連続して「延焼拡大」する一連の燃焼現象を捉えているゆえに、一連の燃焼現象が「地震によって生じる」、すなわち、地震によって発生することを表現していることから、「地震によって生じた」は、燃焼現象の「発生」のみにかかり、「延焼拡大」にかかると解されず、この免責条項は第3類型は含まないと解するのが相当であると判示している。

　前者に関する解釈は、他の判例等に合致している。共済契約の免責条項にいう「地震によって生じた」は延焼拡大にかかるとはいえず、第3類型は含まないと解されると判示しており、文理解釈上、妥当な解釈である。

5．争点4（火災の免責条項該当性〔Y₁生協の免責条項適用の可否〕）について

　本判決では、本件火災は、地震当日の午前9時頃に出火したものであり、出火当時、停電しており、出火箇所、発火源、着火物及び着火経過は不明とされていたことから、本件火災は、①発生が地震から約3時間後であること、②倒壊家屋が着火ないし引火したことが認められることから、地震によって発生したとは認められないとして、地震と火災の発生との因果関係を否定し、第1類型・第2類型には該当しないと判示したのに対して、第3類型のないY₁共済の免責条項には該当せず、Y₁共済は、X₁の損害についててん補責任があると判示している。

6．争点5（火災の延焼と地震との相当因果関係〔Y損保らの免責条項適用の可否〕）について

　本判決は、消火活動開始までの経緯、消火活動、延焼拡大状況等について事実を認定した後、地震と延焼との間に相当因果関係があるとしている。①火元火災は地震当日の午前9時頃に発生したもので、住民が覚知し、火勢も強くなかったことから、地震による断水がなければ、鎮火もありえ、延焼速度を遅らせたと推認できること、②火元火災は、地震がなければ、通報することで直ちに消防署が覚知すると推認できるのに、通信機能の低下などのため、覚知したのは午前11時であり、その頃、同時多発火災に消防力を分散せざるを得ず、出動までに約1時間を要し、消防車も2台に止まったこと、③消防署から約1キロメートル先の本件現場に到着するためには、通常、数分で可能であるが、交通渋滞や倒壊家屋による進路閉鎖などのため、約1時間30分の時間を要したこと、④消防隊員らが火災現場で消火活動を開始した頃には、火勢は拡大していた上、消火栓は地震による断水のため使用できず、隊員らは水利を求めて転戦せざるを得なかったこと、⑤延焼は、出火後はゆっくりとした速度で進み、目的物に延焼したのも地震当日の午後7時ないし8時頃などからすると、通常時の火災発生時と覚知時間や鎮火時間との対比において、地震がなければ、延

焼を防止できた高度の蓋然性があったというべきであるから、地震と延焼との間には、相当因果関係があると認めるのが相当であり、目的物の損害には、Y損保らの免責条項が適用されると判示している。

7．争点6（寄与度に応じた因果関係の認定〔割合的解決〕）について

延焼に寄与した諸事情の程度に応じて保険金額の算定することについて、本判決は否定している。すなわち、免責条項は、地震火災を異常危険と捉え、保険会社を免責するものであるから、延焼との因果関係が肯定され、免責条項に該当する場合、損害は一律に免責されるべきであり、火災に他の要因が影響した場合には、それが、相当因果関係を否定すべき程度のものかどうかを考慮すべきものと解されると判示している。

8．争点7（Xら〔X₂らは除く〕及び亡X₂とY損保らとの間の地震保険契約の成否）について

地震保険契約が成立するためには、火災保険契約とは別に当事者の意思の合致が必要と解すべきであるとし、火災保険契約締結前後の事実、とりわけ、①Xらは、地震保険契約を締結するという積極的意思を有した者はいなかったこと、②意思確認欄への押印の有無を問わず、火災申込書・契約書には、地震保険契約の保険金や保険料の記載がないこと、③地震保険料を支払った者はおらず、契約後に火災保険契約のみが記載された保険証書が送付されたことなどからすると、火災保険契約を締結する際に、地震保険契約を締結する意思の合致があったとは認められないと判示している。

9．争点8（Y損保らの損害賠償義務の有無）について

Y損保らは約款作成者であって、内容を申込者Xらに開示する責任を負うが、①火災保険契約が約款に基づく附合契約であることは知られていること、②免責条項は地震免責条項以外にも多数あり、そのすべてを、契約前に、申込者に文書・口頭で説明することを法的義務とするならば、取引を約款によって行う意義は低下すること、③申込者側も、約款による取引の利便性及び保険商品コストの削減の利益を享受していることを考慮すると、Y損保らが、免責条項や地震保険について積極的に説明しなかったことのみから、直ちに不法行為などによって損害賠償義務を負うものとは解し難いとしている。もっとも、②について、保険契約という附合契約の締結過程に関する20年以上前の解釈では受

け入れられるであろうが、法制度が改められた現在においては、視座を変えて
検討する必要があろう。

10. 小括

　本判決は、保険契約については、地震による延焼に起因する火災損害である
として免責を肯定し、共済契約については、火元火災が地震によるものではな
く、第3類型がないことから免責を否定している。

【20】 神戸地判平成 14 年 9 月 3 日 (85)（住宅火災保険。不意打ち条項。特段の事情。第
2 類型・第 3 類型。情報提供義務）

（地震当日に発生した火災が延焼して建物が焼失したとして、主位的に、
火災保険金を請求し、予備的に、地震保険金を請求するとともに、地震保
険制度などの情報提供義務の懈怠よる不法行為・債務不履行・契約締結上
の過失責任に基づく地震保険金相当額の損害賠償の支払を請求した事案に
おいて、主位的請求については、本件には免責条項の適用があり、建物の
火災損害は免責条項に該当し、予備的請求については、地震保険契約が締
結されたと認められず、情報提供義務違反も認められないとした。）

\<事実の概要\>

　X（原告）は、Z 損害保険会社（旧被告）との間で、本件建物について住宅
火災保険契約を締結した。本件建物は、地震当日に発生した火災の延焼（本件
火災）で焼失した。X は、Z 損保に対し、損害発生を通知し、Z 損保は地震火
災費用保険金 90 万円を支払ったが、火災保険金の支払は拒絶した。その後、
Z 損保は Y 損害保険会社（被告）となった。

　主な争点は、以下の通りである。

　　争点 1　免責条項の適用の有無
　　争点 2　本件火災の免責条項該当性（以上、主位的請求）
　　争点 3　地震保険契約の成否
　　争点 4　情報提供義務違反による損害賠償請求の当否（以上、予備的請求）

\<判旨\>請求棄却。

〔主位的請求について〕

　1　免責条項の適用の有無

　X は、①本件建物の火災損害について、約款開示論により免責条項の拘束力
は否定される、②免責条項は公序良俗に反する、③免責条項の解釈は限定的に
解釈されるべきである、④免責条項は不意打ち条項に該当し、約款の拘束力が
否定される、⑤本件では、地震保険制度に関する情報提供義務の懈怠があり、
免責条項の適用は排除されるとして、本件損害について免責条項の適用はない
旨主張する。

　（1）主張①は、約款の個別的内容に関する契約者の知不知を問題とし、約

款に基づく附合契約を個別契約と同視するもので採用できない。火災保険は附合契約であり、約款に従って契約内容が定まり、約款が合理的であると信頼されていることは強く推定される。したがって、約款に従って契約がなされた場合、特段の事情がない限り、申込者は約款に従う旨の意思を有するものと推認される。保険者が、地震火災についても保険金が出る旨の積極的な説明をしたなどの特段の事情がない以上、免責条項が適用される。

（２）主張⑤は、地震保険制度に関する情報提供、説明の目的の主張を前提としても、地震保険の付保の確認であるから、それを怠ったことが、免責条項の拘束力のみを否定する根拠にはなり得ない。（【18】と同じ。筆者挿入）

（３）約款の拘束力・免責条項の有効性は認められてきたものであり、免責条項の有効性の判断は、客観的合理性で判断され、合理性がある限り、約款の拘束力が認められる。不意打ち条項論は、契約の外形から、条項内容が異常で非慣行的な場合に条項の拘束力を否定するものであり、免責条項は、内容において異常でも非慣行的でもなく、不意打ちとはいえないから、拘束力は否定されない。すなわち、免責条項は、約款変更の際（昭和 50 年）に監督官庁で認可され、合理性を有しており、立法上、認められている。不意打ち条項論にいう「異常」と判断されるためには、免責条項が約款による契約全体からして、合理的な一般人が想定することを期待することが不可能であることが必要とされるが、火災保険において、異常危険について免責条項があること、地震が異常危険に該当することは、合理的な一般人が想定することを期待することが不可能とはいえないことから、免責条項は不意打ち条項に該当しない。

（４）免責条項は、現行制度上、運用を前提とする限り、その内容は合理的で社会的妥当性を有するから、公序良俗違反をいう主張②は理由がない。Ｘは③を主張するが、免責条項にいう「地震」の意義を限定する必要はなく、「地震によって」の意義も、地震と火災の発生延焼に相当因果関係がある場合と解される。

（５）本件建物の火災損害について、免責条項の適用はない旨のＸの主張は理由がない。

２ 本件火災の免責条項該当性

（１）本件契約締結の際、Ｘが約款によらない旨の意思を表示した、Ｙ損保

が地震による火災についても保険金が出る旨を積極的に説明したなどの特段の事情は存在しない。(【18】と同じ。筆者挿入)

(2) 本件地震後の火災発生と消火活動の状況　地震直後の午前5時50分頃、A方から出火し、延焼拡大し、大規模火災へと発展した。出火建物付近ではガス漏れが生じていたため、周辺に燃え移っている。兵庫消防署は、出火原因につき、地震災害続発のため原因調査が1月27日になったこと、火元が全焼し十分な見分ができなかったこと、火元建物所有者A夫妻が死亡して情報を得られないこと等の理由から、不明火としている。地震直後から同時多発的に火災が続発し、木造家屋の相当数が倒壊し、多くの住民が倒壊した家屋の下敷きとなり、救助に消防隊員が注力せざるを得ず、消火活動に十分な労力を割ける状況ではなかった。出火直後から消防署へ火災発生の知らせがあったが、全車両が出動し、本件現場には出動できなかった。午前6時30分頃、小隊が火災現場へ急行した。発生から40分程度経過していたことから、延焼が拡大していた。木造建物が倒壊し、建物間隔も狭く、延焼拡大が速やかで、消火栓が使用できず、応援車両もなく、消防力の不足により大規模火災へと発展した。本件建物は、午後0時30分頃、延焼により焼失した。

(3) 本件建物損害は、「地震によって生じた火災の延焼による損害」に該当し、消火栓の使用不能、消防車出動の遅れ、初期消火活動の支障、延焼拡大の状況、建物焼失までの時間などによれば、本件建物損害は、火災が地震によって建物に延焼したものとして、地震と延焼には相当因果関係が認められ、第3類型に該当する。もっとも、延焼拡大の原因は、地震による消防力の低下が存在するが、地震の程度からすると、そのような障碍が発生し、それによって延焼が通常生じ得ることも十分考えられる。

(4) 以上から、地震・火災の間及び地震・延焼の間には相当因果関係があるから、本件建物損害は第2類型・第3類型に該当する旨のY損保の主張は理由があり、Xの火災保険契約に基づく保険金請求(主位的)は、理由がない。

〔予備的請求について〕

1　地震保険契約の成否

(1) Xは、建物の建替のため、株式会社Bの保証のもとC銀行でローンを組み、昭和60年2月末頃、D支店に赴いた。支店行員だけが応対した。Xは、

170

Ｂ社との間で保証委託契約を締結し、新築建物にＢ社を抵当権者とする抵当権を設定し、Ｂ社を質権者として新築建物に係る火災保険金請求権に質権を設定し、関係書類の押印を行員に依頼した。書類中の１通が「火災保険契約申込書」「質権設定承認請求書兼承認書」が一体となった書面であるが、書面中、設定承認請求書の「氏名」欄のＸの氏名・印影、保険申込書の「申込人」欄の記載・印影、「地震保険確認欄」の印影・捨印及び「所在地」欄の記載は行員が行い、押印した。書面がＥ社に届けられ、保険料を領収した上、保険契約の申込みを承諾することで本件契約が締結され、Ｙ損保からＸに保険証券（写）及び約款が送付された。保険証券（写）には、「地震保険」欄の「保険金額」「保険料」欄が空欄で、「ご注意」欄には「地震保険金額欄に金額の記載がない場合は、地震保険契約はお引受けしておりません。《略》この場合は、地震による倒壊等の損害だけでなく地震による火災損害（地震による延焼損害を含みます。）についても保険金は支払われません。」との記載がある。

（２）火災保険契約が締結されたが、地震保険契約が締結されたことは、次に述べる理由から困難である。

　ア　地震保険の引受方式について、地震保険法改正（昭和55年）によって、地震保険契約が成立するためには、火災保険契約とは別に保険者と保険契約者の意思の合致が必要であるが、本件ではこれを認められない。

　イ　Ｘは、「地震保険確認欄」に押印し、地震保険を付保しない意思を明確にしていること、保険証券（写）が送付され、記載文言から地震保険を付保していないことを了知又は了知し得たにもかかわらず、Ｙ損保に対し、異議の申出や地震保険付保を申し出ていないことなどからすると、Ｘには、地震保険を付保する意思はなかった。

　ウ　Ｘは、①原則付帯方式による引受方式が採用されている状況下で、家計火災保険を申し込んでおり、本件契約には、自動的に地震保険が付帯される結果、火災保険申込みの意思表示には、地震保険の申込みの意思表示を含むこと、②申込者は、地震後の火災であっても免責条項が適用されるとは考えておらず、火災で損害を受けた場合には、保険金が支給されるものと考えて火災保険契約を締結するのが通常であり、Ｘもそのような意思を有していたのであるから、黙示的にではあれ、地震保険契約の申込みの意思表示をしていることを挙げて、

Ｘ・Ｙ損保間には、地震保険契約締結の意思の合致が存する旨主張する。しかし、原則自動付帯方式に関するＸの見解が採用できないから、①の主張は採用できない。②の主張も、Ｘには、地震保険を付保する意思はなかったものと認められるが、このことは、（ａ）Ｘが、契約締結に至った動機については、融資を受ける条件として、義務的に本件契約を締結したこと、（ｂ）地震保険の契約件数は減少が続いていたこと、兵庫県内で地震保険加入率が低かったことなどから、Ｘが地震保険に加入する蓋然性を有していたとはいえないこと、（ｃ）Ｘは新築建物について地震保険には加入していないことからも裏付けられる。

（３）以上から、地震保険契約の成立をいうＸの主張は理由がない。

２　情報提供義務違反による損害賠償請求の当否

（１）火災保険契約申込書中、質権設定承認請求書「氏名」欄のＸの氏名・印影、保険申込書「申込人」欄の記載・印影、「地震保険確認欄」印影・欄外の捨印及び「所在地」欄の記載は、行員が記載・押印したものである。

（２）地震保険に関する情報提供は、地震保険の契約洩れを防ぎ、地震保険の普及を図るために要請されるものであって、保険会社に一般的な情報開示（説明）義務が存在するものではない。したがって、Ｙ損保が契約締結に際し、Ｘに免責条項や地震保険について積極的に説明しなかったからといって、直ちに損害賠償責任を基礎付ける一般的な法的義務違反を構成するとはいえない（損害保険会社の上記情報〔説明〕提供義務を、あたかも（旧）金融商品販売法〔「金融サービスの提供に関する法律」〕により法定化され、かつ、その違反による損害賠償責任も法定されている金融商品販売業者等の説明義務と同様に解することは困難である。）。

（３）Ｙ損保には、損害賠償責任に結びつくような、地震保険に関する一般的な情報開示（説明）義務が存在せず、Ｙ損保が地震保険確認欄への押印を慫慂する行為をしたとは認められず、Ｘの地震保険を付帯する機会を剥奪したことを認めるに足りる証拠はない。

（４）以上から、情報提供義務違反を理由とするＸの損害賠償請求は、理由がない。

以上の次第であるから、Ｘの予備的請求は理由がない。

＜検討＞

１．はじめに

　主位的に、建物が地震火災で焼失したとして、火災保険契約に基づき火災保険金の支払を、予備的に、地震保険に基づく地震保険金の支払を、地震保険制度の情報提供義務の懈怠よる不法行為・債務不履行・契約締結上の過失責任に基づく地震保険金相当額の損害賠償の支払を請求したところ、裁判所は、前者については、本件建物の損害は免責条項に該当するとして請求を棄却し、予備的請求については、地震保険契約まで締結されたとはいえず、情報提供義務違反も認められないとして請求を棄却した。

２．争点１（免責条項の適用の有無）について

　本判決は、免責条項の契約への適用の有無について、火災保険は附合契約であり、保険者側が、地震火災についても保険金が出る旨の積極的な説明をしたなどの特段の事情がない限り、免責条項の適用があると解されるとし、意思推定説の立場を明らかにしている。さらに、契約締結過程において、保険者が地震保険制度の説明をすることに関して、それは地震保険の付保の確認であるとして、説明を怠ったことが火災保険の約款中、免責条項の拘束力のみを否定する根拠にはなりえないとしている。契約締結過程における地震保険の説明が免責条項の拘束力には影響しないと判示している点は注目される。

　地震免責条項の不意打ち条項該当性について、不意打ち条項論は、契約の外形から、条項内容が異常で非慣行的な場合に、条項の拘束力を否定するものであって、「異常」と判断されるためには、条項が約款による契約全体からして合理的な一般人の想定を期待することが不可能であることが必要とされるが、火災保険で地震という異常危険について免責条項があることは、これを期待することが不可能とはいい難いことからすると、免責条項が不意打ち条項に該当するとはいえないと判示する。不意打ち条項であるとの主張は【19】でも見られるが、地震前、兵庫県下の地震保険加入率が約3.0％程度[86]であったという事実からすれば、損害保険契約における免責条項に関して、申込人の意識は高くはなく、免責条項が不意打ち条項であるという主張がなされる可能性があったといえなくもないが、本判決の立場は支持できる。また、免責条項の「地震」の意義については限定する必要はないとしていること、「地震によって」の意

義も、地震と火災の発生・延焼に相当因果関係がある場合と解すべきであるとしていることは、いずれも妥当な解釈である。

3．争点2（本件火災の免責条項該当性）について

本判決は、地震後の火災発生と消火活動の状況について事実を認定した上で、免責条項の適用を認めている。すなわち、火元の出火の時間的、場所的状況に鑑みると、本件建物の火災損害は「地震によって生じた火災の延焼による損害」に該当し、第2類型の適用可能性を認めているといえる。さらに、本件建物の火災損害は、火災が地震によって本件建物に延焼したものとして、地震と延焼には相当因果関係が認められ、第3類型にも該当するとしている。

4．争点3（地震保険契約の成否）について

本判決は、地震保険契約の成立を否定している。①Xは、火災保険金請求権に質権を設定した際、印鑑を銀行員に手渡して押印を依頼していること、②質権設定承認請求書の「氏名」欄の氏名・印影の記載等を銀行員がしたこと、③保険料を領収し、申込みを承諾することで保険契約が締結されたこと、④保険証券には「地震保険」欄の「保険金額」「保険料」欄が空欄となっており、「ご注意」欄の記載内容等から、地震による火災損害についても保険金は支払われない旨の記載があるとの事実を認定し、地震保険契約まで締結されたものと認められないと判示している。

さらに、Xは「地震保険確認欄」に押印して、地震保険を付保しない意思を明確にしていること、保険証券の文言から地震保険を付保していないことを了知し得たにもかかわらず、Y損保に対し異議の申出や付保を申し出ていないことなどからすると、Xには付保する意思はなかったものと認められ、地震保険契約の成立を認める余地はないと判示している。さらに、Xは、銀行員に押印を任せており、地震保険確認欄の作成についても、これと別異に解すべき特段の事情なく、銀行員を自己の締約代行者として署名、捺印させたものと認めるのが相当であると判示している。

5．争点4（情報提供義務違反による損害賠償請求の当否）について

本判決は、情報提供義務違反による損害賠償を否定している。すなわち、地震保険に関する情報提供は、地震保険の契約洩れを防ぎ、普及を図るために要請されるものであって、保険会社に一般的な情報開示（説明）義務が存在する

ものと解することはできず、Y損保が契約締結に際し、Xに免責条項や地震保険について積極的に説明しなかったからといって、直ちに損害賠償責任を基礎付ける一般的な法的義務違反を構成するとは解されないとしている。

なお、本判決が、損害保険会社の一般的な情報（説明）提供義務を、金融商品販売法により法定化され、かつ、その違反による損害賠償責任も法定されている金融商品販売業者等の説明義務と同様に解することは困難であるとして、旧金融商品販売法（「金融サービスの提供に関する法律」）との差別化を図っていることは興味深い。

6．小括

本判決は、主位的請求について、免責条項の適用があり、建物の火災損害は免責条項に該当するとし、予備的請求について、地震保険契約が締結されたと認められず、情報提供義務違反も認められないと判示している。主位的請求に関する判断は、阪神・淡路大震災に関する一連の判例等の立場に沿ったものと評価できる。本判決では予備的請求に対して判断しているが、地震保険契約の締結の有無、情報提供義務違反の有無に関するXの主張には無理があったように思える。

なお、本判決が争点3に関して認定した保険契約の締結過程における一連の事実は、阪神・淡路大震災前までの実務では日常であったのではないかと推測できる。

第4章

総合的な検討

第1節　はじめに

　第3章において、阪神・淡路大震災における主な損害保険金請求訴訟（20件）を個別に検討した。これらの判例等では、時間の経過に伴って争点が変化していると見ることができる。大筋では、約款の有効性・拘束力を争点とすることから始まり、約款・地震免責条項・地震保険に関する保険会社側の説明義務及び損害賠償責任の有無、さらには、保険会社が免責される部分に関する割合的責任の有無へと変化している。これらの訴訟はほぼ6年間にわたり争われたわけであるが、このような変化には、この間、争点を共有する他の判例等の立場が反映されたこと、一連の判例等に関する数多くの判例研究あるいは消費者契約法の立法等の動きがあったことなどがその背景にあるのではないかと考える。

　以下、本章では、これら20件の判例等を比較検討することにより、裁判所の立場の変化を辿っていきたい。

第2節　保険・共済の種類及び主な争点

1．保険・共済の種類
　阪神・淡路大震災を巡る20件の判例等が対象とする保険・共済のうち、18件は火災保険又は火災共済であり、1件は盗難保険（【3】）、1件は貨物海上保険（【13】）である。火災共済を対象とする判例等のうち、【6】【12】は火災共済だけ、【15】【19】は火災保険と火災共済、【16】は火災保険と労済共済・生協共済の火災共済である。

2．主な争点
　20件の判例等の主な争点は、以下のとおりである。
　＜約款・規約の有効性・拘束力＞（本章第3節を参照。）
　　　地震免責条項の有効性
　　　地震免責条項の拘束力
　　　　不意打ち条項性、特段の事情、締結過程における解約内容の説明義務・情報提供義務

178

＜地震免責条項の解釈＞（以下、本章第４節を参照。）

　　地震免責条項（地震と火災との相当因果関係を構成する要素）

　　　第１類型・第２類型・第３類型

　　共済規約免責条項

　　　労済・生協（第１類型・第２類型。第３類型の有無）

＜免責の主張立証責任＞

＜免責の範囲＞

　　割合的責任論

第３節　地震免責条項を含む約款・規約の有効性・拘束力

1．約款・規約の免責条項[87]

　保険約款では、免責の対象として「地震もしくは噴火またはこれらによる津波によって生じた損害に対しては、保険金を支払いません。」と定められており、「地震による損害」とは次の場合をいうと解されている。

　①地震によって生じた損害（第１類型）

　②地震によって発生した事故が延焼又は拡大して生じた損害（第２類型）

　③発生原因がいかなる場合でも事故が地震によって延焼又は拡大して生じた損害（第３類型）

　これに対して、共済規約では、免責の対象として、労済規約では、「地震により生じ、又は拡大した火災等又は風水害等による損害」と規定しているのに対して（【16】）、生協規約では、「原因が直接であると間接であるとを問わず、地震によって生じた火災等による損害」と定められている（【6】【12】【15】【16】【19】）。後者では、第３類型の有無に関する解釈が争われている。

2．地震免責条項の有効性

　20件の判例等の多くは、地震免責条項の有効性について当該裁判所としての立場を示していない、あるいは、大判大正15年６月12日（民集５巻８号495頁）（【18】【19】）を参照するなどしていることから、その有効性を前提としているように思える。

　そのような中で、【4】は、地震損害は、その性質からして、保険に馴染ま

ないということを示しながら、地震免責条項の有効性の立場を明らかにしている。すわなち、免責条項が設けられる理由は、地震による保険事故発生の度合・損害の程度が平均性を欠き、蓋然性の測定が困難であること、地震の発生分布は不均衡であり、保険の相互性の原則に適合しないこと、火災が発生すると、限られた地域に破局的な損害が生ずること、地震の際、施設が破壊され、人心が動揺し、火災防止・消化活動が停止・不可能となり、平時では想像できない損害が生じること、そのような火災損害も保険会社がてん補すれば、保険料が高額となり契約者の合理的意思に反すると共に、保険集団形成が不可能となり、保険制度として成り立たなくなると解され、それ自体合理性を有し、公序良俗に反するとは認められないと判示している。

　【4】の立場がその後の判例等に踏襲されているといえなくもない。すなわち、【16】地裁では、地震火災による損害は、地震の規模・発生場所・発生時間等の要因によって膨大になる可能性があるが、地震の発生頻度は大数の法則に則っておらず、地震危険を感ずる地域・時期だけに加入することで危険の平均化を図るのも困難である。このような理由から免責条項が定められていること、地震火災による損害をてん補するものとして地震保険制度が設けられていることをも勘案すれば、免責条項が、保険者を利するだけであり、著しく正義に反するとはいえないと判示している。さらに、【18】は、損害保険は確率的予測を前提とする危険分散化システムであるから、収支相当の原則・給付反対給付の原則が妥当すること、火災保険では、地震損害をてん補しないことを前提として、保険料率が算定されていること、地震は、損害の巨大性・発生予測の困難性・逆選択の危険からすると、保険に馴染みにくい異常危険として、地震保険でてん補されるなど、これらからすると、火災保険で、地震による火災損害をてん補するための利益の蓄積はないことから、それについて保険金を支払えば、収支相当の原則に反する上、火災保険料は地震損害のてん補を受ける対価となっておらず、給付反対給付の原則からしても火災保険のみの加入者に保険金を支払う根拠がないと判示している。

　なお、盗難保険に関する【3】では、地震によって社会秩序の混乱で盗難が多発し、損害額が膨大になって、てん補すると、保険料が高額となり、保険集団を形成できなくなり、保険制度として成り立たなくなると判示しており、火

災保険の免責条項に関する判例等と同じ立場にあるといえる。

3．地震免責条項の拘束力

（1）総合的解釈

　20件の判例等は、基本的に、意思推定説に立ちながら、保険会社が免責条項を含む約款を開示及び説明したか否かを拘束力の有無の判断基準としている。

　【1】では、損害保険契約を締結する場合、約款適用が商慣習となっていることから、当事者が適用排除を積極的に明示した場合を除き、約款が適用されると判示している。【2】では、免責条項について、保険会社による開示義務・説明義務が尽くされていなかったとの証拠はないことから、免責条項を含む約款が契約者を拘束すると判示している。この立場によれば、契約者を拘束するためには、保険会社が契約者に対して、約款を開示し、その内容について説明するということが前提になると解されるが、【2】以降の判例等はこの立場を前提としているのではないと考える。【4】も【2】とほぼ同じ立場にある。

　【5】以降の判例等では、【2】が示す保険会社が免責条項を含む約款の開示・説明義務を尽くしたといえる状況を具体的に示している。すなわち、【5】では、免責条項の適用については、①契約者が申込書に押印していること、②申込書の記載内容、③保険金額以外は、支払条件について話をしていないことからして、特に約款によらない旨の意思を表示することなく締結したと認めることができ、約款による契約を締結したものと推定され（意思推定説）、免責条項が適用されると判示している。

　【6】では、共済の事案において、契約者は「共済の定款及び規約（免責条項を含む）の内容を了承して共済契約の申込みをする。」と書かれた申込書に住所・氏名等を記載して申し込んでおり、締結の際、申込書・契約証書兼領収書・課税所得控除火災共済掛金証明書・契約書面（免責条項挿入）を用いていることから、契約者は規約による意思をもって契約したものと推定され、免責条項に拘束されると判示している。

　【11】では、①申込書の「地震」の項目に丸印がなかったこと、②地震保険の保険金額・保険料部分は空白であったこと、③申込書には、「貴社の約款・特約事項を承認し、保険契約を申し込みます。」、「申込みに際しては『ご契約のしおり』をご覧下さい。」と記載されていたこと、④契約者は「地震保険は

申し込みません。」と記載された「地震保険ご確認欄」に押印・署名していたこと等から、契約者は、免責条項が存在し、損害てん補を受けられない場合があることを認識して締結したものと推認できるので、契約者に免責条項の認識可能性がなかったとはいえず、特段の事情があったとはいえないから、契約者を拘束すると判示している。【11】では、「特段の事情」という表現を使っており、免責条項の認識可能性を否定する状況がこれに該当すると解される。特段の事情については、改めて検討する（本章本節（3））。さらに、【12】地裁では、共済の事案において、【11】と同じような立場にある。【16】地裁・高裁も同じような立場にある。

　【14】地裁・【14】高裁では、契約者は、個別の約款条項の内容につき熟知していない場合であっても、約款によって火災保険を締結する意思を有しているのが通常であることに鑑みると、当事者双方が特に約款によらない旨の意思を表示しないで火災保険契約を締結した場合には、特段の事情がない限り、当事者は約款によるという意思をもって締結したものと推認する。本件では、契約締結に際し、契約者において上記の意思を表示したとの事実は認められず、また、火災保険契約の申込には、「貴会社の普通保険約款及び特約事項を承認し、保険契約を申し込みます。」と記載された火災保険契約申込書が用いられていると判示している。このことからすれば、特段の事情について、【11】と同じ立場ではないかと解する。

　【15】【19】では、火災保険契約は約款による附合契約であることから、約款に従って保険契約が締結された場合、特段の事情がない限り、申込者は約款に従う旨の意思を有すると判示しており、意思推定説に立っているといえる。

　【18】では、契約者が免責条項を知っているか否かはさておき、保険契約は約款に従って契約内容が定まり、約款が合理的であると信頼されていることは推定されることから、約款に従って保険契約が締結された場合は、特段の事情がない限り、申込者は、約款に従う旨の意思を有すると推認されると判示している。もっとも、免責条項を知っているか否かはさておきとしている点は、附合契約性をことさら強めるものであり、申込者ついて免責条項の知不知の検討を放棄しているともいえる。

　【20】では、火災保険及び地震保険の拘束力について別々に判示する。すな

わち、火災保険について、約款に従って契約がなされた場合、特段の事情がない限り、申込者は約款に従う旨の意思を有するものと推認され、保険者が地震火災についても保険金が出る旨の積極的な説明をしたなどの特段の事情がない以上、免責条項が適用されると判示している。これに対して、地震保険については、地震保険に関する情報提供・説明の目的の主張を前提としても、地震保険の付保の確認であるから、それを怠ったことが免責条項の拘束力のみを否定する根拠にはなり得ないと判示している。

　以上のことから、判例等は、原則的に、意思推定説に立ちながら、保険会社の開示義務・説明義務を重視し、その内容を具体的に示しながら、地震免責条項を定める約款・規約の拘束力の解釈をより明確していると思える。

（2）不意打ち条項性

　20件の判例等で、契約者の立場において、地震免責条項は不意打ち条項に該当するから、火災保険契約の要素とならず、契約者を拘束しない旨の主張がある。これは、【11】[88]において、約款の拘束力に関して主張されたものであるが、【16】においては、特に地震免責条項の第3類型について同様の主張が見られている。これらに対して、裁判所は、いずれも該当性を否定している。

　その後、【19】【20】において、裁判所は不意打ち条項について詳細に論じている。まず、【19】では、契約者らが、当該規定が内容的に「異例」で、「不意打ち要因」がある場合に、不意打ち条項となるとし、地震免責条項は不意打ち条項であるから、火災保険（共済）契約とならず、契約者らを拘束しない旨主張するのに対して、裁判所は、「異例」というためには、条項が、約款による契約全体からして、合理的な一般人において、想定を期待することが不可能であることが必要と解され、火災保険において、異常危険について免責条項があること、地震が異常危険に該当することを想定することは合理的な一般人に期待することが不可能とは言い難いことなどからすると、地震免責条項は不意打ち条項には該当しないと判示している。【20】では、これと同じような立場にある。すなわち、不意打ち条項論は、契約の外形から、条項内容が異常で非慣行的な場合に、その条項の拘束力を否定しようとするものであるところ、免責条項は、内容において異常でも非慣行的でもなく、不意打ちとはいえないから、免責条項の拘束力は否定されないとした上で、【19】の「異例」と異なり、「異

常」という文言を使うものの、「異常」と判断されるための要件について【19】とほぼ同じような表現をして、地震免責条項の不意打ち条項性を否定している。

（3）特段の事情

　免責条項の適用の有無を検討する場合、締結（更新も含む）過程において、適用を排除する特段の事由があったか否が論じられている。以下、それぞれの特段の事情について検討する。

　【11】では、免責条項の効力を巡り、契約者は、保険契約の締結にあたり、免責条項が存在し、その事由が存在する場合には損害てん補を受けられないことを認識して締結したものと推認することができ、契約者に免責条項の認識可能性がなかったとはいえないから、特段の事情があったとはいえず、免責条項は保険契約の内容となり、契約者らを拘束すると判示している。それゆえに、免責条項の認識可能性を否定する状況が特段の事情に該当すると解される。

　【14】最高裁は、地震保険に加入するか否かの意思決定は、財産的利益に関するものであることに鑑みると、意思決定に関し、保険会社側からの情報の提供や説明に不十分、不適切な点があったとしても、特段の事情が存しない限り、これをもって慰謝料請求権の発生を肯認し得る違法行為と評価できないとした上で、このような見地に立って本件をみるに、（1）火災保険契約の申込書には、地震保険不加入意思確認欄が設けられており、この欄が設けられていることで、火災保険契約の申込者に対し、①火災保険とは別に地震保険が存在すること、②両者は別個の保険であって、前者に加入したとしても、後者に加入したことにはならないこと、③申込者がこの欄に押印をした場合には、地震保険に加入しないことになることについての情報が提供されているものとみるべきであって、申込者は、申込書に記載されたこれらの情報を基に、保険会社に対し、火災保険及び地震保険に関する更に詳細な情報（両保険がてん補する範囲、地震免責条項の内容、地震保険に加入する場合のその保険料等に関する情報）の提供を求め得る十分な機会があった。（2）申込者は、この欄に自らの意思に基づき押印をしたのであって、保険会社から提供された①～③の情報の内容を理解し、この欄に押印をすることの意味を理解していた。（3）保険会社が、申込者に対し、火災保険契約の締結に当たって、地震保険に関する事項について意図的にこれを秘匿したなどという事実はない。以上から、火災保険契約の締

結に当たり、保険会社に、申込者に対する地震保険に関する事項についての情報提供や説明において、不十分な点があったとしても、特段の事情が存するとはいえない。それゆえに、契約締結過程において、火災保険の申込者が、申込書の記載内容によって火災保険及び地震保険に関する情報を受けていたこと、申込者は地震保険不加入意思確認欄の押印の意味を理解していたこと、保険会社が地震保険に関する事項について意図的に秘匿したなどという事実はないことなどが判断要素となり、免責条項を含む約款の適用を排除する特段の事情はなかったと判示している。

【18】では、約款等に従って保険契約等が締結された場合、免責条項が適用されない特段の事情がない限り、申込者は約款等に従う旨の意思を有すると推認される。保険者等が、地震による火災についても保険金が出る旨の積極的な説明をした、ないし、それと同視し得る特段の事情がない以上、約款に含まれる条項が適用されると判示している。

【19】では、約款に従って保険契約が締結された場合、特段の事情がない限り、申込者は約款に従う旨の意思を有する、そして、契約者の一部について、地震の場合に火災共済金が支払われない旨の説明を受けていないし、説明を受けるシステムがなかったこと、保険会社が地震保険の説明をしたとは窺えないことなどを認定しているが、約款によらないと解すべき特段の事情は認められないとして、契約者らは免責条項を含む約款に拘束される。以上によると、保険会社が地震保険の説明をしていないことなどがあっても、特段の事情は認められないと判示している。それゆえに、本判決でいう特段の事情とは、保険会社が火災保険で地震火災についても保険金が出る旨を積極的に説明したなどという場合をいうことになろう。

【20】では、保険契約は附合契約であるから、約款に従って保険契約がなされた場合は、特段の事情がない限り、申込者は約款に従う旨の意思を有するものと推認され、約款に含まれる免責条項の適用がある。本件では、①契約者が約款によらない旨の意思を表示した、あるいは、②保険会社が火災保険で地震火災についても保険金が出る旨を積極的に説明したなどの特段の事情は存在しないと判示している。①あるいは②が特段の事情となる。

（4）締結過程における契約内容の説明義務・情報提供義務

185

説明義務・情報提供義務について判示している判例等には、【2】【14】地裁・高裁・最高裁【15】【16】地裁【19】【20】がある。このうち、【14】最高裁が、説明義務違反による損害賠償・慰謝料について裁判所の立場を明らかにしている。後続の判決が前出の判例等の立場を参考している場合もあると考えられるので、判決年月日の昇順（【2】【14】地裁【16】地裁【14】高裁【15】【19】【20】【14】最高裁）に検討していく。

　【2】では、免責条項の拘束力に関連して、開示・説明義務が尽くされていなかったとの証拠はないと判示している。

　【14】地裁では、契約者が免責条項に関して説明を受けていたとすれば、地震保険に加入していたという蓋然性が高いとは認められず、情報提供義務違反を理由として損害賠償を求める契約者の請求は理由がないと判示している。

　【16】地裁では、火災保険では免責条項が用いられ、保険契約でも、監督官庁の認可等を得て、各条項が定められていることから、契約者にとって、地震免責条項の存在は予測可能であり、本件保険契約は約款等による意思をもって締結されたものと推認されることをも勘案すれば、保険会社等に免責条項を説明すべき信義則上の義務はないと判示している。

　【14】高裁では、地震保険確認欄への押印に関する義務違反について、保険会社・消費者間で、地震保険に関する情報格差が著しいこと、原則付帯方式及び意思確認欄への押印による地震保険不付帯の意思確認が行われる地震保険法及び運用方式は、保険会社による地震保険及び意思確認欄への押印に関する情報提供・説明を前提としているとともに、旧募取法（保険業法）で保険会社に説明義務が課せられている重要事項にも当たるとことなどを総合すれば、保険会社は、申込者が火災保険の申込みにあたり、地震保険の内容・意思確認欄への押印の意味、すなわち、同欄への押印によって地震保険不付帯の法律効果が生じることに関する情報提供・説明をすべき信義則上の義務があり、それゆえに、損害賠償責任があると判示している。

　【15】では、契約を締結するか否かは、当事者の自己責任に属するが、契約当事者は、信義誠実の原則に従って行為すべき義務を負い、その結果として、相互に相手方の人格及び財貨を害しないように適切な考慮を払うべき義務（保護義務）を負っており、このような義務を根拠として、契約当事者は説明義務

ないし情報提供義務を負っている。そうすると、これらの義務違反による損害賠償責任があるというためには、それを怠ったことにより、相手方の自己決定権を侵害し、そのため、相手方の人格又は財貨が具体的危険に晒されることを要すると解すべきである。すなわち、ワラントや変額保険に関しては、消費者には馴染みのない商品であり、上記取引への参加は財貨喪失の危険を伴うから、上記取引の勧誘に当たって、そのような説明を怠り、取引に参加させたことが相手方の自己決定権を侵害し、説明義務違反と評価される。したがって、契約者が地震保険に加入しなかったことについて、保険会社において地震保険に関する説明義務違反・情報提供義務違反があり、契約者の自己決定権が侵害され、そのことが損害賠償責任に直結するためには、①地震保険が知られておらず、②保険会社がその説明を怠り、③そのことにより、契約者が地震保険に加入せず、④そのため、契約者の人格又は財貨が具体的危険に晒されたことを要する。本件につき検討すると、①については、地震保険確認欄を創設し、原則付帯方式を採用した趣旨は、火災保険に加入していれば地震火災による損害にも保険金が支払われるという誤解を防止するために設けられたものであり、これによれば、上記方式を採用した以後は、火災保険契約申込書等に地震保険確認欄があることからすれば、火災保険の申込者にとって、同書類の記載から地震保険の存在は認識し得るものといえる。②については、契約者が、地震保険確認欄に火災保険契約の申込みに使用した印影と同一の印影を押印していることに鑑みると、保険会社が契約者に対し地震保険の説明をしたと推認できる。③については、地震保険は、保険料が高いこと、保険金に上限があることが認められるところ、これらに本件地震のような巨大地震が起こることは滅多にないと思うのが通常人の認識であることを合わせ考慮すると、契約者が、地震保険に関して十分な説明を受けていたとしても、地震保険に加入していたであろうという蓋然性が高いとは認められない。そうすると、保険会社において損害賠償責任に直結するような意味での地震保険に関する説明義務違反・情報提供義務違反があり、契約者の自己決定権が侵害されたということはできないと判示している。

【19】では、開示責任と保険契約の附合契約性との関連について判示している。すなわち、保険会社は、約款作成者として内容を熟知しており、事業者として

内容を火災保険契約申込者に開示する社会的責任を負うが、他方、火災保険契約が約款に基づく附合契約であること、免責条項は地震免責条項以外にも多数あり、そのすべてを、契約前に、申込者に文書及び口頭も交え説明することを法的義務とするならば、取引を約款によって行う意義は低下すること、申込者も、約款による取引の利便性及びそれに基づく保険商品コストの削減の利益を享受していることを考慮すると、保険会社が、地震免責条項や地震保険について積極的に説明しなかったことのみから、直ちに不法行為などによって損害賠償義務を負うものとは解し難い。もっとも、保険会社が、積極的に申込者が火災保険契約が地震火災も付保するものと誤解するような言辞を弄し、挙動を示し、あるいは、申込者が地震火災も付保するものと誤解していることを知り、又は、これを容易に知りうる事情がありながらそれを放置するなど、保険会社に違法事由が認められる場合には、不法行為などによる損害賠償義務を負う余地があると判示している。

【20】では、地震保険に関する情報提供義務に関して他の法令との比較を判示している。すなわち、地震保険に関する情報提供は、地震保険の契約洩れを防ぎ、地震保険の普及を図るために要請されるものであって、保険会社に一般的な情報開示（説明）義務が存在するものではない。したがって、本件で、保険会社が契約締結に際し、申込者に免責条項や地震保険について積極的に説明しなかったからといって、直ちに損害賠償責任を基礎付ける一般的な法的義務違反を構成するとはいえない。保険会社の上記情報（説明）提供義務を、あたかも旧金融商品販売法（金融サービスの提供に関する法律）により法定化され、かつ、その違反による損害賠償責任も法定されている金融商品販売業者等の説明義務と同様に解することは困難である。その結果、本件では、保険会社には、損害賠償責任に結びつくような地震保険に関する一般的な情報開示（説明）義務が存在せず、保険会社が地震保険確認欄への押印を慫慂する行為をしたとは認められず、契約者の地震保険を付帯する機会を剥奪したことにはならないと判示している。

【14】最高裁では、説明義務違反による損害賠償・慰謝料について次のように判示（破棄自判）し、裁判所の立場を確定している。すなわち、本件では、契約者は、保険会社側から地震保険に関する事項について適切な情報提供や説

明を受けなかったことにより、正確かつ十分な情報の下に地震保険に加入する
か否かについての意思を決定する機会が奪われたとして、保険会社に対し、こ
れによる精神的損害のてん補としての慰謝料の支払を求めているが、地震保険
に加入するか否かの意思決定は、生命・身体等の人格的利益ではなく、財産的
利益に関するものであることに鑑みると、この意思決定に関し、保険会社から
の情報の提供や説明に不十分・不適切な点があったとしても、特段の事情が存
しない限り、これをもって慰謝料請求権の発生を肯認し得る違法行為と評価す
ることはできない。このような見地に立って、本件をみるに、（1）火災保険
契約申込書には、地震保険不加入意思確認欄が設けられ、申込者が地震保険に
加入しない場合には、その欄に押印をすることになっている。申込書にこの欄
があることで、火災保険契約の申込者に対し、①火災保険とは別に地震保険が
存在すること、②両者は別個の保険であって、前者に加入したとしても、後者
に加入したことにはならないこと、③申込者がこの欄に押印をした場合には、
地震保険に加入しないことになることについての情報が提供されているものと
みるべきであって、申込者は、申込書に記載されたこれらの情報をもとに、保
険会社に対し、火災保険及び地震保険に関する更に詳細な情報（両保険がてん
補する範囲、地震免責条項の内容、地震保険に加入する場合のその保険料等に
関する情報）の提供を求め得る十分な機会があった。（2）申込者は、この欄
に自らの意思に基づき押印をしたのであって、保険会社から提供された①～③
の情報の内容を理解し、この欄に押印をすることの意味を理解していたことが
窺われる。（3）本件では、保険会社が、申込者に対し、火災保険契約の締結
に当たって、地震保険に関する事項について意図的にこれを秘匿したなどとい
う事実はない。以上のことから、火災保険契約の締結に当たり、保険会社に地
震保険に関する事項についての情報提供や説明において、不十分な点があった
としても、特段の事情が存するとはいえないから、これをもって慰謝料請求権
の発生を肯認し得る違法行為と評価できないと判示している。

　説明義務・情報提供義務の内容、及び、それらの違反による損害賠償・慰謝
料に関して、【14】高裁で方向性が提示され、そこから約1か月後の判決であ
る【15】で【14】高裁の立場とは異なる判決が出され、その後の【19】【20】が【15】
を踏襲し、【14】最高裁が確定したということができる。

第4節　地震免責条項の解釈

1．約款・規約に共通の解釈⁽⁸⁹⁾

（1）火災保険免責条項（地震と火災との相当因果関係を構成する要素）

（ア）はじめに

　地震免責条項の第1類型は、火元の火災が地震によって生じた損害をいい、第2類型は、地震によって生じた火元火災が延焼又は拡大して生じた損害をいう。それゆえに、これら2つの類型では、地震と火災との因果関係は火元火災についていうことで共通する。これに対して、第3類型は、火元の発生原因が地震によるものか地震によらないものかを問わず、火元火災の延焼拡大の原因が地震によるものであることにおいて、地震との因果関係を求めるという解釈が一般的な理解である⁽⁹⁰⁾。

　以下、地震と火災との相当因果関係を検討するにあたり、各事案において因果関係を構成する具体的な要素を抽出していきたい。第1類型及び第2類型は、前述のように、火元火災について地震との因果関係を求めることで共通することから、原則として、併せて検討する。

（イ）第1類型・第2類型

＜第1類型＞【4】【9】【10】【11】

＜第2類型＞【5】【6】【8】【9】【11】【12】【14】【17】

　【4】（第1類型）では、「地震によって生じた火災」とは、地震と因果関係のある火災をいうと判示しており、この立場が、類型を問わず、その後の判例等に共通している。本件では、火元火災の原因として通電⁽⁹¹⁾が問題となっている。すなわち、医院内の焼燬の状況、火源となる物件の存在状況、電気配線の状態等に照らせば、火災は、地震の震動で技工室の作業台上にあった器具が落下し、衝撃で電気配線が半断状態になり、半断箇所が過熱して出火した蓋然性が極めて高く、地震後、通電されていた時間帯に、一連の機序により発生したものと推認するとして、地震と相当因果関係があると判示している。

　【5】（第2類型・第3類型）では、火元火災は午前6時に覚知するも、同時多発火災のため消防隊は他の現場に出払っており出動できなかったので、火災の発生時刻・場所・状況・延焼状況によれば、出火原因は特定できないが、火

元火災は地震よって発生したものであり、火元火災が地震によって延焼拡大して本件建物を焼損させたものであると判示している。本件判決では、第2類型あるいは第3類型のいずれに該当するかは明示しておらず、火元の出火原因は特定できないとしながらも、火元火災は地震によって発生したと判断するとともに、延焼拡大が地震によるものと判断していることから、第3類型に該当する可能性がある。

【6】(第2類型)は共済契約の事案であり、共済規約には「原因が直接であると間接であるとを問わず、地震又は噴火によって生じた火災等による損害」は免責されると定められていた。規約の「火災」は火元火災と延焼火災を含む解されることから、延焼火災が地震を直接又は間接の原因としている場合には、免責条項の適用を受ける。その上で、規約の文言は、社会通念上、火災の発生拡大が地震と相当因果関係にある場合を意味するが、因果関係の有無の判断には、火災発生状況や消防活動に関係のある社会状況等、火災の発生拡大に影響を及ぼす諸事情をも考慮する必要があり、本件火災の発生は地震の6日後であるが、①火災の発見の遅れ、②初期消火の不奏効及び③消防隊到着後の消防状況(当時は、火災が頻発する状況にはなく、区内で当日発生したのは本件火災のみ)を考慮すれば、地震を直接又は間接の原因として生じたものとはいえず、共済者の免責を否定すると判示している。

【8】(第2類型)地裁と【8】(第2類型)高裁は、証人が聞いた雷のような音(「ドドーン」、「ドカーン、ドカーン、バリバリ」)について、正反対の判断を示している。【8】地裁では、雷のような音は通常の通電火災時の音とは異質であり、出火直後、火元住人が110番に電話した後、外に飛び出すと、20ないし30歳位の男性が立っていたこと、消防署は、火元の出火原因は不明火としていること、送電が当日の夕方頃には復旧しており、火元の出火は不審火による疑いもなくはないことから、出火と地震との間に相当因果関係を肯定できず、免責条項に該当しないと判示している。これに対して、【8】高裁では、火元火災は余震直後に発生したこと、地震で電気配線の半断線又は短絡状態が発生・拡大しやすい状況にあったこと、電気のショート音や火花は、電流の流れている状態の屋内配線が余震で損壊度が高まり、断線出火又は短絡出火した状況に符合し、通常の通電火災時に出す音と異質とはいえないことなどから、

火災と地震との相当因果関係が認められると判示している。

【9】（第1類型・第2類型）地裁では、「地震によって発生した火災」は、地震と火災との間に相当因果関係を必要とするから、社会通念上相当と認められる限度において、地震と火災との間の因果関係を肯定すべきであるが、地震後2・3日もすれば、家人による安全管理が可能になるとこと、家人が容易に危険を除去しうるのを怠り（本件では、ストーブのスイッチを切っていなかった）、その結果火災が発生した場合は、社会通念上、火災は家人の過失による失火と見るのが相当であり、地震によって発生した火災には当たらず、地震と火災との間に相当因果関係はないと判示している。【9】高裁では、地震によって可燃物に極めて容易に着火しやすい状態となったことが原因で火災（通電火災）が発生した場合には、「地震による震動のために作り出された異常状態」によって生じた火災として、相当因果関係があるものとしてよいと判示している。すなわち、地震火災は、地震動が直接火災の原因になることは明らかであるが、電気配線断裂による漏電や、通電等によって火災が発生する場合や、交通路の遮断や水不足といった異常事態が生じて、焼燬に至る場合もあり、いずれも「異常状態」に該当することがあるとしながらも、【9】地裁と同じく、住居内の点検を怠るなど、居住者が地震後に火災発生の危険の除去を怠ったことが火災発生の直接的な原因となっている場合には、因果関係を認めざるを得ないと判示している。

【10】（第1類型）では、「地震によって生じた」とは、地震と火災との間に相当因果関係があること、すなわち、通常人から見て、地震が発生した場合に、火災が通常発生しうるものであると判断される関係にあることを要し、かつ、これをもって足りると解するのが相当である。本件では、火災が発生したのは、建物内へのガスの長時間の流入と爆発があったからであり、ガスが滞留したことは地震と相当因果関係があると判示している。

【11】（第1類型・第2類型）では、「地震によって生じた火災」という場合に、通常人の理解が「地震という地盤の揺れによって生じた火災」のみに限定されるかは疑問であるとして、これ以外の要因を示している。すなわち、第1類型・第2類型を考えれば、地震後に火災が発生する場合が、地盤の揺れでストーブが倒れたり、ガスの火が引火して、燃え広がったというような「地盤の揺れに

よって直接火災が発生する場合」のみではなく、地盤の揺れでガス管が破損し、日常生活では考えられない異常なガス漏れが生じ、火災が発生することなども含まれ、これは地震による異常なガス漏れが存在しなければ、その後の火災も発生しなかったことも明らかであるからである。そうだとすれば、他のより有力な要因（放火等）がない限り、異常なガス漏れに引火した場合の火災発生についての最も有力な要因は、地盤の揺れで生じたガス管の破損による異常なガス漏れといわざるを得ず、したがって、「地震によって発生した火災」には、「地盤の揺れでガス管が破損し、通常の日常生活では考えられない異常なガス漏れが生じ、何らかの火が引火して火災が発生した」場合も、有力な要因が認められない限り、含まれる。本件では、火災発生前後の状況に鑑みれば、火災はガス爆発を原因として生じたものであり、地震による揺れが非常に強烈であったこと、建物のガス供給施設は、配管等に疲労が生じていた可能性があること、火災発生前にガスボンベの状況が不明であること等を考慮すれば、本件火災は、地震の揺れで契約者の建物のいずれかのガス供給施設が損傷し、そこから漏れたプロパンガスに火が引火して爆発炎上し、発生したものと認めると判示している。

【12】（第2類型）地裁では、共済契約の事案において、火元火災（【14】と同じ火元）が地震を原因として生じた場合とは、地震でガス漏れが生じ、引火したとか、地震により電気配線に異常が生じ、通電により発熱が生じて出火したといった場合をいうが、本件には、火災発生の約2時間前からガスの供給はなく、火元ではガスは使用されていなかったのであるから、本件火災が、ガス漏れを原因として発生したとは認められず、また、火災発生当時、現場では、地震後から停電状態にあったことから、火元周辺における電柱の倒壊状況・住民の認識等に照らせば、火災当時、火元に送電されていたとは認め難く、その後の通電によって本件火災が発生したと認められない。さらに、本件火災は、全壊した建物内部から地震発生8時間後に発生しているが、現場地域では火災発生前から人為的活動が行われており、火災の発生状況をも考慮すれば、火災の発生場所・発生時期等から本件火災が地震で発生したと推定できない。したがって、免責条項の適用は認められないと判示している。【12】高裁は、地裁とほぼ同じ立場にある。

【14】（第２類型・第３類型）地裁及び【14】高裁ともに、【12】と同じ火元火災について、地震で配管から漏れたガスに通電の再開等によって発生した火が着火したことが出火原因とは認められず、火元火災は地震により発生したものとは認められないとして、本件火災損害は第２類型に該当しないと判示している。

　　【17】（第２類型・第３類型）では、火災原因はガスに対する引火と認定できず、地震によることを認める証拠はないから、火災が地震によって発生したとまでは認められず、本件建物火災は第２類型には該当しないと判示している。

(ウ) 第３類型

【２】【５】（「第１類型・第２類型」を参照）【７】【14】【15】【16】【17】【18】【19】【20】

　　【２】では、地震当日に出火した原因不明の火元火災が地震によって延焼したことから、免責条項の適用があるとして、検討すべき要素を具体的に示している。すなわち、①延焼拡大の状況については、火元及び延焼先の建物の所在地域の家屋の多くが倒壊し、風が強くなってきたため、延焼しやすい状態になったこと、②消防活動については、倒壊家屋や電線が支障となり消防車が前進できず、交通渋滞や人命救助のために消防隊の移動が妨げられたこと、断水で消火栓が使用できず、プールからの中継送水・海水中継などで消火したが、延焼阻止に時間がかかったこと、広範囲で火災が同時多発したことなどで消火能力の限界を超えたこと、③延焼拡大の原因については、火災が広範囲に延焼拡大した主たる原因は消防力が完全に無力であったことによるものであり、無力の原因が地震であることは明白であると判示している。

　　【７】地裁では、地震当日午前８時頃に建物内で火災が発生し、全焼した事案において、免責条項の趣旨は、地震時の社会的混乱・消防力の不足、交通事情の悪化等の事情も考慮したものであり、本件火災は出火原因不明であって第２類型には該当せず、第３類型の適用は火元火災が原因不明であることを前提としていることから、また、本件延焼火災は地震による消防力の低下が原因であることから、第３類型に該当すると判示している。【７】高裁においても、【７】地裁と同じように、火元火災にも第３類型が適用されると判示している。すなわち、本件火災は地震以外の原因によるが、地震による影響がなければ、小規

模の段階で鎮火した蓋然性が高く、地震で消防車が到着できなかったため全焼したものであって、本件のように、火災が地震による消火活動への影響等により通常に比べて大きな損害を生じさせた場合は、「延焼又は拡大」の「拡大」に該当し、火元火災についても第3類型が適用されると判示している。このように、これら2判決では、【18】と同じく、建物内の延焼拡大について第3類型の適用を認めていることに注目できる。すなわち、【7】地裁は、本件では火災が建物内で延焼拡大したものであるとして第3類型を適用している。【7】高裁は、火災が地震による消火活動への影響等により通常に比べて火元建物に大きな損害を生じさせた場合は「拡大」に該当するというのが、この解釈指針に沿った解釈であり、建物内の延焼拡大についても第3類型の適用はあると判示して、第3類型適用の根拠につき地裁よりも明確にしている。

　【14】（第2類型・第3類型）地裁では、第3類型は、大地震が発生した場合、平常時よりも広範に火災が延焼拡大する事態は予測され、防火体制が充実していれば延焼拡大の範囲が違っていたという場合も、地震によって火災が延焼拡大したものと評価すべきとした上で、延焼火災について、火元に接する建物は、平常時でも延焼していた可能性を否定できず、地震の影響がなければ延焼しなかった蓋然性が高くなく、地震によって延焼拡大した火災で滅失したと認められないことから、免責条項は適用されず、他の目的物は火元火災が地震によって延焼拡大した火災で滅失し、第3類型に該当すると判示している。【14】高裁では、第3類型について、防火体制が充実していれば延焼拡大の範囲が異なっていた場合であっても、平常時においてすら通常の火災の延焼拡大を防げないような状況でない限り、地震によって火災が延焼拡大したものと評価すべきであるとした上で、延焼火災について地裁と同じ結論を示している。

　【15】では、共済組合（生協）規約と保険会社約款とを対象とするが、前者には第3類型がないとし、後者については、第3類型の「発生原因のいかんを問わず火災が地震によって延焼又は拡大して生じた損害」とは、社会通念上、火災の延焼拡大が地震と相当因果関係にある場合を意味するものであり、免責条項の趣旨は、地震の際における社会的混乱や同時火災多発による消防力の不足低下、交通事情の悪化等の事情をも考慮したものであり、ライフラインの影響といった人為的側面も、それが地震に起因する限り、地震とは別個の問題で

あると解することはできず、本件火災の目的物への延焼は、地震との間に相当因果関係が認められると判示している。

【16】地裁では、本件火災は、地震発生の約2時間後に発生したものであるが、地震発生時に相当の人為的活動が行われており、火災発生前にも相当の人為的活動が行われていたのであって、地震による火元建物の損傷程度等も考慮すれば、火災が地震によって発生したと直ちに推定できず、その上で、契約者ごとに延焼拡大の状況を基礎として、因果関係の有無を検討している。すなわち、目的物への延焼は、地震のために消火栓が使用不能であったこと及び地震直後に発生した火災の消火活動にも消防力を割かなければならなかったことによることから、目的物への延焼は、地震と相当因果関係があると判示して、第3類型の適用を認めている。【16】高裁でも同じよう立場をとっている。

【17】（第2類型・第3類型）では、火元火災が延焼拡大した原因は、火災発見・初期消火活動の遅れ、消火用水の不足によるものであり、これらは地震に起因するものであるから、地震と火災の延焼拡大との間に相当因果関係を認められ、第3類型に該当すると判示する。ただ、本判決は、近接している建物についても、第3類型の適用を認めており、この点について【14】地裁と異なる立場にある。

【18】では、市内の被害状況を確認し、火災の経緯について認定した上で、免責条項をあてはめている。それによると、地震と延焼拡大に相当因果関係があるということの根拠として、①火災発見の遅れ、②消防署への連絡不能という通信機能の低下、③消防の無力化を指摘し、これらは地震との相当因果関係の強さがあると判示している。もっとも、本判決で注目すべきは、【7】地裁・高裁と同じく、建物内における火元の階から上階への延焼拡大を認定している点である。すなわち、第3類型が適用されるためには、「地震による延焼」（地震と延焼との相当因果関係の存在）であることが必要とされるところ、本件地震に関する他の事例では、火元との関係において横の空間移動による延焼拡大の場合ついて「地震による延焼拡大」が検討されているのに対して、本件では、「縦の空間移動」による延焼（上階への延焼拡大）が「地震による延焼拡大」にあたると判示している。

【19】では、火元火災は、地震から約3時間も経過した後に発生したこと、家人の救出中に倒壊家屋が着火ないし引火したことから、地震によって発生し

196

たとは認められず、地震と火災の発生との因果関係は否定され、共済契約の免責条項（第1類型・第2類型。第3類型はなし）には該当しないと判示している。これに対して、保険会社の免責条項については、通常時の火災発生時と覚知時間や鎮火時間との対比から、地震がなければ延焼を防止できた高度の蓋然性があったことから、地震と目的物への延焼との間には相当因果関係があり、免責条項が適用されると判示している。

【20】では、消火栓の使用不能、消防車出動の遅れ、初期消火活動の支障、延焼拡大の状況、建物焼失までの時間などによれば、本件建物損害は、火災が地震によって建物に延焼したものとして、地震と延焼には相当因果関係が認められ、第3類型に該当すると判示している。

（2）共済規約免責条項に固有の解釈

（ア）はじめに

共済規約免責条項は、労済規約免責条項（【16】）と生協規約免責条項（【6】【12】【15】【16】【19】）の2つに分けられる。

労済規約免責条項（【16】）は、「火災」とは、人の意図に反して若しくは放火により発生し、又は人の意図に反して拡大する、消火の必要のある燃焼現象であって、これを消火するためには、消火施設またはこれと同程度の効果のあるものの利用を必要とする状態をいうと定めるとともに（労済細則2条4項）、「地震により生じ、又は拡大した火災等による損害」については免責される定めている（労済規約54条1項（5））。

これに対して、生協規約免責条項（【6】【12】【15】【16】【19】）は、労済規約免責条項とは表現が異なる。すなわち、「火災」とは、人の意思に反し又は放火によって発生し、拡大する消火の必要のある燃焼現象であって、消火するために消火施設等の利用を必要とする状態をいうと定めるとともに、「原因が直接であると間接であるとを問わず、地震によって生じた火災等による損害」については免責されると定めている。

（イ）労済規約免責条項

【16】では、労済規約にいう「火災」は、火元火災及び延焼火災を意味すると解され、免責対象の損害は、地震によって生じた火元火災及び延焼火災と、地震によって拡大した延焼火災を含む。その結果、労済規約免責条項は、保険

会社免責条項程度に明確とはいえないとしても、地震によって生じた延焼火災と地震によって拡大した延焼火災とを区別して規定しており、火元火災が地震によるものではなくとも免責対象とする第3類型を含むと解することに支障がないと判示している。それゆえに、保険会社免責条項と同じ機能を果たすということになろう。

（ウ）生協規約免責条項

【6】では、生協規約免責条項は「火災」と「延焼」とを区別しておらず、「火災」は火元火災及び延焼火災を含むものであり、「原因が直接であると間接であるとを問わず」との文言は、火元火災及び延焼火災に係わり、延焼火災が地震を直接又は間接の原因としている場合には、免責条項の適用を受けるが、第3類型は含まないと判示している。これが生協規約免責条項に関するその後の判例等の立場になっている[92]。

その後の判例等は、「火災」を着火及び延焼拡大という一連の燃焼現象としてとらえて、その意義を明らかにしており、その契機となったのが【12】である。すなわち、【12】地裁判決では、規約の「火災」とは、火源から着火物に着火して延焼拡大していく一連の燃焼現象を意味するものであり、「拡大する《略》燃焼現象」には、火元火災及び延焼火災が含まれる。「地震によって生じた」は燃焼現象の「発生」にかかり、免責条項は、着火・延焼拡大という一連の燃焼現象が地震によって発生するものであることを前提とすることから、免責条項が第3類型をも適用の対象とするかは明らかではなく、生協規約免責条項は、第1類型・第2類型を意味するものであって、第3類型は含まないと判示している。【12】高裁判決では、その延長上で、火災の定義について、延焼火災も含まれると解することと、免責条項「地震によって生じた」の部分が、規約の火災の定義中、「拡大する」の部分（延焼火災）にはかからないと解することとは矛盾しないと判示している。

【15】では、生協規約免責条項の「地震によって生じた」との文言は、出発点となる火元火災だけかかり、燃焼現象から延焼火災だけを分離して、「地震によって生じた」との文言は直接延焼火災にはかからないと解される。その意味で、規約の「火災」の定義において延焼火災も含まれることと、生協規約免責条項にいう「地震によって生じた」との文言が延焼火災にはかからないと解

198

することとは、矛盾しないと判示している。

【16】では、規約の「損害」には、発生原因不明の火災が地震によって延焼拡大して生じた損害（第 3 類型）を含むと解されず、生協規約免責条項では、延焼火災につき、火元火災が、地震により発生したものであることを要するのか、発生原因不明のものをも含むのかという点について不明確であると判示している。

【19】でも、これらと同じ立場にある。

２. 免責の主張立証責任

地震と火災との因果関係に関する立証責任については、一般的に、保険会社にあるという理解で共通している[(93)]。

【4】では、保険会社は、免責事由が存在することの立証責任を負い、これを尽くした場合にのみ保険金支払を免れるとするともに、火災が地震と相当因果関係があることを主張立証すべきであると判示して、立証の基準を明らかにしている。

【6】では、共済の事案に関して、損害保険の立証責任が共済にも妥当するとしている。すなわち、損害保険では、被保険者が保険事故による損害の発生について主張立証責任を負い、保険者が免責事由について主張立証責任を負うが、この理は共済契約にも妥当する。共済規約は、火災事故によって生じた損害に対して、共済金を支払うと定めるとともに、免責条項を定めることから、共済契約者が共済金を請求するためには、損害が火災によって生じたことを主張立証すれば足り、免責の対象である地震によって生じた火災等による損害であることは、共済者が主張立証すべきであると判示する。この立場は、【6】と同じく共済の事案である【12】地裁でも踏襲されている。

【7】高裁では、2 つの場面をもって判示している。まず、主張立証の手法について判示している。すなわち、民事裁判における火災発生原因の認定では、間接事実に基づき総合的に判断して原因を推認する手法をとる。本件では、①地震に起因する通電火災であることが合理的に説明可能であり、②他の原因が否定されることが立証されれば、地震に起因する通電火災であると推認できるが、結局、①②の事実の立証の程度やその他の関係事実をも踏まえて総合的に判断されると判示する。つぎに、【7】高裁は、割合的責任論の立場をとるに

あたり、主張立証責任の分配に依拠している。すなわち、本件では、地震による影響がなければ、小規模の段階で鎮火した蓋然性が高く、これに建物の規模構造や消火作業による汚損・水損により生じた損害も考慮すると、地震により拡大した損害は全損害の5割程度であり、この割合は、事柄の性質上、証拠に乏しく概括的な認定となるが、主張立証責任の分配を踏まえて、認定事実を前提に可能な範囲で認定するほかなく、これが許されないとは解されないと判示している。

【15】では、共済の事案において、主張立証責任を定めることのできる規約を定める共済者に免責条項の主張立証責任があり、立証の程度を緩和することは相当でないと判示している。すなわち、地震火災において、出火原因の証拠となる資料が失われることは当事者双方にとって同様であり、地震後の混乱の収拾も考えると、共済者よりも、火元建物近くにいた契約者の方が、必ずしも火災原因の特定・立証について容易であるとはいえず、その結果、どちらの当事者も証拠提出が困難になるところ、このような性格を有する火災について主張立証責任を定めることのできる規約が存在し、共済者は二義のない形で明確に規定できたはずであるから、地震後に、共済者の立証の程度を緩和することは相当でないと判示している。

【16】地裁では、火災が地震によるものであることの立証責任を軽減することは相当ではないと判示している。すなわち、地震は震度7の激震であったこともあるなど、地震後に発生した火災の原因調査は相当困難であったが、そのことを理由に、火災が地震によるものであることの立証責任を軽減するとすれば、保険会社に比して調査能力・組織において劣る契約者に火災が地震以外の原因によるものであることを調査・解明すべき負担を強いることは相当でないと判示している。【16】高裁も同じ立場をとる。

3．免責の範囲（割合的責任論）

20件の判例等では、保険会社の火災保険金の支払義務の有無を検討する場合、火災と地震との相当因果関係の有無を判断基準とすることで一致しており、相当因果関係の存在を前提として、地震免責条項に該当する場合には、火災保険金が支払われないこととなる。これら判例等の中で、因果関係の有無を判断するにあたり、火災現場の状況からして、火災損害を、地震がなくとも発生した

であろう部分と、地震によって発生した部分とに分けた上で、前者は、地震との因果関係がないと判断し、火災保険金の支払を認める判例等がある。

【7】地裁では、免責条項の趣旨は、地震時の社会的混乱・消防力の不足、交通事情の悪化等の事情をも考慮したものであり、地震と火災損害との相当因果関係の有無によって第3類型の該当性を決し、適用される。本件では、地震がなくてもボヤ程度の火災損害は生じており、地震と因果関係のある火災損害はこの損害を超える部分となり、ボヤ程度の火災損害は全損害の半分を超えることはなく、相当因果関係のあるのは、全損害の半分であると判示している。

【7】高裁では、火災は地震による影響がなければ、小規模の段階で鎮火した蓋然性が高く、建物の規模構造や消火作業による損害も考慮すると、地震により拡大した損害は全損害の5割程度であり、被保険者の全損害は建築時の価額であると判示している。

【9】高裁では、地震後2・3日もすれば、居住者が屋内の危険箇所を点検し、火災発生の防止が可能になろう。したがって、契約者がストーブのスイッチを切り忘れていた本件のような火災については、地震による影響よりも、居住者の不注意による失火であることを重くみるべきである。このような場合、信義則の適用により、火災の原因となった地震による影響と居住者の失火の寄与の程度など、火災発生に至った一切の事情を考慮し、保険給付金額を減額するのが相当であり、このような解釈は、公平の原則に合致する。本件では、契約者の過失と火災との間には相当因果関係が認められ、それが地震と比較して火災発生に寄与する割合が大きかったといえるので、契約者は火災損害の相当部分を火災保険でてん補することを請求できると判示している。

【15】では、第3類型は、社会通念上、火災の延焼拡大が地震と相当因果関係にある場合を意味する。免責条項の趣旨は、地震の際における社会的混乱や同時火災多発による消防力の不足低下、交通事情の悪化等の事情をも考慮したものである。第3類型の表現からすると、免責されるのは、火災による全損害ではなく、地震により延焼拡大した部分に限られ、本件目的物への延焼は、平常時であれば防止できた高度の蓋然性があり、地震との間に相当因果関係が認められるところ、目的物が地震による影響がなくても損害を負ったとはいえず、その損害は地震によって延焼拡大したことによると認められるから、契約者の

いう割合的因果関係論・寄与度減責論を適用する余地はないと判示している。

　【19】では、「寄与度に応じた因果関係の認定（割合的解決）について」の小題で、次のように判示している。契約者は、本件火災の延焼拡大には、地震以外の様々な人為的な要因も寄与していること、地震免責条項の条項が難解でかつ説明が十分されていないことを考慮すれば、延焼に寄与した事情の程度に応じて保険金額の算定をするのが妥当であると主張するが、地震免責条項は、地震による火災を異常危険と捉え、保険者である保険会社らの負担を免責するものであるから、延焼との因果関係が肯定され、地震免責条項に該当すると判断された以上、その損害は一律に免責されると解すべきである。火災に他の要因が影響した場合には、それが、相当因果関係を否定すべき程度のものかどうか、すなわち、相当性の判断において考慮すべきものと解され、そして、本件では、地震と目的物への延焼との間には、相当因果関係があると解するのが相当であるから、契約者のこの点に関する主張は採用できないと判示している。

　【15】【19】が、寄与度に応じた因果関係の認定（割合的解決）に関して、20件の判例等における裁判所の方向性を示しているのではないかと考える。

第 5 章

おわりにかえて

阪神・淡路大震災に関連して提起された主な損害保険金請求訴訟20件を検討した。これらの訴訟はほぼ6年間にわたり争われたわけであるが、前述したように、時間の経過に伴って争点が変化していると見ることができる。大筋では、約款の有効性・拘束力を争点とすることから始まり、これに関連して、約款・地震免責条項・地震保険に関する保険会社側の説明義務・情報提供義務、及び損害賠償責任の有無、保険会社が免責される部分に関する割合的責任の有無などへと変化している。

　本書で検討した20件の主な損害保険金請求訴訟が取り扱った保険契約が締結されたのは、新しいものでほぼ30年以上前である。これらの判決文によれば、当時の契約締結過程において、契約者又は申込者側の主張によると、保険契約の内容に関して、保険会社側から書面又は口頭による説明がほとんどなかったとされている。というのは、契約締結に際して、契約者又は申込者が「難しいことは分からないから、あなたに任せる」として、保険会社側に押印・署名を含む契約の締結手続きをほとんど一任することが多かったからだといわれている。さらに、保険会社もそのような状況を前提にして、契約者又は申込者に対して、契約内容に関する説明・情報提供を十分にしていなかったからだともいわれている。また、当時のメディア情報だと記憶しているが、契約者から、地震直後、保険会社の担当者が避難所にいた契約者を訪ねてきて、「ご安心下さい。保険金は支払われます。」と言われたので、その後、契約者が請求すると、地震免責条項を理由にして支払は拒否されたという発言があったとされる。今と比較して契約締結に関する法整備が十分とはいえなかった当時の状況は、このようなものであったのかもしれない。

　ところで、阪神・淡路大震災は、我が国に新しい文化を根付かせたとともに、震災に関連する新たな法令を整備するきっかけともなった。都市直下型の地震損害を被った神戸市を中心とする地域では、地震直後から、全国から多数のボランティアが駆け付け、地震発生から1年間で延べ137万人のボランティアが活動したと言われる。また、鉄道・道路等の交通網が遮断されていたことから、ボランティアの多くはたくさんの支援物資をリュックに詰め込んで、徒歩で被災地に入って行った。リュックを背負うと文化はこの地震の時から広まったとも言える。これらのことから、1995年（平成7年）は災害ボランティアの重要

性が認識された「ボランティア元年」と言われている。また、地震を契機として、震災に関連するさまざまな法令の整備が進められた[94]。

　本書の結びにあたり、阪神・淡路大震災が筆者の研究者としての重要な岐路であったことをお示ししておきたい。地震後、ある研究会で、地震と保険との関係に関して研究報告をした。その主な内容は、①契約者は意思推定説に基づいて約款に拘束されること、②地震損害は、火災保険ではてん補されず、地震保険でてん補されることなどであり、第1章でお示しした理由を提示しながら報告した。それなりに分かりやすい報告であったと自負したが、報告後の質疑応答で、「地震と保険との関係に関して、あなたが示した理由（理屈）は世の中で通用しない」と痛烈な指摘を受けた。筆者としては当然のことと思って報告したことが否定されてしまい、ショックを受けた。この経験が研究者としての岐路となり、以後、研究をするにあたり、広く理解（納得）される理論（理屈）の構築に努めるように意識し続けた。

　その時の質問者に改めて御礼を申し上げたい。

注

(1) 兵庫県ＨＰ「阪神・淡路大震災の被害確定について（平成18年５月19日消防庁確定）」。米田定蔵＝米田英男『都市の記憶　神戸・あの震災』エピック（2001年）では、神戸市内の被災状況を詳細に撮影し、震災直後の写真と復興後の写真を比較することで、被害の状況を深く理解することができる。

(2) 地震保険に関する主な文献としては、次のようなものがある。日本地震再保険『家計地震保険制度と地再社－30年の歩み－』（1997年）、高尾厚「地震保険制度の問題点と改善策について」損保研究58巻４号75頁（1997年）、黒木松男『地震保険の法理と課題』成文堂（2003年）、『地震保険のすべてがわかる　地震保険ガイド平成23年６月＜改訂版＞』日企（2011年）、高橋康文『地震保険制度』金融財政事情研究会（2012年）、日本地震再保険『日本地震再保険50年史』（2016年）、日本教育システム研究所『この１冊で地震保険わかります！』日企（2017年）、岩田恭彦「地震保険とＪＡ『建物更生共済』の比較－商品・仕組、保険と共済の違い、査定態勢－」保雑655号1頁（2021年）等。保険学会令和３年度大会シンポジウム「レジリエンスから見た地震リスクと地震保険」保雑656号（2021年）所収の論文等は次の通りである。堀田一吉「地震保険とレジリエンス」同19頁、渡辺敏之「地震保険制度の変遷と料率算出の特徴」同41頁、土岐孝宏「家計地震保険にかかる法制度の将来展望と法的課題」同55頁、柳瀬典由「大震災と個人の地震保険加入動向－『地震保険統計』を用いた実証分析の可能性と課題－」同85頁、石川温「大規模災害の被災者の支援と生命保険契約照合制度の創設」同105頁、パネルディスカッション・同111頁。保険学会令和３年度大会共通論題「地震リスクに対する企業保険制度の課題」保雑657号（2022年）所収の論文等は次の通りである。中出哲「地震リスクに対する企業保険制度の課題：問題提起」同1頁、増山啓「企業地震保険手配に関する課題－三菱重工グループの地震保険手配を通じた考察－」同21頁、平賀暁「地震リスクと保険プログラムの構築－補償ギャップと企業のリスクマネジメント・保険戦略－」同31頁、谷水克哉「地震リスクをめぐる再保険－再保険に期待される役割－」同47頁、榊素寛「企業における地震保険の研究への課題－新たな研究領域の開拓に必要なもの－」同67頁、パネルディスカッション・同87頁。地震を含めた巨大災害リスクへの対応について、永松伸吾＝柏木柚香＝千葉洋平「巨大災害リスクと保険の役割－リスク・ファイナンスからレジリエンス・ファイナンスへ－」保雑657号117頁（2022年）。

(3) 関東大震災における火災に関する問題点を指摘したものとして、眞野毅『震火災と法律問題』信山社（2009年）がある。阪神・淡路大震災直後における法律問題を総合的に検討したものとして、『阪神・淡路大震災—法と対策—』ジュリ1070号（1995年）がある。阪神・淡路大震災に起因する火災保険に関する問題点を指摘したものとして、新戸建男＝池田綾子『兵庫県南地震と火災保険訴訟—被災者から見た商法665条—』エピック（1997年）がある。地震後の復興について興味深いものとして、酒井道雄編『神戸発　阪神大震災以後』岩波新書（1995年）、明石市役所『明石市の災害と復興への記録』（1996年）、兵庫県弁護士会『阪神・淡路大震災で弁護士は何ができたのか—震災の教訓を明日の災害に活かす—』（2004年）等がある。

(4) 共済組合の火災共済の規約、盗難保険の約款については、個別事案に関する検討及び第4章に示す。

(5) 大判大正15年6月12日民集5巻495頁、東京地判昭和45年6月22日下民集21巻5号＝6号864頁、函館地判平成12年3月30日判時1720号33頁等。

(6) 山下友信『保険法（下）』50頁～51頁（有斐閣・2022年）、岡田豊基「阪神・淡路大震災と保険」神戸学院法学26巻1号19頁～29頁（1996年）。

(7) 山下・前掲注（6）50頁～51頁、岡田・前掲注（6）73頁～78頁。平成2年4月1日実施の住宅火災保険普通保険約款の地震免責条項の解釈については、田辺康平＝坂口光男編著『注釈　住宅火災保険普通保険約款』78頁～80頁（中央経済社・1995年）（坂口光男筆）を参照。

(8) 判タ958号268頁、1997WLJPCA06170004。判評等：木下孝治・損保研究60巻1号41頁（1998年）、桑原茂樹・法学研究72巻9号89頁（1999年）、石田満『「地震免責条項」等の適用と解釈（Ⅰ）—阪神・淡路大震災事件を中心として—』25頁（損害保険企画・1999年）、榊素寛・ジュリ1180号84頁（2000年）、山本豊・保険法判百10頁（2010年）等。

(9) 大阪高判平成10年7月22日（判例集未登載）。

(10) 札幌地判平成2年3月29日（判タ730号224頁）は、多数の加入者を前提としてそれらの危険の分散を図ろうとする保険制度の団体性に反して一部の加入者に特別の有利な契約条件を認めることは保険の本質に反するとする。

(11) 山本・前掲注（8）10頁。

(12) 谷口知平＝五十嵐清編『新版注釈民法（13）〔補訂版〕』190頁（有斐閣・2006年）（潮見佳男筆）。

(13) 山本・前掲注（8）11頁。山下友信『保険法（上）』145頁注（90）（有斐閣・2018年）を参照。

(14) 木下・前掲注（8）50頁、榊・前掲注（8）86頁～87頁、山本・前掲注（8）11頁。

(15) 控訴審（大阪高判平成10年7月22日）では、約款解釈の部分は修正され、先例（大判大正4年12月24日民録21輯2182頁等。意思推定説）に従った（榊・前掲注（8）85頁）。

(16) 地震の特殊性に関する判決内容の評価について、石田・前掲注（8）30頁を参照。

(17) 榊・前掲注（8）87頁。

(18) 榊・前掲注（8）87頁。「同一構内に所在」という要件に関する①②について、約款4条4項は、居住世帯が異なる場合又は共同住宅の場合は、居住世帯単位で保険金額の上限を計算するとするが、これは、居住世帯という家計単位の蓋然性が高い単位を引受単位とし、これについて家計単位で損害をてん補することで生活の安定を図ろうとするものであると解することで合点がいくとする見解（榊・前掲注（8）87頁）がある。

(19) 判時1661号138頁、判タ1016号208頁、1997WLJPCA12160010。損保企画669号2頁を参照。判評等：石田・前掲注（8）5頁、山下友信・リマークス20号116頁（2000年）等。

(20) 阪神・淡路大震災発生前における地震免責条項及び地震保険等に関する保険会社等による説明の実態について、村松弘康「意思推定説の動揺と再建：火災保険契約における開示・説明義務試論」北大法学研究科ジュニア・リサーチ・ジャーナル6号22頁（1999年）が興味深い。

(21) 山下・前掲注（19）118頁。

(22) 石田・前掲注（8）12頁。なお、相当因果関係の判断として、各場合の具体的事情に応じて、取引界の通念や慣行によって「相当性」の内容が判断されるとする見解がある（石田・前掲注（8）11頁を参照）。

(23) 判時1661号138頁、1998WLJPCA02240007。損保企画673号3頁を参照。判評等：石田・前掲注（8）13頁、山下・前掲注（19）116頁等。

(24) 判決文で、原告が、本件盗難までに本件店舗の応急補修をして、容易には盗難の被害にあわないような措置を講じていた場合という個別事情まで考慮している点について疑問が出されている（山下・前掲注（19）119頁を参照）。

(25) 山下・前掲注（19）119頁。

(26) 盗難保険において地震免責条項を定めた趣旨について、裁判所が、免責条項はあくまで保険契約における「危険普遍の原則」の例外であること、約款作成者と消費者との間に著しい経済的格差が存在すること等をあげているが、「危険普遍の原則」は、この場合、適切ではないとの批判がある（石田・前掲注（8）19頁を参照）。

(27) 判例集未登載。損保企画680号2頁を参照。判評等：石田・前掲注（8）34頁。

(28) 地震と火災との因果関係についての立証責任は保険者にあるということに関しては、下級審裁判例（東京地判昭和45年6月22日下民集21巻5＝6号864頁等）、学説（石田満「火災保険約款における地震免責条項の解釈」『保険契約法の基本問題』195頁（一粒社・1977年）、岩崎稜「地震損害と保険」有泉亨監修・石田満＝宮原守男編『現代損害賠償法講座6』59頁（日本評論社・1973年）、岡田・前掲注（6）76頁、北河隆之「地震免責約款の効力」金澤理＝塩崎勤編『裁判実務体系26』214頁（青林書院・1996年）とも異論はなく、本判決もその立場にある。

(29) 判例集未登載。損保企画680号8頁を参照。

(30) 石田・前掲注（8）42頁〜43頁。

(31) 判時1661号138頁、判タ1003号263頁、1998WLJPCA04270008。損保企画684号2頁を参照。判評等：石田・前掲注（8）45頁、山下・前掲注（19）116頁等。

(32) 石田・前掲注（8）53頁、山下・前掲注（19）119頁。争点3において本件地震と本件火災の因果関係に関する主張立証責任について判断していることについて、訴訟当事者及び裁判所は、主張立証責任について意識を持っていたといえるではないかと考える。

(33) 判タ992号217頁、1998WLJPCA06260001。損保企画687号2頁を参照。判評等：石田清彦・ジュリ1212号119頁（地裁）（2001年）、石岡忠治・判タ1065号（平12主判解）207頁（2001年）、土岐孝宏・保険法判百36頁（2010年）、花房一彦・立正法学論集47巻2号225頁（2014年）等。

(34) 判タ1065号207頁、判タ1038号246頁、1998WLJPCA11100006。判評等。

(35) 土岐・前掲注（33）37頁。

(36) 金判1048号10頁、1998WLJPCA08100002。損保企画696号2頁を参照。判評等：山本哲生・ジュリ1159号157頁（2001年）等。判決文に示される関係者のイニシャルが地裁判決と高裁判決とで異なるので、登載判例集に示されたイニシャルに従う。

(37) 判例集未登載。損保企画710号2頁を参照。

(38) 金判1048号13頁、1998WLJPCA08100001。損保企画697号2頁を参照。判評等：石田満・損保企画697号2頁（1998年）、山本哲生・ジュリ1159号157頁（1999年）

等。

(39) 判時1715号86頁、1999WLJPCA06020001。判評等：安井宏・判評506号37頁（2001年）、黒木松男・創価法学31巻1・2号391頁（2001年）等。

(40) 石田・前掲注（38）5頁。

(41) 安井・前掲注（39）40頁。

(42) 判例集未登載。損保企画718号2頁を参照。判評等：石田満・損保企画718号2頁。

(43) 判時1706号130頁、判タ1044号191頁、1999WLJPCA04280009。

(44) 判タ1041号267頁、1053号239頁、1999WLJPCA04280013。

(45) 判タ1053号234頁、2000WLJPCA02100006。

(46) 判タ1008号288頁、1999WLJPCA06220001。判評等：戸出正夫・白鴎法学 15号73頁（2000年）等。

(47) 戸出・前掲注（46）83頁を参照。

(48) 戸出・前掲注（46）84頁。

(49) 戸出・前掲注（46）84頁～85頁。

(50) 民集57巻11号1930頁、2000WLJPCA04256008。

(51) 判時1782号124頁、ジュリ1266号196頁、保毎代理版（H16. 1. 15）7頁、判タ1125号128頁、損保研究64巻2号193頁、同64巻4号176頁、同66巻2号273頁、保毎損害保険会社版（H14. 1. 29、30、31）2頁、同代理店版（H14. 1. 27、21）2頁、2001WLTPCAlO310011。判評等：石田満・損保研究64巻2号193頁（2002年）、太田剛彦・判タ1125号128頁（平14主判解）（2003年）、李芝研・ジュリ1266号196頁（2004年）、笹本幸祐・判評530号31頁（2003年）等。

(52) 民集57巻11号1887頁、裁時1353号8頁、ジュリ1269号117頁、判時1849号93頁、金法1706号35頁、金商1202頁、判タ1143号25頁、損保研究66巻2号273頁、保毎代理店版H16. 1. 15）7頁、2003WLTPCA 12090001。判評等：志田原信三・最判解民（平成15年度）752頁（2006年）、同・判解30事件・曹時58巻1号356頁（2006年）、草野真人・判タ1184号136頁（平16主判解）（2004年）、竹濵修・ジュリ1269号117頁（平15重判解）（2004年）、笠井修・NBL795号68頁（2004年）、黒木松男・判評549号34頁（2004年）、同・保険法判百選16頁（2010年）、家本真実・法と政治55巻3号568頁（2004年）、加藤雅之・法学雑誌tatonnement 8号45頁（2004年）、西本強・銀法21・633号79頁（2004年）、同・銀法21・644号81頁（2005年）、胡健芳・損保研究66巻2号273頁（2004年）、角田美穂子・法セ591号117頁（2004年）、仲嶋克彦・ほうむ（損害保険会社ジャパン）51号101頁、磯

村保・法教別冊294号25頁（付録・判例セレクト2004）（2005年）、最高裁判決速報・民事法情報211号50頁、島田邦雄・判タ1178号102頁（2005年）、山下典孝・リマークス30号94頁（2005年）、松原孝明・大東法学16巻2号121頁（2006年）、小林道生・損保研究69巻1号39頁（2007年）、三宅新・損保研究71巻3号225頁（2009年）、後藤巻則・法教287号102頁（2009年）、岡田豊基・消費者法判百（第2版）52頁（2020年）等。

(53) 旧募取法11条1項「委託保険会社は、生命保険募集人又は損害保険代理店が募集につき保険契約者に加えた損害を賠償する責に任ずる。但し、会社が生命保険募集人の委託をなすにつき相当の注意をなし、且つ、損害の防止につとめたときは、この限りでない。」

(54) 第一審では、関係する3名の原告に係る火災保険契約に基づく保険金請求権については、質権が設定されていないから、争点5については判断する必要がないと判示している。

(55) 最判昭和48年3月13日民集27巻2号344頁を参照。

(56) 旧募取法16条1項「保険会社の役員、使用人又は生命保険募集人若しくは損害保険代理店は、保険契約の締結又は募集に関して、左に掲げる行為をしてはならない。

　一　保険契約者又は被保険者に対して、不実のことを告げ、若しくは保険契約の契約条項の一部につき比較した事項を告げ、又は保険契約の契約条項のうち重要な事項を告げない行為

　二　保険契約者又は被保険者が保険会社に対して重要な事実を告げるのを妨げ、又は告げないことをすすめる行為

　三　保険契約者又は被保険者が保険会社に対して重要な事項につき不実のことを告げることをすすめる行為

　四　保険契約者又は被保険者に対して特別の利益の提供を約し、又は保険料の割引、割戻その他特別の利益を提供する　る行為」

(57) 後藤・前掲注（52）103頁。

(58) 判時1720号33頁。

(59) 後藤・前掲注（52）103頁。

(60) 磯村・前掲注（52）25頁。

(61) 岡田・前掲注（52）で論じた内容に準拠する。

(62) 前掲注（56）を参照。

(63) 竹濵・前掲注（51）118頁。

(64)　後藤・前掲注（51）103頁を参照。

(65)　最判平成12年2月29日民集54巻2号582頁、最判平成13年11月27日民集55巻6号1154頁等。

(66)　錦織成史「取引的不法行為における自己決定権侵害」ジュリ1086号90頁（1996年）。

(67)　角田・前掲注（51）117頁。

(68)　本判決の後、最判平成16年11月18日民集58巻8号2225頁において、財産的利益の侵害に対する慰謝料請求が肯定され、また、本判決に抵触しない旨が付言されている。本判決では、重要事項とされる申込書記載の事項について説明義務が履行されていると認定しているのに対して、平成16年最判では、事業者が信義則に著しく違反して説明を怠った結果、契約者が契約を締結する否かの意思決定の機会が奪われたとしていることに両判決の違いがある。

(69)　2001WLJPCA11219002。

(70)　2000WLJPCA04269004。

(71)　2001WLJPCA12209003。

(72)　前掲注（56）を参照。

(73)　前掲注（56）を参照。

(74)　2001WLJPCA12219008。

(75)　判例集には具体的な記載はないが、地番が隣接している。火元建物は、神戸市ａ区ｂ町ｃ丁目ｄ番ｈ号、本件建物は、神戸市ａ区ｂ町ｃ丁目ｄ番ｅ号である。

(76)　2002WLJPCA01299014。

(77)　判評：山下丈・損保判百32頁（1996年）、大澤康孝・同90頁等。

(78)　2002WLJPCA03269015。

(79)　前掲注（56）を参照。

(80)　前掲注（53）を参照。

(81)　大判大正4年12月24日民録21輯2182頁。

(82)　本件判決までの地震保険制度の改正については、岡田・前掲注（6）80頁～81頁・表（7）を参照。

(83)　前掲注（56）を参照。

(84)　前掲注（53）を参照。

(85)　2002WLJPCA09039004。

(86)　「平成6年10月末地震保険加入世帯率」調査（日本損害保険協会）によると、地震

保険の加入率は全国平均7.2％、兵庫県3.0％であった。

(87) 盗難保険に関する約款（【3】）の検討は、個別の検討及び末尾＜付録＞に委ねる。

(88) 契約者は、合理的な給付を得られることを期待して約款・規約の拘束力を承認しているのであって、このような合理的期待を超えた不意打ち的な条項は、契約者の認識可能性がない限り、契約の内容をなさないというべきであると判示する。

(89) 約款と保険証券の優先に関する【1】、盗難保険に関する【3】、及び貨物海上保険における不法行為の成立に関する【13】は、それぞれが固有の問題を争点としているので、個別の検討及び末尾＜付録＞に委ねることとする。ただ、約款の解釈に関する部分については、比較検討の対象とする場合がある。

(90) 田辺＝坂口・前掲注（7）78頁以下（坂口筆）等。

(91) 通電に関しては、山本・前掲注（36）を参照。

(92) 阪神・淡路大震災における共済規約の解釈は、第3類型が存在しなかった新潟地震訴訟（東京地判昭和45年6月22日下民集21巻5・6号864頁）の保険約款の解釈を踏襲しているといえる。小林登「判批」損保判百92頁（1996年）を参照。

(93) 地震と火災との因果関係に関する立証責任は保険会社にあるということに関しては、前掲注（28）を参照。

(94) 『阪神・淡路大震災—法と対策—』前掲注（3）を参照。

付録

【1】神戸地裁　平成9年6月17日判決	
事 件 番 号	平8（ワ）125号
原 告 数	1名
被 告 数	1社
保険契約等	住宅総合保険（地震保険付帯）
請 求 額	125万円
認 容 額	請求棄却。
目的物の所在地	神戸市兵庫区今出在家町
火元・延焼の別	同一敷地内にある本件建物1（住宅）からの延焼
火元の出火時刻	1月17日（出火時刻不明）
火元所在地	神戸市兵庫区今出在家町
主 な 争 点	①約款適用の有無 ②約款4条2項等の有効性
裁判所の判断	①保険契約を締結する場合、約款適用が商慣習となっていることから、契約締結に際し、契約者が約款適用の排除を積極的に明示したと認めるに足りる証拠はなく、約款が適用される。約款は、大量の定型的な保険契約を合理的・平等に処理するものであり、約款条項は保険事故に際して厳格・公平な適用が要請されるゆえに、保険証券（＝個別合意）で約款条項と異なる内容が約定された場合、原則として、約款条項に副う範囲に修正するか、約款条項に反する部分を無効として扱う。 ②地震保険約款4条2項が法・施行令を受けて保険金額の限度額を定めているのは、地震保険の特殊性を考慮したものであり、限度額を設けることは不合理ではなく、顧客の信頼を著しく損なうものでもないゆえに、約款は信義則・公序良俗に反しない。 　法が地震保険の対象を生活用動産・居住用建物に限定しているのは、これらが被災者の生活の安定（法1条）の見地から付保する必要性が高いことによる。同一構内に所在する建物は、一体として生活の用に供されるから、約款4条2項は、被災者間の公平を図るため、これら建物について同一限度額を定めたものである。約款の規定が法・施行令に明示されていない同一構内に所在するとの要件を定めたのは、法の実質的趣旨に反しない。
上 訴	控訴

	【2】大阪地裁　平成9年12月16日判決
事 件 番 号	平9（ワ）343号
原 告 数	1名
被 告 数	1社
保険契約等	住宅火災保険
請 求 額	1,200万円
認 容 額	請求棄却（免責）。
目的物の所在地	神戸市須磨区寺田町
火元・延焼の別	延焼
火元の出火時刻	1月17日午前9時頃
火元所在地	神戸市長田区水笠通
主 な 争 点	①免責条項の効力 ②消火活動の状況 ③建物火災は免責条項に該当するか。
裁判所の判断	①免責条項について、開示、説明義務が尽くされていなかったとする証拠はない。条項の文言や趣旨から適用範囲を限定することが可能なので、契約の客観的有効要件を満たすことができないほど不明確ではない。 ②（ⅰ）延焼拡大の状況・・・火元及び延焼先の建物の所在地域一体の家屋の多くが倒壊し、風が強くなってきたため、延焼しやすい状態になったこと、（ⅱ）消防活動・・・倒壊家屋や電線が支障となり消防車が前進できず、交通渋滞や人命救助の必要性から消防隊の移動が妨げられたこと、断水で消火栓が使用できず、プールからの中継送水・海水中継などで消火したが、延焼阻止に時間がかかったこと、同時に広範囲で火災が多発したことなどで消火能力の限界を超えたこと、（ⅲ）延焼拡大の原因・・・火災が猛威をふるい広範囲に延焼拡大した主たる原因は消防力が完全に無力であったことによるものであり、無力の原因が地震であることは明白である。 ③火元火災は発生原因が不明であることから、地震との因果関係も不明である。建物火災ついて、②のことから、延焼と地震との間には因果関係が認められ、免責の対象となる。
上 訴	確定

【3】神戸地裁　平成 10 年 2 月 24 日判決	
事 件 番 号	平 7（ワ）772 号
原 告 数	1 名
被 告 数	1 社
保険契約等	盗難保険
請 求 額	700 万円
認 容 額	請求棄却（免責）。
目的物の所在地	神戸市中央区
主 な 争 点	①免責条項の有効性と「盗難」の意味 ②保険事故の発生率を高める危険状態が発生していたか。 ③本件盗難は免責条項に該当するか。
裁判所の判断	①盗難保険では、地震という異常危険下で発生した盗難損害については、社会秩序の混乱で盗難が多発し、損害額が膨大になって、てん補すると、保険料が高額となり、保険集団を形成できなくなり、保険制度として成り立たなくなるから、料率算定の基礎とされていない。それゆえに、「盗難」とは、保険事故の発生率を高める危険状態の下で発生した盗難をいい、（ⅰ）地震の規模・周辺地域の被害状況、（ⅱ）治安状態、（ⅲ）盗難の発生状況、（ⅳ）防犯設備・防犯監視体制の状況を考慮したうえで、著しい社会秩序の混乱・治安の悪化が認められることが必要である。免責条項は、地震と盗難との間の因果関係は必要とせず、地震に際して盗難が発生したという要件が充足されれば、保険者は免責され、地震と盗難との時間的接着性は危険状態の発生を判断するにあたって重要な意味を持つ。 ②地震は極めて規模が大きく、店舗周辺に甚大な被害をもたらしたこと、店舗周辺の治安は著しく悪化していたこと、盗難は地震の影響が大きい時期・地域で発生し、地震の影響により通常の防犯設備・防犯監視体制が損なわれた状況下で発生したこととから、盗難発生当時、店舗周辺では、著しい社会秩序の混乱及び治安の悪化が生じていた。 ③②の状況は保険事故の発生率を高める危険状態に該当し、盗難は免責条項に該当する。
上 訴	控訴（不明）

216

【4】神戸地裁　平成 10 年 4 月 14 日判決	
事 件 番 号	平 9 年（ワ）275 号
原 告 数	1 名
被 告 数	1 社
保険契約等	火災保険
請 求 額	5,000 万円
認 容 額	請求棄却（免責）。
目的物の所在地	神戸市中央区東町
火元・延焼の別	火元
火元の出火時刻	1 月 17 日午前 8 時 11 分～8 時 40 分
火元所在地	原告方
主 な 争 点	①免責条項の効力の有無（拘束力・有効性） ②火災の発生時期・原因
裁判所の判断	①免責条項が設けられる理由は、（ⅰ）地震による保険事故発生の度合・損害の程度が平均性を欠き、蓋然性の測定が困難であること、（ⅱ）地震の発生分布は不均衡であり、保険の相互性の原則に適合しないこと、火災が発生すると、限られた地域に破局的な損害が生ずること、（ⅲ）地震の際、施設が破壊され、人心が動揺し、火災防止・消化活動が停止・不可能となり、平時では想像できない損害が生じること、そのような火災損害も保険会社がてん補すれば、（ⅳ）保険料が高額となり保険契約者の合理的意思に反すると共に、（ⅴ）保険集団形成が不可能となり、保険制度として成り立たなくなるからである。免責条項の「地震によって」生じた火災とは、地震と相当因果関係のある火災をいう。保険会社が免責事由が存在することの立証責任を負う。申込書の状況（地震保険付帯しない箇所に押印がある）からして、契約締結時、免責条項・地震保険等につき説明を受けた上で、地震保険契約を付帯させないことを希望した。 ②医院内の焼燬の状況、火源となる物件の存在状況、ラボエイトＮの電気配線の状態等に照らせば、火災は、地震の震動で作業台上にあったラボエイトＮが落下し、衝撃で電気配線が半断状態になり、半断箇所が過熱して出火した蓋然性が極めて高く、地震後、通電時間帯に、上記機序により発生したものと推認する。本件火災は、地震と相当因果関係があり、第 1 類型に該当する。
上 　 訴	（不明）

【5】神戸地裁　平成10年4月15日判決	
事 件 番 号	平9年（ワ）43号
原 告 数	2名（家族）
被 告 数	1社
保険契約等	住宅総合保険
請 求 額	2,000万円
認 容 額	請求棄却（免責）。
目的物の所在地	神戸市兵庫区中道通
火元・延焼の別	延焼
火元の出火時刻	1月17日午前5時48分頃
火元所在地	神戸市兵庫区中道通六丁目2街区南西角
主 な 争 点	①免責条項の拘束力 ②延焼損害は地震による損害か（火災と損害との因果関係）
裁判所の判断	①免責条項の適用については、（ⅰ）申込書に押印していること、（ⅱ）申込書の記載内容、（ⅲ）保険金額の他は、支払い条件について話をしていないことからして、特に約款によらない旨の意思を表示することなく締結したことを認めることができ、約款による契約を締結したものと推定され（意思推定説）、免責条項が適用される。 ②火災は午前6時に覚知するも、同時多発火災のため消防隊は他の現場に出払っており1月17日出動できでき、火災の発生時刻・場所・状況・延焼状況によれば、出火原因は特定できないが、火元火災は地震よって発生したものであり、火元火災が地震によって延焼拡大して本件建物を焼損させたものである。第2類型または第3類型のいずれに該当するかは明示していない。
上 訴	（不明）

【6】 神戸地裁　平成 10 年 4 月 27 日判決

事 件 番 号	平7年（ワ）770号、平8年（ワ）439号、平7年（ワ）1937号、平8年（ワ）440号
原 告 数	4名
被 告 数	1組合
保険契約等	火災共済
請 求 額	3,000万円
認 容 額	一部認容。1,710万円
目的物の所在地	神戸市長田区梅ヶ香町
火元・延焼の別	延焼
火元の出火時刻	1月23日午後7時42分頃
火元所在地	隣接家屋
主 な 争 点	①建物損害と火災との関係 ②免責条項の解釈 ③地震と火災の因果関係による主張立正責任 ④地震と本件火災の因果関係
裁判所の判断	①目的のうち、地震により損傷を受けなかった部分については、火災に起因するものである。 ②契約書面に地震免責条項の記載があり、規約による意思が推定される。規約の「火災」は火元火災と延焼火災を含む解されることから、延焼火災が地震を直接又は間接の原因としている場合には、免責条項の適用を受ける。共済契約者は損害が火災によって生じたことを、共済者は火災が地震によって生じたことを主張立証する責任を負う。 ③火災と地震には相当因果関係が必要である。 ④規約の文言は、社会通念上、火災の発生拡大が地震と相当因果関係にある場合を意味するが、その判断には、火災発生状況や消防活動に関係のある社会状況等、火災の発生拡大に影響を及ぼす諸事情をも考慮される。本件火災の発生は地震の6日後であるが、（ⅰ）火災の発見の遅れ、（ⅱ）初期消火の不奏効及び（ⅲ）消防隊到着後の消防状況を検討すれば、地震を直接の原因とはしない。
上 訴	控訴（不明）

	【7】神戸地裁 平成10年6月26日判決	【7】大阪高裁 平成11年11月10日判決
事 件 番 号	平7（ワ）730号	平10（ネ）2136号、平10（ネ）2137号
原告・控訴人数	1名	同
被告・被控訴人数	2社	同
保険契約等	住宅総合保険	同
請 求 額	1億円	同
認 容 額	一部認容。3,500万円	一部認容。5,000万円
目的物の所在地	神戸市東灘区住吉山手	同
火元・延焼の別	火元	同
火元の出火時刻	1月17日午後8時頃	同
火元所在地	納屋／子供部屋（争いあり）	同
主 な 争 点	①火元の出火原因（第1類型・第2類型） ②地震によ延焼拡大か（第3類型） ③免責条項の解釈	①同 ②同 ③同
裁判所の判断	①地震発生2・3時間後の発生火災では推定受けないなどから、出火原因は不明で、第1類型・第2類型は適用されない。 ②建物の全焼は地震による消防力の低下が原因であった。免責条項の文言上、地震と火災・火災損害との因果関係が要求され、その趣旨は、地震時の社会的混乱・消防力の不足、交通事情の悪化等の事情をも考慮したものであり、地震と火災・火災損害との相当因果関係の有無によって第3類型の該当性を決し、火元火災にも適用される。 ③割合的因果関係論。地震がなくてもボヤ程度の火災損害は生じており、地震と因果関係のある火災損害は上記損害を超える部分である。上記損害部分は全損害の半分を超えることはなく、免責されるのは、全損害（保険金額）の半分である。	①同 ②火災は地震による影響がなければ、小規模の段階で鎮火した蓋然性が高く、建物の規模構造や消火作業による損害も考慮すると、地震で拡大した損害は、全損害の5割程度である。約款の解釈は文言の合理的な解釈により、火災が地震による消火活動への影響等により通常に比べて大きな損害を生じさせた場合は、「拡大」に該当し、火元火災にも第3類型が適用される。 ③割合的因果関係論。「地震によって延焼又は拡大して保険の目的に与えた損害」という表現からすると、免責されるのは、地震により延焼拡大した部分の損害に限られ、全損害（建築時の価額）の半分である。
上 訴	控訴	上告（不明）

	【8】神戸地裁尼崎支部 平成10年8月10日判決	【8】大阪高裁平成 11年3月26日判決
事件番号	平9（ワ）68号・平9（ワ）102号	平9（ネ）670号
原告・控訴人数	1名	同
被告・被控訴人数	2社	同
保険契約等	住宅総合保険、長期総合保険、住宅火災保険	住宅総合保険、長期総合保険、住宅火災保険
請求額	6,060万円	同
認容額	一部認容（40,351,000円）一部棄却。	請求棄却（免責）。
目的物の所在地	芦屋市	同
火元・延焼の別	延焼	同
火元の出火時刻	1月18日午前5時25分	同
火元所在地	隣家	同
主な争点	①火元の出火原因は何か。Xの損害は免責条項に該当するか。 ②原告の損害額について。	①　同 ②　同
裁判所の判断	①火災は、通電火災ではなく、不審火による疑いがある。地震との因果関係は否定される。 ②建物・家財について40,351,000円である。	①火災は余震直後に発生し、地震の揺れで家屋がひずみ、本震・余震で電気配線の半断線・短絡状態が発生・拡大しやすい状況にあり、電気のショート音や火花は、通電状態の配線が余震で損壊度が高まり、断線出火・短絡出火した状況に符合し、火災は通電火災であり、火災と地震との相当因果関係が認められる。 ②被控訴人らは免責される。
上訴	控訴	上告（不明）

	【9】神戸地裁尼崎支部 平成10年8月10日判決	【9】大阪高裁 平成11年6月2日判決
事 件 番 号	平8（ワ）1085号	平10（ネ）2620号
原告・控訴人数	2人	同
被告・被控訴人数	1社	同
保 険 契 約 等	住宅金融公庫特約火災保険	同
請 求 額	1,550万円	同
認 容 額	一部認容。1,550万円	一部認容。900万円
目的物の所在地	西宮市満池谷町	同
火元・延焼の別	火元	同
火元の出火時刻	平成7年1月19日午後6時頃	同
火元所在地	西宮市満池谷町	同
主 な 争 点	①火災と地震との相当因果関係の有無 ②保険金支払債務の履行期 ③自宅の損害額	①同 ②同 ③同
裁判所の判断	①火災はX_2の過失による失火であり、火災と地震との間に相当因果関係はなく、免責の対象とならない。 ②保険会社が所定の書類を交付していないので保険金の支払時期が到来しないというのは不当であり、約款所定の期日に到来する。	①火災はX_2の過失による失火であり、X_2の過失と火災との間に相当因果関係が認められ、過失が地震と比較して火災発生に寄与する割合が大きかったので、Xらは、免責条項にかかわらず、火災によって被った損害の相当部分を請求できる。 ②同 ③$X_1$600万円、$X_2$300万円
上 訴	控訴	上告（不明）

【10】大阪地裁　平成11年4月26日判決	
事 件 番 号	平8（ワ）3335号
原 告 数	1名
被 告 数	1社
保険契約等	住宅火災保険
請 求 額	不明
認 容 額	請求棄却（免責）。
目的物の所在地	大阪市西淀川区
火元・延焼の別	火元
火元の出火時刻	1月17日午後9時頃
火元所在地	大阪市西淀川区
主 な 争 点	①火災の状況 ②免責条項の解釈 ③火災に関して免責条項が適用されるか（相当因果関係の有無）。
裁判所の判断	①地震直後の建物付近の状況、火災までの建物付近の状況、火災の発生、消火活動、火災の結果、火災後のガス漏れ調査・修理、火災原因、大阪市内の地震による被害を認定している。 ②免責条項の「地震によって生じた」とは、地震と火災との間に相当因果関係があること、すなわち、通常人から見て、発生した地震が発生した場合に、火災が通常発生し得るものであると判断される関係にあることを要すると解する。 ③火災は地震の約15時間後に発生しているが、発生後のガス漏れ箇所の調査・修理工事に約9時間を要していること、近隣地区では多数のガス漏れが生じており、電話も混み合っていたこと、発生前にガス漏れの防止工事を行えなかったことなどは、地震によるものといえ、火災が発生したのは、建物内への都市ガスの長時間の流入・滞留と爆発があったからであり、ガスの建物内に滞留は地震と相当因果関係があるから、地震と火災との間に相当因果関係がある。
上 訴	（不明）

【11】神戸地裁平成 11年4月28日判決	
事 件 番 号	平8（ワ）1579号・平8（ワ）1580号・平8（ワ）1861号
原 告 数	3名
被 告 数	2社
保険契約等	長期総合保険、月掛住宅総合保険、普通火災保険
請 求 額	2,000万円ないし4,100万円
認 容 額	請求棄却（免責）。
目的物の所在地	神戸市須磨区妙法寺
火元・延焼の別	火元・延焼
火元の出火時刻	1月17日午前6時30分以降
火元所在地	神戸市須磨区妙法寺
主 な 争 点	①損害の発生及び火災と損害との因果関係（免責条項の解釈） ②免責条項の効力（免責条項の趣旨） ③免責条項の内容（免責条項の解釈） ④損害についての免責条項の適用の有無
裁判所の判断	①保険の目的で地震により損傷を受けなかった部分については、火災により焼失したものでありその範囲で保険の目的に生じた損害は、火災と因果関係を有する。 ②免責条項の効力について、契約者らに免責条項の認識可能性がなかったとはいえないから、特段の事情があったとはいえず、免責条項は保険契約の内容となり、Xらを拘束するものであり、免責条項は公序良俗に反しない。 ③火元火災・延焼火災は地震との間に相当因果関係があり、第1類型・第2類型に該当する。 ④建物の位置関係、地震発生後及び火災発生前の付近の住民らの行動等、火災発生時付近の住民の行動等、火災の消火作業等、火災調査報告書、プロパンガスの性質等について認定事実から、火災は、免責条項における第1類型・第2類型の「地震によって生じた火災（及びその延焼）」に該当する。
上 訴	確定

	【12】神戸地裁 平成 11 年 4 月 28 日判決	【12】大阪高裁 平成 12 年 2 月 10 日判決
事 件 番 号	平 7（ワ）1705 号	平 11（ネ）1885 号
原告数・控訴人	16 人	8 人
被告数・被控訴人	生協 1	同
保険契約等	火災共済	同
請 求 額	1,300 万円　他 15 件	1,300 万円　他 7 件
認 容 額	一部認容。1,640 万円、他 9 件	一部認容。1,640 万円、他 7 件
目的物の所在地	神戸市東灘区魚崎北町	同
火元・延焼の別	延焼（【14】と同じ火元）	同
火元の出火時刻	1 月 17 日午後 2 時頃	同
火元所在地	神戸市東灘区魚崎北町	同
主 な 争 点	①免責条項の拘束力 ②免責条項の適用範囲（免責条項の解釈） ③免責条項による被告の免責の有無 ④契約物件の火災前の消滅の有無、火災によるＸらの損害の程度など	同
裁判所の判断	①原告契約者らは、免責条項を含む規約の存在及び内容を認識し、規約による意思をもって契約を締結した。 ②免責条項の「原因が直接であると間接であるとを問わず、地震《略》によって生じた火災」は、第 1 類型・第 2 類型の火災を意味するものであり、第 3 類型の火災は含まない。 ③火元火災の原因が不明なので、それが延焼した火災によるＸらの損害は、免責条項が適用されない。 ④建物は本件火災で焼失した。	規約の火災の定義や免責条項の文言だけからは、延焼火災のうち、（原因の如何を問わず）発生した火災が、地震によって延焼した火災（第 3 類型）をも免責の適用対象とするかどうかについて、一義的に紛れもない形で解釈できるものではない。
上 訴	控訴	上告（不明）

225

【13】 東京地裁　平成11年6月22日判決	
事 件 番 号	平8（ワ）12357号
原 告 数	1社
被 告 数	2社
保険契約等	貨物海上保険（請求権代位の有無）
請 求 額	4,730万7,845円、及び、584万4,000円
認 容 額	請求棄却。
目的物の所在地	神戸市中央区港島
火元・延焼の別	火元
火元の出火時刻	1月19日午前1時30分頃
火元所在地	神戸市中央区港島
主 な 争 点	①火災の出火原因 ②被告・倉庫業者の不法行為の成否
裁判所の判断	①地震の揺れを契機として、NMPが水分を含有する貨物と接して発火した。 ②被告・倉庫会社としては、貨物の転倒防止措置につき、通常想定される事態に対応できる程度の必要な措置を講じていたと認められ、本件地震という大地震に起因する本件火災については、その原因の1つである本件地震の発生についての予見可能性がないから、注意義務（結果回避義務）違反の過失があるとはいえない。
上 訴	確定

【14-1】神戸地裁　平成12年4月25日判決	
事 件 番 号	平7（ワ）1703号・平8（ワ）558号
原 告 数	24人
被 告 数	12社
保険契約等	住宅総合保険、住宅火災保険、長期総合保険、月掛総合保険、 火災相互保険、住宅金融公庫融資住宅等火災保険、店舗総合保険、月掛店舗総合
請 求 額	800万円　他13件
認 容 額	一部認容、一部棄却。280万円　他3件
目的物の所在地	神戸市東灘区魚崎北町
火元・延焼の別	延焼（【12】と同じ火元）
火元の出火時刻	1月17日午後2時頃
火元所在地	神戸市東灘区魚崎北町
主 な 争 点	①免責条項の効力 ②免責条項の意味内容 ③免責条項の適用の有無 ④目的物の滅失は、火災損害といえるか。 ⑤保険金請求権に質権が設定されていることは、被保険者が保険金を請求するにつき障害となるか（予備的請求）。 ⑥Y損保らは、免責条項についての情報提供義務違反により損害賠償責任を負うか。
裁判所の判断	①意思推定説 ②第1類型・第2類型は、地震による物理的被害の結果として発生した火災全般を指し、第3類型は、大地震が発生した場合、平常時よりも広範に火災が延焼拡大する事態は予測され、防火体制が充実していれば延焼拡大の範囲が違っていたという場合も、地震によって火災が延焼拡大したものと評価すべきである。 ③火元火災について、地震で破損した配管から漏れたガスに通電の再開等によって発生した火が着火したことが出火原因とは認められない。延焼火災について、火元店舗の南側に接する建物は、平常時でも延焼した可能性を否定できず、地震による影響がなければ延焼しなかったという蓋然性が高くないことから、地震によって延焼拡大した火災によって滅失したものと認められないことから、免責条項は適用されず、他の目的物は、火元火災が地震によって延焼拡大した火災により滅失し、第3類型に該当する。 ④X₃関係では、建物7は、火災発生時に建物としての基幹部分を保持していたこと、X₅関係、X₂関係では、上記同様で、火災発生時における建物及び家財の残存評価額は、6割から8割であった。 ⑤原告らの第1次的主張は、火災保険が附合契約であることと反するので、採用できない。地震前、阪神間の通常人の認識及び地震保険加入率、地震保険は火災保険の保険料に比べて高額の保険料であることに照らすと、原告らが免責条項に関して説明を受けていたとすれば、地震保険に加入していたという蓋然性が高いとはいえず、情報提供義務違反を理由として損害賠償を求める予備的請求は理由がない。
上 訴	控訴

	【14-2】大阪高裁　平成 13 年 10 月 31 日判決
事 件 番 号	平 12（ネ）2185 号・平 12（ネ）2184 号・平 12（ネ）2182 号・平 12（ネ）2183 号・平 12（ネ）2181 号
控 訴 人	24 人
被 控 訴 人	12 社
保険契約等	住宅総合保険、住宅火災保険、長期総合保険、月掛総合保険、火災相互保険、住宅金融公庫融資住宅等火災保険、店舗総合保険、月掛店舗総合
請 求 額	1,500 万円　他 27 件
認 容 額	一部認容、一部変更。745,350 円　他 23 件
目的物の所在地	神戸市東灘区魚崎北町
火元・延焼の別	延焼（【12】と同じ火元）
火元の出火時刻	1 月 17 日午後 2 時頃
火元所在地	神戸市東灘区魚崎北町
主 な 争 点	①免責条項の効力 ②免責条項の意味内容 ③免責条項の適用の有無 ④目的物の滅失は、火災損害といえるか。 ⑤保険金請求権に質権が設定されていることは、被保険者が保険金を請求するにつき障害となるか。 ⑥第一審被告らは、第一審原告らに対し、地震保険金の支払義務を負うか（予備的請求その 1）。 ⑦第一審被告らは、地震免責条項、地震保険及び地震保険確認欄への押印の意味についての情報提供義務・説明義務違反により損害賠償責任を負うか（予備的請求その 2）。 ⑧X₃の当審における追加的請求原因
裁判所の判断	①意思推定説 ②③④は地裁とほぼ同旨。 ⑤質権設定者に対する拘束は、質入債権についての　債権者の利益保護を目的としているもので、同目的を超えて質権設定者の行為を制限するものでない。 ⑥各火災保険契約の申込過程で地震保険意思確認欄への押印がなかったり、押印に瑕疵があったとしても、自動的に、火災保険とは別の保険である地震保険についての契約が締結されたとはいえない。 ⑦地震保険確認欄への押印に関する義務違反について、保険会社・消費者間で、地震保険に関する情報格差が著しいこと、原則付帯方式及び地震保険意思確認欄への押印による地震保険不付帯の意思確認が行われる地震保険法及び運用方式は、保険会社による地震保険・意思確認欄への押印についての情報提供・説明を前提としており、旧募取法（保険業法）で保険会社に説明義務が課せられている重要事項にも当たるとことなどを総合すれば、Y 損保らは、X らが火災保険の申込みにあたり、地震保険の内容・地震保険意思確認欄への押印の意味、すなわち、押印によって地震保険不付帯の法律効果が生じることに関する情報提供・説明をすべき信義則上の義務がある。それゆえに、損害賠償責任がある。 ⑧X₃の家族共有持分について保険金を請求できるのはX₃の家族である。
上 訴	上告

【14-3】最高裁　平成 15 年 12 月 9 日判決	
事 件 番 号	平 14（受）218 号
上 告 人	1 社
被 上 告 人	2 人
保険契約等	住宅火災保険
請 求 額	
認 容 額	破棄自判
目的物の所在地	神戸市東灘区魚崎北町
火元・延焼の別	延焼（【12】と同じ火元）
火元の出火時刻	1 月 17 日午後 2 時頃
火元所在地	神戸市東灘区魚崎北町
主 な 争 点	①上告人らは、免責条項、地震保険及び地震保険確認欄への押印の意味についての情報提供義務・説明義務違反により損害賠償責任を負うか（予備的請求その 2）。
裁判所の判断	被上告人らの予備的請求（その 2）のうちの第 2 次的請求（慰謝料請求）は、要するに、被上告人らは、上告人側から地震保険に関する事項について適切な情報提供や説明を受けなかったことにより、正確かつ十分な情報の下に地震保険に加入するか否かについての意思を決定する機会が奪われたとして、上告人に対し、これによって被上告人らが被った精神的損害のてん補としての慰謝料の支払を求める。このような地震保険に加入するか否かについての意思決定は、生命、身体等の人格的利益に関するものではなく、財産的利益に関するものであることに鑑みると、この意思決定に関し、保険会社側からの情報の提供や説明に不十分・不適切な点があったとしても、特段の事情が存しない限り、これをもって慰謝料請求権の発生を肯認し得る違法行為と評価することはできない。 これらの諸点に照らすと、各火災保険契約の締結に当たり、上告人側に、被上告人らに対する地震保険に関する事項に関する情報提供や説明において、不十分な点があったとしても、前記特段の事情が存するものとはいえないから、これをもって慰謝料請求権の発生を肯認し得る違法行為と評価できない。
上 訴	確定

【15】大阪高裁　平成13年11月21日判決	
事 件 番 号	平12（ネ）2399号・平12（ネ）2400号・平12（ネ）2401号・平12（ネ）2402号
控 訴 人	13名
被 控 訴 人	生活協同組合1・生活協同組合連合会1・保険会社7
保険契約等	火災共済・火災保険
請 求 額	生活協同組合50,779,500円、生活協同組合連合会2,565万円、保険会社17,472万5,000円
認 容 額	一部認容。生協50,779,500円、連合会2,565万円
目的物の所在地	神戸市a区b町
火元・延焼の別	延焼
火元の出火時刻	1月17日午前9時前
火元所在地	神戸市a区b町c丁目d番e号
主 な 争 点	①免責条項の適用 ②生協及び生協連合会の免責条項の解釈 ③損保らの免責条項の解釈 ④第一審原告らの保険金支払の可否 ⑤損保らの損害賠償責任の有無
裁判所の判断	①意思推定説 ②共済規約の「火災」は火元火災と延焼火災を含むものであり、「地震によって生じた火災等による損害」には、地震によって生じた火元火災による損害と、火元火災の延焼による損害が含まれ、共済規約の生協免責条項は、第1類型と第2類型を含むが、第3類型は含まない。 ③保険約款の「発生原因のいかんを問わず火災が地震によって延焼又は拡大して生じた損害」とは、社会通念上、延焼拡大が地震と相当因果関係にある場合をいい、地震による社会的混乱や同時火災多発による消防力の不足低下、交通事情の悪化等の事情をも考慮したものである。第3類型において免責されるのは、地震により延焼拡大した部分に限られ、本件火災の目的物への延焼は、平常時であれば防止できた高度の蓋然性があり、地震との間に相当因果関係が認められ、その損害は地震によって延焼拡大したことによるものであるから、割合的因果関係論・寄与度減責論は適用されない。 ④③及び地震保険契約は締結されていないことを合わせれば、保険金は支払われない。 ⑤第一審原告が地震保険に加入しなかったことについて、第一審被告において地震保険に関する説明義務違反・情報提供義務違反があり、第一審原告の自己決定権が侵害され、損害賠償責任に直結するためには、（ⅰ）地震保険が一般に知られておらず、（ⅱ）第一審被告がその説明を怠り、（ⅲ）（ⅱ）により、第一審原告が地震保険に加入せず、（ⅳ）そのため、第一審原告の人格又は財貨が具体的危険にさらされたことを要するが、本件の状況はいずれもこれらに該当しないので、第一審被告に損害賠償の責任はない。
上 　 訴	控訴（不明）

230

【16-1】神戸地裁　平成 12 年 4 月 26 日判決	
事 件 番 号	平 8 (ワ) 571 号・平 9 (ワ) 1276 号
原 告 数	10 人
被 告 数	共済組合 2、保険会社 11
保険契約等	火災共済、火災保険、長期総合保険、住宅金融支援公庫融資住宅等火災保険
請 求 額	800 万円　他 2 件
認 容 額	一部認容。759 万円　他 2 件
目的物の所在地	神戸市 a 区 b 町 c 丁目
火元・延焼の別	延焼
火元の出火時刻	1 月 17 日午前 8 時頃
火元所在地	神戸市 a 区 b 町 c 丁目
主 な 争 点	①共済契約及び保険契約の締結 ②目的物に生じた損害と火災との相当因果関係 ③免責条項の解釈（適用範囲） ④火元火災と地震との相当因果関係 ⑤火災は地震に起因する延焼火災か。 ⑥原告らの損害額 ⑦損害賠償、一部弁済・損益相殺
裁判所の判断	②X₇の建物 5 は、地震で建物の価値を失ったので、損害は火災と相当因果関係がなく、その他の建物のうち、地震によって損傷を受けなかった部分は、火災で全焼し、価値を失ったので、火災と相当因果関係がある。 ③意思推定説。生協免責条項「原因が直接であると間接であるとを問わず、地震によって生じた火災等による損害」について、生協規約にいう「火災」の定義に関連して、免責対象の災は、地震によって生じた火元火災及び火元火災の地震による延焼火災に限られ、発生原因不明の火災が地震によって延焼した場合（第 3 類型）を含まない。これに対して、労済免責条項「地震により生じ、又は拡大した火災等による損害」について、労災規約には、「火災」とは火元火災及び延焼火災を意味するので、免責対象の損害は、地震によって生じた火元火災と延焼火災、及び地震によって拡大した延焼火災を含むものをいい、地震によって生じた延焼火災と地震によって拡大した延焼火災とを区別しており、これらが、火元火災が地震によるものではなくとも地震によって拡大した延焼火災（第 3 類型）を含むと解することに支障がない。 ④火元火災について、午前 8 時頃までには出火 したと推認できるが、火源はなく、通電火災と認められず、火災発生前にも人為的活動が行われており、地震による火元建物の損傷等をも考慮すれば、火災が地震によって発生したと推定できず、生協免責条項は、火災で X₃が被った損害について、適用できない。 ⑤通常の消防体制でも X₉の借家への延焼を防 止できたと認めるのは困難であり、X₉の家 財 の焼失と地震との間に相当因果関係がない。X₄の建物 2 について、早い段階で再燃した火災に対する消火活動が開始されたと推認でき、通報が遅延したとの事情もうかがえないから、建物 2 の焼失と地震との間に相当因果関係がない。 ⑥免責対象とならない原告らの損害額につき、地震により倒壊しなかったが損害を被っており、地震発生時の残存割合を示す。 ⑦火災保険では、免責条項が用いられ、保険契約等でも、監督官庁の認可等を得て、条項が定められていることから、保険契約者等にとって、地震免責条項の存在は予測可能であり、本件保険契約等は規約・約款等による意思をもって締結されたものと推認されることをも勘案すれば、被告らに免責条項を説明すべき信義則上の義務はない。
上 　 訴	控訴

231

【16-2】大阪高裁　平成13年12月20日判決	
事 件 番 号	平12（ネ）2186号
控 訴 人	10人
被 控 訴 人	共済組合2、保険会社9
保険契約等	火災共済、火災保険、長期総合保険、住宅金融支援公庫融資住宅等火災保険
請 求 額	800万円　他2件
認 容 額	一部認容。759万円　他2件
目的物の所在地	神戸市a区b町c丁目
火元・延焼の別	延焼
火元の出火時刻	1月17日午前8時頃
火元所在地	神戸市a区b町c丁目
主 な 争 点	①免責条項の有効性・拘束力 ②免責条項の解釈（適用範囲） ③地震と火災の延焼拡大との因果関係 ④寄与度に応じた割合的因果関係の認定
裁判所の判断	①免責条項が適用されるためには、地震と火災、火災の延焼拡大との間に相当因果関係が必要であり、地震による影響が社会生活上に残っている状況下の火災がすべて免責されるわけではないから、免責条項が公序良俗に違反し無効とはいえない。免責条項の拘束力について、意思推定説の立場に立ち、契約者が約款（規約）条項につき熟知していなくとも、約款条項も、火災保険（共済）契約等の内容として契約者、被保険者を拘束する（附合契約）。 ②生協免責条項にいう「火災」には、火元火災・延焼火災が含まれるが、「損害」には、発生原因不明の火災が地震によって延焼拡大して生じた損害（第3類型）を含むと解されず、免責条項では、「延焼火災」につき、火元火災が、地震により発生したものであることを要するのか、発生原因不明のものをも含むのかという点について不明確であり、「地震によって生じた火災」の損害を免責対象としていると理解されるので、第3類型を含まないと解される。 ③本件火災のように、地震発生の2時間後に発生し、火元建物内で室内の片づけ等の作業が行われていたような場合については、様々な出火原因を想定できるから、地震による火災との推定が働くとはいい難く、因果関係は否定される。 ④免責条項を適用するに当たり、一部免責を認める法律上の根拠や約款上の根拠はなく、また、第一審原告らと第一審被告らが、地震と他の要因とが競合して火災が延焼拡大した場合に、割合的に免責範囲を決定するとの意思をもって、契約を締結したことを認めるに足りる証拠はない。
上 訴	上告（不明）

	【17】神戸地裁　平成 13 年 12 月 21 日判決
事件番号	平 11（ワ）29 号
原 告 数	1 名
被 告 数	1 社
保険契約等	住宅総合保険
請 求 額	1,200 万円
認 容 額	請求棄却（免責）。
目的物の所在地	神戸市 a 区 b 町 c 丁目 d 番 e 号
火元・延焼の別	延焼
火元の出火時刻	1 月 18 日午前 9 時 30 分頃
火元所在地	神戸市 a 区
主な争点	①建物の焼失は第 2 類型に該当するか。 ②建物の焼失は第 3 類型に該当するか。
裁判所の判断	①火災原因はガスに対する引火であると認定できず、地震によることを認める証拠はないから、火災が地震によって発生したとまでは認められず、建物火災は第 2 類型には該当しない。 ②火元火災が被害地域で延焼拡大した原因は、火災発見・初期消火活動の遅れ、消火用水の不足によるものであり、これらは地震に起因するものであるから、地震と火災の延焼拡大との間に相当因果関係を認められ、建物火災は第 3 類型に該当する。
上 訴	（不明）

【18】神戸地裁　平成 14 年 1 月 29 日判決	
事 件 番 号	平 9（ワ）1312 号の 2
原 告 数	2 社
被 告 数	2 社
保険契約等	普通火災保険
請 求 額	8,600 万円
認 容 額	請求棄却（免責）。
目的物の所在地	神戸市須磨区
火元・延焼の別	火元・延焼
火元の出火時刻	1 月 17 日午前 11 時頃
火元所在地	神戸市須磨区
主 な 争 点	①地震免責条項の有効性 ②④地震免責条項の明確性、制限的解釈 ③地震免責条項の拘束性
裁判所の判断	①火災保険契約において、地震に関連する火災損害をてん補するための利益の蓄積はないことになるから、それについて保険金を支払えば、収支相当の原則に反する上、火災保険料は地震損害のてん補を受ける対価となっておらず、給付反対給付の原則からしても火災保険のみの加入者に保険金を支払う根拠がなく、免責条項は合理性を有する。 ②第 3 類型の「地震によって」の意義は、地震と火災の発生ないし延焼に相当因果関係がある場合をいう。「地震による延焼」の延焼の原因は、地震による消防力の無力化（通信機能の低下・同時多発的な火災の発生・交通渋滞・断水による水利の不足等）であるところ、地震の程度からすると、そのような障碍が発生し、上記延焼が生じることも十分考えられる。 ③約款等に従って保険契約等が締結された場合、免責条項が適用されない特段の事情がない限り、申込者は約款等に従う旨の意思を有すると推認される。保険者等が、地震による火災についても保険金が出る旨の積極的な説明をした、ないし、それと同視し得る特段の事情がない以上、約款に含まれる条項が適用される。
上 訴	控訴（不明）

【19】 神戸地裁　平成14年3月26日判決	
事 件 番 号	平9（ワ）10号
原 告 数	42名
被 告 数	1組合・8社
保険契約等	火災共済、長期総合保険契約・普通火災保険・住宅総合保険契約・住宅火災保険・店舗総合保険・積立生活総合保険
請 求 額	別表1請求金額欄記載の金員
認 容 額	一部認容。
目的物の所在地	神戸市須磨区
火元・延焼の別	延焼
火元の出火時刻	1月17日午前9時頃
火元所在地	神戸市長田区
主 な 争 点	①免責条項の拘束力 ②免責条項の有効性 ③免責条項の意義 ④火災の免責条項該当性（生協免責条項の適用の可否） ⑤火災の延焼と地震との相当因果関係（保険会社免責条項の適用の可否） ⑥寄与度に応じた因果関係の認定（割合的解決）について ⑦原告らと被告保険会社らとの間の地震保険契約の成否 ⑧損保らの損害賠償義務の有無
裁判所の判断	①意思推定説による。約款によらないと解すべき特段の事情は認められない。 ②火災保険契約で、地震による火災損害をてん補する利益の蓄積はないから、保険金を支払えば、収支相当の原則に反し、火災保険料は地震損害のてん補を受ける対価となっていないから、給付反対給付の原則からしても、加入者に保険金を支払う根拠はなく、地震免責条項は不意打ち条項に該当せず、不合理とは言えず、公序良俗に反しない。 ③共済規約にいう「火災」とは、「着火」（元火火災）から連続して「延焼拡大」する一連の燃焼現象をいい、一連の燃焼現象が地震によって発生することを表現していることから、「地震によって生じた」は、燃焼現象の「発生」のみにかかり、「延焼拡大」にかからず、共済契約の免責条項は第1類型・第2類型は含むが、第3類型は含まない。 ④火元火災は、地震から約3時間も経過した後に発生したこと、家人の救出中に倒壊家屋が着火ないし引火したことから、地震によって発生したとは認められず、地震と火災の発生との因果関係は否定され、共済契約の免責条項（第1類型・第2類型。第3類型はなし）には該当しない。 ⑤地震と目的物への延焼には相当因果関係があると認められ、目的物の損害には、保険会社免責条項が適用される。 ⑥免責条項に該当する場合、損害は一律に免責され、寄与度に応じた因果関係は認定されない。 ⑦原告らと損保らとの間で、火災保険契約を締結する際に、地震保険契約を締結する意思の合致があったとはない。 損保らが、地震免責条項や地震保険について積極的に説明しなかったことのみから、直ちに不法行為などによって損害賠償義務を負うとは解されない。
上 訴	（不明）

	【20】神戸地裁　平成14年9月3日判決
事 件 番 号	平9（ワ）1211号
原 告 数	1名
被 告 数	1社
保険契約等	住宅火災保険
請 求 額	1,710万円
認 容 額	請求棄却（免責）。
目的物の所在地	神戸市兵庫区
火元・延焼の別	延焼
火元の出火時刻	1月17日午前5時50分頃
火元所在地	神戸市兵庫区
主 な 争 点	①免責条項の適用の有無 ②火災の免責条項該当性（以上、主位的請求） ③地震保険契約の成否 ④情報提供義務違反による損害賠償請求の当否（以上、予備的請求）
裁判所の判断	①火災保険契約は附合契約であり、約款に従って契約内容が定まり、約款の合理性が信頼されていることは強く推定されるから、約款に従って保険契約がなされた場合は、特段の事情がない限り、申込人は約款に従う旨の意思を有するものと推認され、免責条項の適用についても同様と解すべきであって、特段の事情がない以上、約款に含まれる免責条項の適用がある。免責条項は不意打ち条項に該当しない。 ②原告が約款によらない旨の意思を表示した、被告が地震による火災についても保険金が出る旨を積極的に説明したなどの特段の事情は存在しない。火元の出火の時間的、場所的状況に鑑みると、建物の火災損害は、「地震によって生じた火災の延焼による損害」に該当し、第2類型の適用可能性がある。建物の火災損害は、火災が地震によって延焼し、地震と延焼には相当因果関係が認められ、第3類型にも該当する。 ③保険契約の締結過程をみると、地震保険契約は締結されていい。 ④地震保険に関する情報提供は、地震保険の契約洩れを防ぎ、普及を図るためであり、保険会社に一般的な情報開示（説明）義務が存在するとは解されない。
上 訴	（不明）

【著者紹介】岡田豊基（おかだ　とよき）

1977 年　大阪市立大学法学部卒業

1984 年　神戸大学大学院法学研究科後期博士課程単位取得退学

　　　　　鹿児島大学法文学部助教授

1987 年　神戸学院大学法学部助教授

1993 年　神戸学院大学法学部教授

2009 年　博士（法学）（神戸大学）

2010 年　神戸学院大学学長（〜 2016 年）

【主要著書】

『請求権代位の法理―保険代位論序説―』（神戸学院大学法学研究叢書 15）
（日本評論社・2007 年）

『現代保険法〔第 2 版〕』（中央経済社・2017 年）

『現代商法総則・商行為法』（中央経済社・2018 年）

『現代保険法・海商法』（中央経済社・2020 年）

『保険業法（2022 年版）』（共著・損害保険事業総合研究所・2022 年）

阪神・淡路大震災を巡る損害保険金訴訟

－地震免責条項に関する判例の比較検討－

発行日　2024 年 1 月 17 日
著　者　岡田豊基©
装　丁　二宮　光©
発行人　中村　恵
発　行　神戸学院大学出版会

印刷所　モリモト印刷株式会社

発　売　株式会社エピック
　　　　651-0093　神戸市中央区二宮町 1 - 3 - 2
　　　　電話 078（241）7561　FAX 078（241）1918
　　　　https://epic.jp　　E-mail: info@epic.jp

©2024　Toyoki Okada　Printed in Japan
ISBN978-4-89985-231-5 C3032